ARSÈNE LAUNAY

CORRESPONDANCE ET PAPIERS

DE

BENABEN

PARIS

A. SAUTON, LIBRAIRE

41, RUE DU BAC, 41

1886

CORRESPONDANCE ET PAPIERS

DE

BENABEN

ARSÈNE LAUNAY

CORRESPONDANCE ET PAPIERS

DE

BENABEN

PARIS

A. SAUTON, LIBRAIRE

41, RUE DU BAC, 41

1886

NOTICE PRÉLIMINAIRE

Benaben (Jean-Claude-Gauthier-Louis) naquit à Toulouse en 1746. Il entra dans la congrégation de l'Oratoire et vint peu de temps après professer les mathématiques au collège d'Angers, alors en grand renom. D'un esprit exalté et aimant à discourir à tort et à travers, (encore plus à écrire), Benaben se lança avec ardeur dans le courant révolutionnaire. Après avoir prêté le serment constitutionnel (16 janvier 1791), il se fit inscrire au club des *Amis de la Constitution* (mars 1791), puis la même année en devint président. Le 8 janvier 1792, Benaben, — trouvant son club trop modéré, — se démit de ses fonctions de président et se fit agréger à la *Société des Amis de la Liberté et de l'Égalité,* composée des plus fougueux révolutionnaires d'Angers. Enrégimenté en janvier 1793 dans l'armée de l'ouest de Maine-et-Loire et étant venu, à Angers, solliciter un congé, le Département le retint quelque temps dans cette ville, puis le nomma commissaire civil près l'armée de Saint Georges. Benaben entra en fonctions le 19 octobre 1793 et ne cessa son emploi que le 9 nivôse an II, par suite de la mise à exécution du décret de l'Assemblée nationale du 14 frimaire, qui supprimait les commissaires civils.

C'est pendant la durée de son mandat que fut écrite la première partie du *Livre et papiers de correspondance* que nous reproduisons ici. C'est un registre petit in-4° de 156 folios, d'une écriture

1

grosse et lourde, de vingt lignes à la page[1]. Il renferme deux parties : 1° *Correspondance de Benaben avec le Directoire de Maine-et-Loire;* 2° *Correspondance privée du citoyen Benaben;* le tout écrit d'un style absolument sans recherche et d'une orthographe qui parfois laisse à désirer. Mais en revanche, comme c'est vivant! comme dans ces lettres écrites à la diable, — près d'un feu de bivouac, dans la salle basse d'une ferme, dans l'antichambre d'un conventionnel, — comme chez Carrier où Benaben s'endort de fatigue, — sur un caisson, un peu partout enfin, — on sent bien palpiter la Vendée qui, frappée à mort, épouvante encore, par les héroïques convulsions de sa glorieuse agonie, les multiples armées de la Convention qui l'enserrent dans un cercle de fer et de feu !

Sous la plume de Benaben défilent les généraux républicains et leurs fameuses armées, — si belles quand on les aperçoit à travers le prisme de la légende, si horribles quand on les envisage sérieusement, de près et sans parti pris.

Puis viennent les Vendéens, les nobles et saints martyrs, les glorieux et à jamais illustres défenseurs de l'autel et du trône, si grands dans leurs malheurs, si héroïques dans leurs revers, que lui, Benaben, l'homme aux propos sanguinaires, le tueur sans pitié, ne trouve pas un seul mot de blâme à leur adresse ! Quand il parle des chefs, c'est pour en citer une belle action : un acte de générosité du brave Henri de la Rochejaquelein.

C'est tout au long, — à son insu et malgré la rage qu'il a contre eux, — un témoignage précieux qu'il donne à leur mémoire.

Cet hommage rendu par un ennemi, nous le recueillons avec orgueil et nous le déposons pieusement sur leurs tombeaux.

A. LAUNAY.

1. Ce précieux manuscrit est en la possession de Mme veuve G., de Bordeaux, à qui j'en dois la communication, ainsi que d'autres documents non moins précieux. Qu'elle daigne recevoir ici l'expression de mes bien sincères remerciements.

CORRESPONDANCE POLITIQUE DE BENABEN

I

Saint-Georges, ce 20 octobre 1793.

Citoyens,

Nous sommes arrivés aujourd'hui à Saint-Georges [1], à 8 heures du matin. Nous comptions prendre les moineaux dans leur nid ; mais malheureusement, il y avoit quatre heures qu'ils avoient déniché. Nos troupes sont en ce moment à leur poursuite, soit pour les combattre, soit pour leur prendre des voitures chargées de grains. Dans quelques heures d'ici, je pourrai peut-être vous en apprendre davantage.

Salut et fraternité.

BENABEN.

P.-S. — Le hazard me fit rencontrer hier, à Angers, le citoyen Delaage [2] dont vous connoissez le courage et les talens militaires. Nous l'engageames à nous suivre, et il ne nous a pas quitté un instant.

II

Au moulin de Saint-Germain-des-Prés [3], le 20 octobre 1793, à une heure et demie du soir.

Citoyens,

Douze dragons ont mis en fuite les briguands qui se sont trouvés sur la route de Saint-George à Champtocé [4]. Ils ont été bientôt suivis par les autres dragons et ensuite par la gendarmerie qui a dû en faire une terrible déconfiture.

L'infanterie marche en ce moment pour exterminer ce que la cavalerie aura épargné. Vive la République !

Salut et fraternité.

BENABEN.

P.-S. — Envoyez-nous des vivres pour quatre mille hommes.

1. Chef-lieu de canton, à 16 kilomètres d'Angers, sur la route d'Angers à Nantes.
2. Delaage (Henri-Pierre), né à Angers en 1766, fut successivement employé aux économats du diocèse, surnuméraire des Domaines, sergent des canonniers volontaires d'Angers officier du même corps, sous-lieutenant des grenadiers du premier bataillon des volontaires de Maine-et-Loire.
3. Bourg sur la route d'Angers à Nantes, canton de Saint-Georges-sur-Loire, à 6 kilomètres de cette localité et à 24 kilomètres d'Angers.
4. Bourg, canton de Saint-Georges-sur-Loire, sur la route d'Angers à Nantes, à 7 kilomètres et demi de Saint-Georges et à 25 kilomètres d'Angers.

III

LIBERTÉ, ÉGALITÉ, UNITÉ ET INDIVISIBILITÉ DE LA RÉPUBLIQUE OU
LA MORT.

Du château de Serent[1], le 21 octobre, l'an deuxième de la
République et de la mort du tyran.

Le citoyen Benaben, commissaire du département de Maine-et-Loire
près de l'armée Saint-Georges,
Aux citoyens administrateurs du même département.

Citoyens,

Je vous avais promis des détails sur nos dernières opérations et sur les
motifs qui les avoient dirigées. Je remplis ma promesse. Lorsque, le
10 de ce mois, je sortis d'Angers avec mon collègue[2], je tachai de
ramener, soit par la douceur, soit par la sévérité, tous les fuyards que je
rencontrai s r mon chemin; ils n'étoient pas en petit nombre. Arrivé à
l'armée je trouvai qu'elle se disposait à biwaquer dans un lieu fourré et
coupé par plusieurs chemins. Le lieu, à ce qu'on m'a dit, se nomme la
Roche[3]. Je fis sentir aux généraux Olagnier et Fabre-Fonds, d'une manière énergique, le danger de cette position, et je proposai d'établir le
biwac à la *Barre*[4], c'est-à-dire à l'entrée du pavé de la ville parce que
ce lieu est parfaitement découvert. Les généraux Olagnier et Fabre-Fonds,
après s'être regardé quelque tems en silence, sentirent la force de mes
raisons et établirent leur biwac dans le lieu que je leur avois indiqué. Ils
choisirent pour quartier général une ferme qui est tout à côté du chemin.
Je ne foisois que d'y entrer lorsque l'adjudant-général Tabari[5] me prenant en particulier : *Mon ami, me dit-il, je viens de faire un bon*
coup; je viens d'envoyer à Saint-George deux hommes sûrs qui
m'instruiront de la position de l'ennemi. Nous nous mettrons en
mouvement à minuit, sur quatre colonnes qui seront conduites par
des hommes de Saint-George, et nous égorgerons les brigands dans
leurs lits. Je crus d'abord que les personnes sûres dont me parloit Tabari
étoient déguisés en paysans ou en brigands, et qu'à la faveur de ce cos-
tume, elles pourroient parcourir impunément les rues de Saint-George.
Point du tout, par des informations que je pris, et notamment d'un de

---

1. Serrant. Célèbre château, commune de Saint-Georges-sur-Loire.
2. Leroi, Jacques, dit Duverger, ancien officier, élu en 1790 procureur de la commune de
Seiches, nommé plus tard membre du Directoire de Maine-et-Loire et envoyé en mission en
même temps que Benaben.
3. Lieu, aux portes d'Angers, sur la route de Nantes.
4. Château, aux portes d'Angers, sur la route de Nantes.
5. Manufacturier de Sedan qui, en 1791, s'était engagé avec une quarantaine de ses ouvriers.

mes ordonnances, j'appris que ces deux personnes sûres étoient des cavaliers de la cavalerie champêtre de la rive droite de la Loire; que ces cavaliers étoient partis avec leurs uniformes, et qu'ils s'étoient fait accompagner de deux gendarmes, aussi en uniforme, dont on me dit le nom. Je ne fis part à personne ni de la confidence de Tabari ni de ce que je venois d'apprendre, me réservant d'en faire usage, lorsque, dans le conseil de guerre, on agiteroit la question de sçavoir si l'on marcheroit pendant la nuit sur Saint-Georges. Cette question ne tarda pas être agitée · elle paroissoit être du goût de tous les généraux; je gardai le silence jusqu'à ce que chacun eut manifesté son opinion. Je leur dis alors : *Citoyens, vous croyez aller surprendre l'ennemi et vous serez surpris par lui. Les personnes sûres que Tabari a envoyées à la découverte sont deux cavaliers de la cavalerie champêtre de la rive droite de la Loire, et deux gendarmes; il est impossible que quatre hommes à cheval et en uniforme ne soient point remarqués par l'ennemi qui sûrement fera ses dispositions pour vous bien recevoir. — Cela est-il vrai?* me dit-on. — *Oh! très vrai,* leur répondis-je ; *et si vous le voulez, je vous alléguerai mes preuves. Au reste, vous n'avez qu'à attendre le rapport des quatre cavaliers que Tabari a envoyés à la découverte.* Ces cavaliers se présentèrent au bout de deux heures et dirent qu'ayant été reconnus par les briguand à la hauteur du chateau du Serent, ils avoient été salués par une trentaine de coups de fusil. Il ne fut plus question alors de surprendre l'ennemi, mais on ne renonça pas pour cela au projet de marcher sur Saint-George. L'armée se mit en mouvement entre trois et quatre heures du matin, et arriva dans ce bourg une heure après que les briguands l'avoient évacué. J'appris des gens du pays que l'armée s'étoit tenu sur le qui vive pendant toute la nuit, et qu'il ne s'étoit déterminé à sortir de Saint-George que par ce qu'il supposoit qu'il nous étoit arrivé une nouvelle armée. Au lieu de rester à Saint-George où nous aurions pu être aisément surpris, Olagnier porta son armée à la hauteur du moulin de Saint-Germain-des-Prés, c'est-à-dire à une lieue au delà. Il y avoit à peine une heure que nous étions arrivés, lorsqu'il prit envie à l'adjudant-général Tabari et à mon collègue d'aller à la découverte de l'ennemi, avec une douzaine de dragons ou de hussards. Je les suivis avec le jeune Delaâgo jusqu'à cinq cents toises environ de l'armée ; mais leur voyant prendre tout à coup le grand galop, je crus devoir rester à la place où j'étois, d'abord, parce que je n'étois pas alors trop bon cavalier ; en second lieu, parce que j'étois bien aise d'observer deux chemins de traverse qui aboutissoient sur le grand chemin et par où les ennemis pouvoient nous couper ; en troisième lieu parce que j'étois persuadé que cette petite troupe ne manqueroit pas de se reployer sur le corps de notre armée, supposé qu'elle vint à rencontrer l'ennemi. Tabari voyant les postes avancés des briguands se reployer successivement les uns sur les autres se mit à les poursuivre à mesure que leur noyau grossissoit et dépêcha des ordonnances pour faire avancer premièrement le reste des dragons et des hussards, en second lieu la gendarmerie, et en troisième lieu enfin l'infanterie. Il y avoit au moins trois quarts d'heure que la troisième ordonnance étoit partie que ne voyant aucun mouvement dans nos bataillons, je me transportai au moulin de Saint-Germain-des-Prés, et je demandai à parler au général. On me dit qu'il dormoit. *Un général né doit jamais dormir*, répondis-je, et je courus de suite à son lit pour l'éveiller et lui dire que Tabari lui avoit dépêché, depuis trois quarts d'heure environ, un ordonnance pour l'engager à faire avancer son infanterie. *Je n'ai point approuvé la démarche de Tabari*, me dit Olagnier en se frottant les yeux. — *Cela peut être,* lui répondis-je ; *mais vous n'avez dans cette circonstance que deux partis à prendre, ou de faire revenir toute votre cavalerie, ou de la faire soutenir par votre infanterie.* Olagnier se décida pour ce dernier parti et fit battre le rappel. Il se passa encore bien du temps avant que l'armée se mit en mouvement, par la curiosité de Fabre-Fonds qui voulut faire mille questions à un petit briguand qu'on avoit pris et qu'on lui avoit présenté. L'armée se met enfin en marche et en trez bon ordre. J'étois resté en arrière avec Delaâge, parcequ'avant de partir, nous avions voulu faire manger l'avoine à nos chevaux. Nous ne fumes pas médiocrement surpris l'un et l'autre d'entendre, à quelque distance de nous, un feu de file de toute notre colonne contre les briguands qui s'étoient présentés sur la droite du chemin. Delaâge me fit observer en même tems, bien avant dans les terres, au moins une cinquantaine de briguands qui paroissoient prendre la route de Saint-Georges ; je le priai aussitôt d'en avertir Olagnier, tandis que j'irois examiner moi même si les briguands ne chercheroient pas à nous couper toute retraite du côté d'Angers. J'employai tant de tems à cette observation, que l'armée étoit arrivé à Champtocé lorsque je la rejoignis. Je trouvai, à l'entrée du bourg, le gendarme Payé qui avoit dû accompagner mon collègue. Il étoit pâle de défait (*sic*). M'ayant pris en particulier, il m'apprit la mort de mon collègue et voulut m'empêcher d'aller plus avant, de peur que je n'éprouvasse le même sort. Je lui répondit que *ma mission étoit d'observer les généraux et que je la remplirois, dût-il m'en coûter la vie.* Je me mets donc à la tête de la colonne, et nous arrivons à la hauteur d'Ingrande[1]. On fit biwaquer l'armée dans une position qui n'étoit pas des plus favorables. Les feux étoient allumés depuis une heure environ ; on avoit fait aussi la distribution du pain et de la viande, lorsque je fus trouver les généraux qui s'étoient réunis dans une ferme. Je leur demandai si leur intention étoit de garder cette position. Fabre-Fonds me répondit *qu'ayant appris que les ennemis avoient pris la route de Candé, il comtoit les y poursuivre, lorsque l'armée se seroit un peu raffraîchie. — Mais vous ne faites pas attention,* lui dis-je, *qu'il y a entre Varades[2] et Ingrandes un corps d'armée qui a failli tailler en pièces notre*

---

1. Petite ville, canton de Saint-Georges-sur-Loire, à 12 kilomètres 250 m. de cette localité et à 33 kilomètres d'Angers.
2. Chef-lieu de canton de la Loire-Inférieure.

cavalerie ; et vous ignorez peut-être, que lorsque vous avez fait faire un feu de file de toute la colonne contre des briguands qui s'étoient présentés à une lieue environ du moulin de Saint-Germain-des-Prés, j'ai vu une cinquantaine d'autres briguands défiler en trez bon ordre à côté de Saint-Georges, en sorte que je ne serois pas surpris que nous ne fussions pris en ce moment entre trois feux. Cette réflexion fit frémir Olagnier qui, d'après plusieurs rapports qui lui avoient été fait, avoit appris que les briguands se rassembloient en trez grand nombre dans un couvent de Saint-Augustin qui est précisément à la hauteur de Saint-George. Il fut donc d'avis, ainsi que moi, de laisser tous les feux de biwac allumés, de relever les postes, sans tambour ni trompette, et de faire camper l'armée aux environs du chateau de Serent. Je me transportai aussitôt à la tête des voitures et leur ordonnoi, le pistolet à la main, de se mettre tout du même côté et à la file les unes des autres, pour ne pas interrompre la marche de l'armée. Fabre-Fonds, de son côté, après avoir fait ranger les bataillons. suivant leurs ordre de bataille, les fit rompre par peloton et eut soin, pendant toute la marche, de faire observer les distances. Telle étoit la nécessité de cette contre-marche, il fut tellement senti et des officiers et des soldats, qu'il n'y eût personne qui osa s'en plaindre ; je dirai plus, il venoit de nous arriver environ six cens hommes, qui avoit trouvé fort mauvais qu'on leur eût fait faire vingt deux lieues dans deux jours. Eh bien, lorsqu'il leur fallut revenir sur leur pas, aucun d'eux n'osa proférer la plus petite plainte. Toute ma crainte et celle d'Olagnier étoit que nous ne fussions coupés à la chaussée de Champtocé ; de sorte que lorsque nous eûmes passé cet endroit dangereux, nous marchâmes avec un peu plus de sécurité. Il étoit bien temps que nous fussions biwaquer aux environs du château de Serent ; car, en passant par Saint-Georges, nous apprîmes des habitants de ce bourg que, une demie heure auparavant, un gros de cavalerie ennemie s'y étoit présenté. C'étoit sans doute quelque forte patrouille du corps d'armée des brigands, qui s'étoient rassemblés aux environs du couvent de Saint-Augustin. L'adjudant général Tabari avoit fait une grande faute de s'avancer si inconsidérément avec une poignée de monde, dans l'armée ennemie. Olagnier en avait fait aussi une grande de n'avoir pas envoyé une ordonnance à Tabari pour le faire revenir ; mais ayant jugé à propos de faire avancer son infanterie, il n'avoit rien de mieux à faire que de revenir sur ses pas, après avoir tiré sa cavalerie de danger. Les fautes les plus courtes sont toujours les meilleures.

Salut et fraternité.

BENABEN.

IV

LA LIBERTÉ OU LA MORT

Saint-George, ce 21 octobre 1793.

Citoyens administrateurs,

La commission que vous aviez donnée au malheureux Duverger et dans laquelle vous avez bien voulu me comprendre est tombée entre les mains des briguand.

Je vous serois bien obligé de vouloir bien m'en faire passer une autre, si vous croyez que mes services puissent vous être de quelque utilité à l'armée [1].

Salut et Fraternité,

BENABEN.

V

Saint-Georges, ce 22 octobre 1793, l'an 2ᵉ de la République Françoise, une et indivisible.

A 2 heures et demi après midi.

Citoyens administrateurs,

Il est étonnant que, dans une armée comme la nôtre, il n'y ait ni commissaire de guerres, ni inspecteur des subsistances militaires. J'aurois fait momentanément les fonctions de l'un et de l'autre, s'il m'eût été possible de connoître leurs agents subalternes. Le 29ᵉ régiment manqua de pain le jour de la déroute, et il est rare que chaque jour il n'y ait quelque corps qui n'ait à se plaindre de ces coupables négligences. J'ai vu aussi avec peine qu'on fatiguoit sans cesse le général et les adjudants généraux des demandes qui étoient de la compétence ou du commissaire des guerres, ou des inspecteurs des subsistances militaires. Je vous conjure de faire cesser ces abus qui auroient déjà découragés nos troupes, si elles n'étoient aussi animées qu'elles le sont du désir d'être utiles à la République. Nous serions déjà partis pour Ingrande, si nous avions eu

---

1. Le Directoire, s'empressant d'accéder à cette demande, fit parvenir à Benaben une nouvelle commission, en date, à Angers, du 21 octobre 1793.

nos provisions de pain et de fourrages. L'État major de l'armée en a manqué totalement aujourd'hui.

BENABEN,
Commissaire civil.

P.-S. — Il se commet quelques désordres, quelques pillages dans l'armée ; mais cela n'est pas étonnant ; quand on ne rend pas justice au soldat, il se la fait lui-même.

Lorsque je vous ai proposé ce matin notre plan d'attaque contre les Briguand, nous étions persuadés que leurs armées occupoient encore Varade et Ancenis, et nous avons été tout étonnés d'apprendre que vous aviez sçu avant nous, que la route d'ici à Nantes étoit parfaitement libre. Mais le rapport de quelques dragons que nous avions envoyé à la découverte, et un officier arrivé tout récemment d'Ancenis, nous a tiré de cette incertitude. Nous avons donc fait partir, pour leur destination, les lettres que vous nous avez envoyées.

VI

LA LIBERTÉ OU LA MORT.

Saint-George, ce 22 octobre 1793, l'an 2e de la République.

Citoyens, administrateurs,

Nous dépensons ici inutilement de l'argent à la République. Les chefs et les soldats s'ennuyent d'être dans l'inaction ; il seroit essentiel de profiter de la bonne disposition des uns et des autres.

Si nous étions plus nombreux, et si nous étions bien sûrs que la partie de l'armée de Mayence qui marche sur Ancenis, ainsi que vous nous l'avez marqué, nous secondât pendant le mouvement de notre colonne, nous pourrions nous porter sur Varades et mettre les ennemis entre deux feux, tandisque l'armée de Mayence, qui est à Angers, fileroient le long de la Mayenne pour attaquer les Briguand qui se sont répandus dans le district de Ségré. Mais nous pensons qu'il vaudroit mieux, vû la petitesse de notre armée, que les Mayençois qui se trouvent à Angers, se réunissent à notre armée, pour marcher sur Varade. Après la réunion des deux armées Mayençoises, nous pourrions tous marcher ensemble sur les briguand, qui se sont enfoncés dans les terres, et achever de les exterminer.

Le tems est beau, les troupes sont bien disposées ; peut-être dans un autre temps n'aurions nous pas les mêmes avantages.

Salut et fraternité.

BENABEN.

VII

LA LIBERTÉ OU LA MORT.

A la métairie de Lesbrosses [1], à une lieue d'Ingrande sur la route de Candé [2].
23 octobre, à 9 heures du soir.

Citoyen administrateur,

Nous sommes campés aux environs de la métairie de Lesbrosses, à une lieue d'Ingrande, sur la route de Candé. Nous nous proposons de marcher demain matin sur cette dernière ville pour attaquer les briguand, supposé qu'ils y soient encore.

Je ne puis vous laisser ignorer que les préposés aux vivres et aux fourrages mettent beaucoup de lenteur dans le service de l'armée.

BENABEN.

Aux citoyens administrateurs du département de Mayenne-et-Loire.

VIII

LIBERTÉ, ÉGALITÉ, UNITÉ ET INDIVISIBILITÉ DE LA RÉPUBLIQUE OU LA MORT.

A Candé, ce vingt-quatre octobre 1793, l'an deuxième
de la République une et indivisible.

Le citoyen Benaben, commissaire civil près l'armée de la rive droite de la Loire,

Aux citoyens administrateurs du département de Mayenne-et-Loire.

Citoyens,

Je vous écrivis hier que nous nous étions établis à la métairie de Lesbrosse, à une lieue d'Ingrandes, sur la route de Candé. J'étois occupé ce matin à faire l'état estimatif de la paille et du bois qu'avait fournis le métayer pour le biwac, ainsi que du fourrage que nos chevaux avoient consommé, lorsque deux ou trois gendarmes sont venus m'apporter plusieurs poignées de balles qu'ils avoient trouvé dans différents endroits de la maison dudit métayer. Des dragons du 16° régiment m'en ont apporté d'autres quelques tems après, ce qui m'a engagé à visiter la maison mol-

1. Par erreur, pour des Brosses.
2. Petite ville, chef-lieu de canton, arrondissement de Segré ; à 19 kilomètres de cette ville et à 37 kilomètres d'Angers. Par « la route de Candé » dont parle Benaben, il faut entendre la route d'Ingrandes à Laval qui passe par Candé.

même. J'ai trouvé dans différents tiroirs, qui n'avoient point été ouverts, d'autres balles de tout calibre, des biscayens et des bidons que j'ai donnés à nos canonniers pour en faire present aux briguand.

Il n'en falloit pas davantage, pour me faire regarder cet homme comme suspect, et pour le faire arrêter. J'ordonnai ensuite une fouille générale dans la maison où on a trouvé un habit d'officier, un autre de canonnier, un bonnet de hussard, un bonnet de police, des guand de cavalier, des hardes de quelques grandes dames du tems jadis et des quittances du comité de Châtillon pour le bled qu'il avoit fourni pour l'armée catholique et royale.

Je l'ai fait aussitôt lier et garotter avec son fils et un chef de briguand, qui marchent en ce moment à la queue de notre colonne, jusqu'à ce que je puisse vous envoyer un certain nombre de prisonniers à Angers.

Je n'ai pu empêcher les soldats de mettre la maison au pillage ; mais la nation y a toujours gagné la paille, le bois et le fourrage qui avoient été dépensés la veille ainsi que plusieurs bœufs et cochons que nous emmenons avec nous et qui serviront à notre subsistance. Les dragons de leur côté ont rencontré dans un bois des environs deux espèces de paysannes sur les quelles, entre des livres suspects, ils ont trouvé vingt doubles louis d'or, plusieurs écus de six francs et de trois livres, des pièces de vingt-quatre et de douze sols et environ deux cens francs en assignats. J'ai consenti que le général laissa aux dragons qui avoient fait cette capture la somme entière, à condition que l'argent monnayé vous serait remis pour être versé ensuite dans la thrésorerie nationale.

Nous sommes arrivés ce matin à Candé, où nous avons été bientôt suivis d'une armée d'environ cinq mille hommes, presque toute composée de troupes de ligne. Nous aurions continué le même jour notre marche sur Château-Gontier, si nous avions eu le pain et le fourrage nécessaire pour notre armée.

Ce que nous n'avons pu faire aujourd'hui nous le ferons demain à quatre heures du matin.

Les différentes armées de briguand et des patriotes qui sont passés par ces cantons y ont mis une grande disette de vivres et de fourrages, ce qui exige de la part des gardes magasins d'Angers un peu plus d'exactitude dans leurs envois, qu'ils n'en ont mis jusqu'ici.

Désormais, je me contenterai de vous faire connoître la marche de l'armée, afin que vous puissiez pourvoir à ses besoins. Cette armée est forte actuellement d'environ cinq mille hommes et de près de quatre cents chevaux de trait.

Il serait essentiel de nous envoyer quelques paires de souliers pour ceux de nos soldats qui pourroient en avoir besoin.

Il nous tarde de nous mesurer avec les briguand et de leur rendre tous les maux qu'ils nous ont fait éprouver. J'espere que dans quatre ou cinq jours il n'en sera plus question.

BENABEN.

IX

LIBERTÉ, ÉGALITÉ, UNITÉ ET INDIVISIBILITÉ DE LA RÉPUBLIQUE
OU LA MORT.

Chateaugontier, ce 26 octobre 1793, l'an 2e de la République Françoise, une et
indivisible, et l'an premier de la mort du Tyran.

Citoyens,

Notre colonne arriva hier ici, bien fatiguée. Elle y a trouvé deux autres colonnes avec lesquelles elle doit se porter aujourd'hui sur Laval. Elle n'a manqué heureusement de rien, et je doute même qu'aucune autre ait été mieux approvisionnée de vivres et de munitions de guerre.

Je me réserve à un autre tems de vous dire les motifs de nos marches et contre marches, ainsi que les projets des généraux que nous avons eu jusqu'à ce jour.

J'ai trouvé ici le commissaire ordonnateur de toute l'armée : c'est-à-lui maintenant à approvisionner notre colonne ; et je ne vous fatiguerai plus de mes demandes à cet égard.

Je vous avois écrit que j'avois requis la municipalité d'Ingrande de faire transporter à Angers le grain qui pourroit se trouver à la métairie du briguand que nous avions fait arrêter, et de faire conduire ses bœufs à la suite de notre armée. Mais j'ai mis, pour clause à ma requisition, *pourvu que le bled ne soit point nécessaire pour les semailles, ni les bœufs pour l'exploitation des terres.*

Je vous avois écrit aussi que nous avions remporté un avantage sur les briguand : tel a été en effet le rapport de Westerman ; mais il paroît que nous avons perdu beaucoup de bons soldats dans cette affaire, et que cet avantage est un véritable échec. Au reste, il y avoit plus que de l'imprudence que de faire attaquer de nuit, par quatre mille hommes, une armée forte de trente à quarante mille.

En attendant des nouvelles plus détaillées, je vous prie de vouloir bien recevoir mes salutations fraternelles.

BENABEN,
Commissaire civil près l'armée d'Angers.

X

LIBERTÉ, ÉGALITÉ, UNITÉ ET INDIVISIBILITÉ DE LA RÉPUBLIQUE
OU LA MORT.

Rhenes, ce 31 octobre 1793, l'an 2e de la République une et indivisible,
à une heure après midi.

Le citoyen Benaben, commissaire civil du département de Mayenne et Loire près l'armée d'Angers.

Aux citoyens administrateurs du même département.

Citoyens,

La crainte de voir mes lettres interceptées, ayant été presque toujours cernés par l'ennemi, depuis notre sortie de Chateau-Gontier, ne m'a pas permis de vous expédier autant d'ordonnances que je l'aurois désiré pour vous mettre à même de juger à chaque instant de la position et de la force de nos armées.

Il paroit que la plupart des revers que nous avons éprouvés jusqu'ici ne sont dus qu'au peu d'accord de nos généraux et au défaut de leurs relations. Cette vérité a été si bien sentie par les représentans du peuple qui sont à Rhenes, qu'ils ont appellé dans cette ville tous les généraux qui sont dans nos armées, afin qu'ils dirigent leurs opérations de manière qu'ils puissent frapper ensemble notre ennemi commun.

Lorsque nous sommes arrivés dans Rhenes, nous avons trouvé cette ville dans la consternation, parceque le bruit s'étoit répandu que nous avions été complétement battus à Craon [1], et que nous avions été obligés de nous replover sur Rhenes. La vérité est, comme je crois vous l'avoir marqué dans ma dernière lettre, que notre général n'a fait que suivre les ordres du de Lechelle [2], qui étoient de tomber à l'improviste sur Laval en passant par Cossé [3]. Cette dernière ville ayant été prise avant que Craon fut attaqué, il falloit de toute nécessité que notre général se retira à Rhenes pour de là tomber sur Laval avec les nouvelles troupes qu'il pourroit trouver sur sa route. Je puis vous assurer qu'il n'y a pas eu de déroute à Craon ; seulement la retraite a été un peu précipitée, parce que le canon que les ennemis avoient placé au château de Craon étoit exactement dirigé sur la route que nous devions suivre, et que les bataillons, à mesure qu'ils se reployoient sur cette route, se précipitoient les uns sur les autres pour éviter le feu du canon. J'ai remarqué que, dans notre armée, il y a de très bonnes troupes, mais qu'il y en a aussi de très mauvaises, et ce sont ces dernières qui y ont mis la confusion. Je fis tout mon possible pour arrêter plusieurs de ces fuyards, en donnant des coups de sabre aux uns, et en présentant le pistolet à la gorge des autres. Toute l'armée ne fut parfaitement ralliée, qu'à deux lieues de Craon, grâce à la compagnie des grenadiers de Dillon, et au 29e régiment qui, se trouvant à la tête de la colonne de gauche, se mirent, les premiers, sur deux rangs, sur la proposition que je leur en fis. Leur exemple fut aussitôt suivi par la colonne de droite, de sorte que nous arrivames en très bon ordre à Puancé [4].

1. Petite ville, chef-lieu de canton, arrondissement et à 200 kilomètres de Château-Gontier, sur la rive gauche de l'Oudon.

2. Né à Pyréaux (Charente). Maître d'armes au moment de la Révolution, prit du service dans la garde nationale et devint successivement chef de bataillon, général de brigade et général de division. Il avait été nommé, — malgré son ineptie flagrante, — par le ministre Bouchotte, au commandement de l'armée de l'Ouest.

3. Chef-lieu de canton, arrondissement et à 24 kilomètres de Château-Gontier, sur la rive droite de l'Oudon.

4. Pouancé, petite ville, chef-lieu de canton, arrondissement de Segré ; à 23 kilomètres de cette ville et à 60 kilomètres d'Angers.

J'ai appris à Rhènes que les six cens hommes qui, après la prise de Cossé, s'étoient repliés sur Craon, avoient pris, pour la plupart, la route de Rhenes par la Guerche, sitot qu'ils furent instruits que Craon étoit au pouvoir de l'ennemi.

Je viens d'apprendre, du commandant d'un bataillon, une particularité dont il est essentiel de vous instruire. Il y avoit dans notre armée, lorsque je sortis d'Angers, cinquante hommes du bataillon soldé d'Angers. Il s'en évada plusieurs la nuit même que nous campâmes à la Roche. Plusieurs autres nous ont successivement quittés à St Georges, à Ingrandes, à Candé, à Segré et à Chateau-gontier. Enfin il n'en restoit que quatorze a Craon une heure avant que les ennemis s'y présentassent ; une heure après il n'en resta aucun avec nous.

L'adjoint que notre général avoit envoyé sur la rive gauche pour ramener les deux bataillons des pères de famille à Saint-Georges, arriva hier à Rhenes et nous a rapporté qu'il n'avait pu être obéi ni des chefs, ni des soldats. Notre général se propose de faire arrêter les chefs sur le patriotisme desquels il a fondé des doutes raisonnables.

BENABEN.

Commissaire civil près l'armée d'Angers.

XI

LIBERTÉ, ÉGALITÉ, UNITÉ ET INDIVISIBILITÉ DE LA RÉPUBLIQUE
OU LA MORT.

Rhenes, ce 3 novembre 1793, l'an 2e de la République une et indivisible.

Le citoyen Benaben, commissaire civil près l'armée d'Angers.

Aux citoyens administrateurs du département de Mayenne-et-Loire.

Citoyens,

Rhenes est menacé par l'ennemi, et Rhenes est dans un état de sécurité qui me désespère. Il est vrai qu'on y a fait quelques fortifications ; mais ces fortifications sont insuffisantes, si on n'est puissamment soutenu par d'autres armées que la nôtre. On nous parle beaucoup de l'armée qui s'est ralliée au Lion d'Angers [1], de celle qui s'est formée à Mayenne, ainsi que des garnisons assez considérables qui sont à Vitré ou à Chateau-Giron [2] ; mais, pour que toutes ces armées puissent agir d'une manière efficace, il faut qu'elles attaquent à la fois l'ennemi ; il faut que les généraux de

---

1. Petite ville, chef-lieu de canton, arrondissement de Segré, sur la rive droite de l'Ondon; à 14 kilomètres de Segré et à 22 kilomètres d'Angers.
2. Chef-lieu de canton, arrondissement et à 15 kilomètres de Rennes.

ces armées se concertent ensemble, et il ne paroît pas qu'ils aient entr'eux beaucoup de communications.

J'ai été exact jusqu'ici à vous écrire la position de notre armée; mais ne recevant aucune lettre de votre part je crains que les miennes n'aient été interceptées. Nous attendons aujourd'hui le général Rossignol [1]; sans doute qu'il nous fera part, des mesures qu'il se dispose à prendre pour arrêter les progrès des rebelles; je vous en ferai part, si tôt que j'en serai instruit.

BENABEN.

Commissaire civil près l'armée d'Angers.

P.-S. — Je ne sçais ce que c'est que de cacher la vérité; je vois ici beaucoup de gens en habits de généraux, mais je ne vois point de général. Celui que nous avons emmené d'Angers [2] me paroît le plus instruit de tous; et cependant c'est un jeune homme qui ne sauroit avoir une grande expérience. Au reste, il peut compenser ce défaut par la prudence; et je lui rendrai la justice qu'il en a mis jusqu'ici dans toutes ses opérations.

XII

LIBERTÉ, ÉGALITÉ, UNITÉ ET INDIVISIBILITÉ DE LA RÉPUBLIQUE
OU LA MORT.

Rhenes, ce 4 novembre 1793, l'an 2ᵉ de la République une et indivisible.

Le citoyen Benaben, commissaire civil près l'armée de la rive droite de la Loire,

Aux citoyens administrateurs du département de Mayenne-et-Loire.

Citoyens,

Nous sommes si éloignés d'Angers et si cernés par les ennemis, qu'il ne m'est guère possible de vous envoyer directement des ordonnances, sans m'exposer à les perdre. Je suis même persuadé que celui que je vous envoyai de Craon, une heure à peu près avant que les ennemis y entrassent, a été intercepté. Je me servirai donc de la commodité de la poste, jusqu'à ce que je me sois rapproché d'Angers, et jusqu'à ce que les passages soient libres.

---

1. Orfèvre au moment de la Révolution, s'était fait remarquer par son exaltation lors de la prise de la Bastille, aux journées du 20 Juin et du 10 Août, — et même, dit-on, dans les massacres de Septembre. — Nommé, en 1793, lieutenant-colonel d'une division de gendarmerie, il fut envoyé en Vendée. Son insubordination envers le général Biron, le fit traduire devant un tribunal militaire. Les Jacobins ayant protesté, Ronsin intervint, et Rossignol fut non seulement gracié, mais il obtint même le commandement de l'armée des côtes de la Rochelle. Destitué pour cause d'incapacité par les représentants du peuple, en mission, il fut réintégré dans son emploi par le ministre Bouchotte.

2. Delaage. (Voir page 3, lettre I.)

Je ne sçais quelle est l'intention de l'ennemi ; j'avois cru, avec plusieurs généraux, qu'il prendroit la route de la Guerche [1], pour se jetter sur le Morbihan, qui est un pays fanatisé ; point du tout, il a pris la route d'Erné et de Fougères dont il s'est emparé successivement sans presqu'éprouver de résistance. Nous avons à regretter particulierement la perte du 19e régiment de chasseurs qui, étant éloigné de près de deux lieues du reste de l'armée, a presque été taillé en pieces.

Ces deux revers ont jetté la consternation dans Rhénes qui peut être attaqué sur quinze points différens. On a agité dans le conseil, où étoient les représentants du peuple, si on marcheroit contre l'ennemi, où si on l'attendroit de pied ferme dans la ville. Les avis ont été partagés, et il n'a été rien résolu jusqu'à ce qu'on sçut des nouvelles certaines de la position de l'armée de Mayence.

Je vous le répète, citoyens, nous n'avons point de généraux, et c'est ce défaut de généraux qui est la cause de nos revers. Tant que nos armées agiront separement, tant que nous n'opposerons pas à l'ennemi des troupes aussi nombreuses que les siennes, nous serons toujours cernés et par conséquent vaincus. Il est étonnant que les différents revers que nous avons éprouvés jusqu'ici, ne nous aient pas encore instruits à cet égard.

Il nous arrive tous les jours des troupes, des canons et des munitions de guerre ; mais nos soldats n'ont ni souliers, ni la plupart des objets qui leur sont nécessaires. Il y a dans ce moment à Rhénes environ huit à neuf mille hommes ; mais de ce nombre il n'en est gueres que trois mille qui soient en état de se battre.

Tout cela m'afflige sensiblement et pourroit me décourager, si un Républicain pouvoit désesperer du salut de la République.

BENABEN.

Commissaire civil près l'armée de la rive droite de la Loire.

XIII

LIBERTÉ, ÉGALITÉ, UNITÉ ET INDIVISIBILITÉ DE LA RÉPUBLIQUE
OU LA MORT.

Rhenes, ce 5 novembre 1793, l'an 2e de la République françoise une et indivisible,
à dix heures du matin.

Le citoyen Benaben, commissaire civil près l'armée de la rive droite de la Loire.

Aux citoyens administrateurs du département de Mayenne-et-Loire.

Citoyens,

Nos malheurs commencent à nous instruire ; la retraite précipitée de

---

1. Petite ville, chef-lieu de canton, arrondissement et à 21 kilomètres de Vitré.

Craon, les déroutes des garnisons d'Erné [1] et de Fougeres nous ont fait sentir enfin que ce n'étoit qu'en masse, que nous pouvions nous flatter de vaincre nos ennemis. On vient de faire replier sur Rhenes toutes les troupes qui pouvoient se trouver à Chateaubriand, à Chateau-giron et à Vitré, en sorte que nous avons en ce moment ici une armée de quatorze à quinze mille hommes. Nous ignorons encore si les ennemis ont attaqué Mayenne où nous avons une armée respectable. Il paroît que leur dessein est de se porter sur Saint-Malo, afin d'avoir une communication avec la mer. Nous venons d'envoyer en conséquence dans cette ville quinze cens hommes pour en fortifier la garnison. Nous avons aussi envoyé des troupes à Grandville qui se trouve furieusement menacé.

L'inaction de l'armée de Mayence a engagé un de nos représentans à s'y transporter.

Si celle de Mayenne a le bonheur de résister aux rebelles, alors les trois armées de Rhenes, de Mayence et de Mayenne pourront les acculer contre Saint-Malo et les exterminer. J'en accepte l'augure. Ainsi-soit-il.

BENABEN.

Commissaire civil près l'armée de la rive droite de la Loire.

P.-S. — J'ai appris avec plaisir que l'ordonnance que je vous avois envoyé de Craon une heure environ que les ennemis y entrassent, étoit arrivé sain et sauve à Angers. Puissé-je l'y suivre, quand nos ennemis seront exterminés !

XIV

LIBERTÉ, ÉGALITÉ, UNITÉ ET INDIVISIBILITÉ DE LA RÉPUBLIQUE OU
LA MORT.

Rhenes, ce 7 novembre 1793, l'an 2e de la République
une et indivisible.

Le citoyen Benaben, commissaire civil près l'armée de la rive droite de la Loire,

Aux citoyens administrateurs du département de Mayenne-et-Loire,

Citoyens,

Nous eûmes hier une alerte assez vive. Des cavaliers qu'on avoit envoyés à la découverte, vinrent rapporter, au général Rossignol que l'avant garde de l'ennemi étoit entrée à St Aubin, petit bourg à quatre lieues de Rhenes. On fit prendre aussitôt les armes à la plus grande partie de notre armée que l'on disposa dans tous les lieux par où les ennemis pouvoient nous attaquer. Quoique cette nouvelle nous fut parvenue dans la nuit du 5 au 6, c'est-à-dire dans un tems où beaucoup de soldats étoient dispersés dans la ville, néanmoins on vint à bout de la

---

1. Petite ville, chef-lieu de canton, arrondissement et à 21 kilomètres de Mayenne.

rassembler sans battre la générale, de peur d'effrayer les habitans. On fit aussi replier, sur Rhenes, les quinze cens hommes qu'on avoit fait partir pour St Malo. On s'attendoit que l'ennemi nous attaqueroit à la pointe du jour, mais il ne parut pas de toute la journée, ce qui me fit croire qu'il n'avoit fait semblant de se porter sur St Aubin, qu'afin de nous engager à faire revenir, à Rhenes, les troupes qu'on avoit envoyées à St Malo, et de trouver moins de resistance dans l'attaque de cette dernière ville. Je fis part de mon idée aux représentans du peuple avec lesquels j'avois été visiter les postes, et notamment un chemin auquel le commandant de la place n'avoit point fait attention, et par où néanmoins les ennemis auroient pu s'introduire dans la ville, sans être apperçus. Il paroît que ma conjecture étoit vraie ; car des cavaliers qui s'avancèrent, dans la journée d hier, jusqu'à Saint-Aubin, nous rapportèrent que l'ennemi avoit totalement évacué ce bourg.

J'avois supposé, avec l'état major de l'armée, que l'ennemi devoit se porter sur St Malo, parcequo tous les renseignements que nous avions pris sur sa marche, devoient nous le faire penser ; mais il paroît que son dessin étoit de se porter sur Brest où il avoit depuis long-tems des intelligences. Cinq cens forçats, dit-on, qu'on avoit gagnés avec plusieurs autres conjurés, devoient mettre le feu à l'arsenal. Cette conjuration a été heureusement découverte par le citoyen Carrié représentant du peuple. On prétend que les Anglois avoient trouvé le moyen d'introduire, dans Brest, six mille fusils avec les quels on devoit armer les conjurés.

Je vous donnerai de plus grands détails sur cette conjuration, quand j'en serai plus instruit.

Rhênes est dans ce moment fort tranquille et dans un état de défense respectable. Les braves gens, que nous avons ici, sont disposés à se battre vigoureusement et à brûler la cervelle au premier lâche qui prendra la fuite.

Je vous écris tous les jours ou par la poste, ou par des ordonnances que je vous envoie directement, ou par des commodités dont je profite ; mais j'ignore si mes lettres vous parviennent. Je vous serai bien obligé de vouloir bien m'en accuser la réception.

BENABEN,
Commissaire civil près l'armée de la rive droite de la Loire.

XV

LIBERTÉ, ÉGALITÉ, UNITÉ ET INDIVISIBILITÉ DE LA RÉPUBLIQUE OU LA MORT.

Rhenes, ce 9 novembre 1793, l'an 2e de la République
une et indivisible.

Le citoyen Benaben, commissaire civil près l'armée de l'Ouest,

Aux citoyens administrateurs du département de Mayenne-et-Loire.

Citoyens,

Je vous avois écrit qu'on avoit fait revenir à Rhenes les troupes qu'on avoit envoyées au secours de Saint-Malo et de Grandville, parceque l'on supposoit alors Rhenes dans un plus grand danger, que ces deux villes ; mais les ennemis ne s'étant point présentés, comme on s'y étoit attendu, on fit repartir hier ces mêmes troupes pour leur première destination.

On se dispose en ce moment à aller à la découverte de l'ennemi, et à l'attaquer, s'il est possible. On va passer, en conséquence, en revue toutes les troupes qui sont ici. L'ordre que l'armée doit suivre dans sa marche, a déjà été réglé par le général en chef.

Je déjeunai hier avec le commandant du 10e régiment de chasseurs qui a été si maltraité à Erné ; il m'a assuré que sur six cens hommes qui composoient son régiment, il ne lui en reste plus aujourd'hui que cent vingt tant officiers que soldats. Les autres corps dont cette petite armée étoit composée, tels que le bataillon de la Cote-d'Or, celui du Calvados, etc. ont été aussi fort maltraités. On doit ces malheureux succès à l'impéritie de l'adjudant général qui commendoit cette petite armée, et qui n'avoit pas vu qu'en séparant trop ces différens corps les uns des autres, il les avoit mis dans l'impuissance de pouvoir se secourir mutuellement.

J'ignore si le général en chef et les représentans du peuple sont instruits de la marche et de la position actuelle des armées qui sont parties en dernier lieu de la ville d'Angers. Je n'en ai appris quelque chose que par le courrier extraordinaire que vous avez envoyé ici.

Le commandant du bataillon du chateau du Loir est venu se plaindre ce matin à notre général que ses soldats refusoient de prendre l'habit national, sous pretexte que les briguand massacroient tous ceux de nos prisonniers qui étoient revêtus de cet habit. Cette crainte est indigne d'un Républicain, et je voudrois que la convention nationale obligeat tout François à ne point porter d'autre habit, que celui-là.

BENABEN,
Commissaire civil près l'armée de l'Ouest.

XVI

LIBERTÉ, ÉGALITÉ, UNITÉ ET INDIVISIBILITÉ DE LA RÉPUBLIQUE
OU LA MORT.

Rhenes, ce 11 novembre 1793, l'an 2e de la République
une et indivisible.

Le citoyen Benaben, commissaire civil près l'armée du centre,

Aux citoyens administrateurs du département de Mayenne-et-Loire.

Citoyens,

Il paroît que les bruits qui avoient couru à Rhenes sur le général Olagner, relativement à sa retraite de Craon, avoient été aussi répandus

à Angers par les fuyards qui avoient abandonné son armée. Jo dirai plus ;
le général Olagner fut dénoncé au comité militaire le jour même de son
arrivée à Rhènes, mais le comité trouva sans doute ces dénonciations
dénuées de fondement, puisqu'il n'y a donné aucune suite.

Afin de vous mettre à même d'apprécier la conduite de ce général, je
vais vous raconter tout ce qui s'est passé dans notre armée, depuis notre
sortie de Château-gontier jusqu'à notre évacuation de Craon ; vous verrez
qu'il y a moins de sa faute, que de celle du général Leschelle. Si je ne
suis pas entré dans un assez grand détail à cet égard, c'est que je craignois
d'avoir à parler de moi-même.

Il étoit environ deux heures après midi lorsque le général Olagner reçut
à Château-gontier du général Leschelle, l'ordre d'aller à Craon, à Cossé
et de là à Laval pour tâcher de prendre cette dernière ville, pendant que
les ennemis seroient en déroute. Cet ordre me surprit d'autant plus, que
le bruit avoit déjà couru, à Château-gontier, que l'armée de Mayence
avoit été attaquée à l'improviste par les Briguand, qu'une partie de cette
armée avoit lachement pris la fuite, mais que l'autre resistoit encore.

Nous sortimes de Château-gontier à cinq heures du soir, pour aller à
Craon. Comme j'étois à la tête de la colonne avec le général Olagnier, je
lui dis que j'avois quelques pressentimens que les caissons de vivres que
vous nous aviez envoyés, ne suivoient point notre armée. Il regarda mes
pressentimens comme des craintes chimeriques. Mais n'en voulant croire
que mes propres yeux, je me transportai rapidement à la queue de la
colonne, pour vérifier le fait par moi-même. J'appris là qu'une partie du
caisson de vivres avoit pris la route d'Angers ; mais que l'autre partie
sembloit attendre l'evenement du combat. Je me hatai donc d'en instruire
le général afin qu'il donnât les ordres nécessaires, pour faire marcher ces
caissons. J'étois à peine à une demi-lieue de Chateau-gontier, que
j'aperçus, à ma droite, l'armée de Mayence marchant sur deux colonnes et
faisant un feu continuel sur les Briguand qui la cernoient de toutes parts.
L'armée de Mayenne étoit alors à trois quarts de lieue de Chateau-gontier.
Ce fut une raison de plus, pour moi, de presser mon cheval pour instruire
le général de ce qui se passoit, et l'engager à faire marcher notre armée
en colonne renversée sur Château-gontier, soit pour protéger la retraite
de l'armée de Mayence, soit pour battre les ennemis qui ne devoient pas
s'attendre à ce nouveau renfort. Le général, qui n'avoit entendu ni le
bruit du canon, ni celui de la mousqueterie, crut que j'avois pris, pour un
feu de file, des genêts qu'on avoit allumés sur la route de Laval à Chateau-
gontier. J'eus beau l'assurer du contraire, il persista dans son opinion, et
ajouta que, lors même que mon rapport seroit vrai, il ne pourroit, sans
encourir une furieuse responsabilité, s'écarter des ordres qu'il avoit
reçus du général Leschelles. Je lui répondis que lorsque ce général lui
avoit donné de pareils ordres, il ne prévoyoit pas sans-doute la déroute
qu'il venoit d'éprouver, et que c'étoit là le cas d'interpréter ses ordres.
Olagnier pour toute réponse se contenta d'envoyer à Chateau-gontier
deux pièces de canon qu'on lui avoit demandées, et qui, à ce que j'appris

le lendemain, retardèrent d'environ une heure et demie l'entrée des Briguand dans cette ville.

Arrivé à Craon, il ne put plus douter de la vérité de mon rapport. Il fit
partir en conséquence sur le champ vingt quatre cavaliers avec un certain
nombre d'ouvriers, pour couper les ponts de bois qui se trouvent sur la
route de Chateau-gontier à Craon, afin d'arrêter la marche de l'ennemi
supposé qu'il eût dessein de nous poursuivre.

Notre armée, forte d'environ cinq mille hommes à St Georges, ne
l'étoit guère à Craon que de trois mille cinq cens par la desertion du
bataillon des peres de famille et de celui de St Georges. Nous trouvames, à Craon, deux mille hommes environ, sous la conduite de l'adjudant général Chambertin, et non quatre mille comme je crois vous l'avoir
marqué sur de faux rapports. Encore même ces deux mille hommes
n'avoient point de fusils de munition.

Le poste de Cossé, qui est à deux lieues et demie environ de Craon,
étoit défendu par deux cens hommes. Le général Olagner sentit que ce
poste pouvoit être enlevé aisément par l'ennemi ; il vouloit qu'il se repliât
sur Craon ; mais le citoyen Méolo, représentant du peuple, s'y étant opposé,
on se contenta d'y avancer, le lendemain, quatre cens hommes avec deux
pièces de canon qui, comme nous l'apprîmes malheureusement une heure
avant d'être attaqués nous-mêmes par les Briguand, ne purent opposer
qu'une vaine resistance.

Comme nous n'avions aucun caisson de pain, et qu'il étoit à craindre que
nous ne pussions en trouver à Craon, mon avis fut de marcher tout de
suite vers Segré pour nous réunir à l'armée de Mayence ; mais le même
représentant du peuple, Meolo, ayant voulu qu'on attendît l'ennemi à
Craon, le général Olagner fit les dépositions nécessaires pour le bien recevoir. Il s'attendoit a être attaqué le troisième jour, et il le fut en effet,
mais par tant de points différens à la fois, que ses ordonnances eurent
bien de la peine à avertir les différens postes de se replier, en cas de
malheur, sur la route de Nantes. Les ennemis avoient tellement pris leurs
dimensions, que, trois minutes plus tard, les dragons du 16e régiment, le
bataillon de Gemmappe et celui de la Charente, n'auroient pu joindre les
troupes chargées de protéger la retraite.

Arrivées sur la route de Nantes, toutes nos troupes furent rangées sur
deux colonnes, pour faire feu de deux côtés, et on jette à droite et à
gauche, dans les champs, par des chemins de traverse, des tirailleurs qui
devoient protéger les flancs de nos colonnes et empecher qu'elles ne
fussent cernées par l'ennemi.

Nous marchions dans cet ordre, lorsque les rebelles placerent, dans la
cour du chateau de Craon, une batterie de douze qui devoit balayer toute
la route de Nantes. On vint nous avertir en même tems de nous presser
de dépasser une rivière et d'y attendre en bataille, l'ennemi. Il se fit alors
un mouvement désordonné dans l'armée, chacun voulant éviter l'effet du
canon. C'est alors que je présentai le pistolet à la gorge de plusieurs
fuyards pour les engager à reprendre leurs rangs. Pendant cette con-

fusion, la cavalerie ennemie se présenta sur le chemin à une demi-portée de canon, avec de l'artillerie volante. Mais notre général, ayant eu le tems de placer sur la seconde hauteur deux pièces de canon, l'obligea de reculer. Il gagna ensuite la troisième hauteur, puis la quatrième en faisant un feu qui l'obligea d'abandonner enfin la partie. Telle étoit la frayeur de plusieurs de nos soldats, qu'ils prenoient le bruit de notre canon, pour celui de l'ennemi, de sorte qu'ils doubloient le pas à chaque décharge.

Nous avions fait ainsi environ deux lieus et demie, lorsque je proposai aux grenadiers de Dillon et au 20ᵉ régiment dont les fuyards avoient rompu les rangs, de se ranger sur deux lignes. Ils obéirent aussi-tôt, et leur exemple fut suivi du reste de l'armée qui arriva en très bon ordre à Puancé.

Je rendrai, au général Olagnier la justice de dire qu'il resta toujours à la queue de la colonne avec un détachement de dragons, et les deux pièces de canon dont j'ai parlé, pour protéger la retraite, et qu'il ne reparut à la tête, que lorsque l'armée fut parfaitement ralliée.

Voilà l'exacte vérité, c'est à vous à juger.

Notre armée, forte d'environ sept mille hommes, doit, dit-on, se mettre en marche après demain. Si cela est, j'aurai soin de vous en instruire. Le général Boucret commandera la 1ʳᵉ division.

Salut et fraternité,

BENABEN,
Commissaire civil près l'armée du Centre.

XVII

LIBERTÉ, ÉGALITÉ, UNITÉ ET INDIVISIBILITÉ DE LA RÉPUBLIQUE OU
LA MORT.

Rhenes, ce 12 novembre 1793, l'an 2ᵉ de la République
françoise une et indivisible.

Le citoyen Benaben, commissaire civil près l'armée du centre,

Aux citoyens administrateurs du département de Mayenne-et-Loire.

Citoyens,

L'avant garde de notre armée vient de se mettre en marche, pour attaquer les Briguand. Le général Olagner devoit commander la première division, et je vous l'avois mandé dans ma dernière lettre parceque je venois de voir l'ordre de route chez le général Rossignol. Mais comme j'allois cacheter ma lettre, j'appris que cet ordre étoit changé, et qu'on avoit mis le général Boucret à la place d'Olagner qui étoit destiné à la défense de Rhenes dans le cas que, dans une défaite, nous fussions obligés de nous replier sur cette ville. Je n'examinerai pas ici les raisons qui ont pu nécessiter un pareil changement. Peut-être ce changement tient-il à des causes que le tems pourra me faire connoître, et dont je pourrai vous instruire.

Je vous avois écrit que le bataillon du Chateau du Loir avoit refusé de prendre des habits nationaux sous prétexte que ceux de nos prisonniers, qui étoient revêtus de ces habits, étoient aussitôt massacrés. Eh bien ! le commandant de ce bataillon, qui est un brave homme, engagea les officiers à se revêtir de l'habit national ; et leur exemple fut suivi par leurs soldats. Mais à peine furent-ils habillés, qu'ils vinrent trouver le général Olagner pour lui dire qu'ils étoient venus avec l'armée, au secours de Rhenes, et que cette ville n'étant plus en danger, ils demandoient de joindre le reste de leur bataillon qui étoit à Saumur. Comme je me trouvois alors avec le général Olagner, je leur répondis que notre armée n'étoit point venue au secours de Rhenes, mais pour prendre, dans cette ville, des souliers, des armes et des habits qu'elle auroit trouvé difficilement ailleurs ; et qu'il étoit vraiment étonnant qu'ils demandassent à s'éloigner de l'ennemi, au moment où on venoit de leur donner tout ce qui étoit nécessaire pour le combattre ; cette réponse ne parut pas les contenter, et ils furent de suite trouver le général Rossignol qui, tout en parlant dans le même sens, leur répondit sans doute d'une manière encore plus énergique.

Un officier de gendarmerie, nommé Carves, en me faisant observer qu'il ne commandoit qu'à deux gendarmes de notre département, m'a prié de vous engager à le rappeler à Angers ; mais après que nous aurons exterminé les rebelles. Si les officiers du bataillon du Chateau du Loir avoient fait une pareille demande, on leur auroit répondu d'une manière plus satisfaisante.

Je partirai vraisemblablement demain avec la première division qui va marcher contre les Briguand. Si je trouve occasion de vous écrire, je la saisirai avec empressement.

Salut et fraternité.

BENABEN,
Commissaire civil près l'armée du Centre.

XVIII

LIBERTÉ, ÉGALITÉ, UNITÉ ET INDIVISIBILITÉ DE LA RÉPUBLIQUE OU LA MORT.

Rhenes, le 13 novembre 1793, l'an deux de la République
une et indivisible.

Le citoyen Benaben, commissaire civil près l'armée du centre,

Aux citoyens administrateurs du département de Mayenne-et-Loire.

Citoyens,

Lorsque je vous écrivis hier que l'avant-garde de notre armée étoit partie, et que la première division devoit la suivre aujourd'hui, j'avois supposé qu'on ne s'écarteroit point de l'ordre qu'on avoit donné ; mais sans doute que la marche de l'armée de Mayence ou celle de l'ennemi a fait changer cet ordre, puisqu'il n'est encore parti aucune troupe de cette ville. Le général Rossignol a été à Vitré avec le représentant du peuple, Pocholle[1]; ils doivent arriver l'un et l'autre ce soir, et fixeront sans doute invariablement la marche de notre armée. Je pourrai aussi apprendre d'eux quel en est la force et la composition. Quant à présent, tout ce que je puis vous dire, et je le tiens d'un tableau que j'aperçus avant hier sur le bureau du général Rossignol, c'est que nous avons environ huit à neuf mille hommes de troupes cantonnées aux environs de Rhênes, et à peu près huit mille de disponible, c'est-à-dire qu'on peut faire marcher contre l'ennemi; total seize à dix-sept mille, tant infanterie que cavalerie et artillerie. Lorsque j'aurai ce tableau sous les yeux je pourai vous l'envoyer avec les noms des généraux et adjudants-généraux qui doivent commander les différentes divisions de notre armée. Il paroit que le général Olagnier y jouera un très petit role, puisqu'on le laisse dans une ville où il y a un chef de l'état-major et un commandant temporaire de la place.

On ignore ici la marche de l'ennemi et sa position actuelle; on sçait seulement qu'il se porte du côté de la Normandie où il a, dit-on, beaucoup de partisans. Il surprit, il y a trois jours, un courrier de notre comité militaire qu'il renvoya avec une lettre signée La Roche-Jaquelain, Desessarts, d'Autichamp, etc., et dans laquelle ces messieurs disoient *qu'ils auroient pu, selon les loix de la guerre, le traiter comme espion, mais qu'il n'avoit voulu lui faire aucun mal, afin qu'on reconnût en eux les véritables amis de la monarchie, de la justice et de l'humanité*[2]. Ils ont donc pour puisqu'ils commencent à être humains.

Vous me demandez dans votre dernière lettre quelques détails sur la déroute d'Erné et de Fougères, voici ce que j'en ai pu recueillir tant du commendant du 19e régiment de chasseurs, que du commendant de la garde nationale où se trouvent ces deux lieux.

Vous devez sçavoir d'abord qu'il n'y avoit guère entre Fougères et Erné, que quatre mille hommes tant de gardes nationales que de troupes de ligne. De ces quatre mille hommes, il n'y avoit guère que quinze cens sur lesquels on pouvoit raisonnablement compter. Ces deux villes étant distantes d'environ quatre lieues, on avoit établi quelques postes intermédiaires, notamment dans un lieu appelé *la Pellerine*, et un autre nommé la *Chantenerai*, autant que je puis me le rappeler. Les chasseurs du 19e régiment qui étoient à Erné devoient, au cas qu'ils eussent du dessous, se replier successivement sur ces deux lieux et de là sur Fou-

---

1. Né à Dieppe le 30 septembre 1764, entra dans l'Oratoire et fut, — comme Bénaben, — professeur à Angers, puis à Dieppe dont il devint maire, après avoir prêté le serment constitutionnel et être rentré dans le monde. Elu député à l'Assemblée législative où il ne voulut point siéger, il fut à nouveau nommé membre de la Convention, et y vota la mort de Louis XVI, sans sursis. Envoyé en mission sur plusieurs points de la France, il fit éclater sa rage patriotique aussi bien sur les républicains que sur les royalistes.

2. Ces mots sont soulignés dans le manuscrit. — Même observation pour les parties soulignées, déjà citées, et pour celles qui restent à citer.

gères. Mais voyant que les briguand fuyoient devant eux, ils se laissèrent emporter par leur ardeur, ils s'éloignèrent trop des corps qui pouvoient les protéger, et se laissèrent cerner par l'ennemi. Sur six cens hommes dont étoit composée régiment, cinq cens environ restèrent sur le champ de bataille ; les autres se replièrent sur Fougères, où ils jettèrent l'épouvante.

Quant au corps d'armée qui devoit protéger Fougères, il étoit composé des bataillons de la Côte-d'Or, du Calvados, de la Réunion, et des contingens aux quels il faut ajouter les canonniers du contrat social qui se sont trez bien montrés dans cette affaire. Ces canonniers avoient été établis sur la principale route, et le reste de l'armée en travers. A droite et à la gauche étoient des chemins de traverse sur les quels on avoit jeté des abatis, afin de n'être pas cerné par la cavalerie ennemie. On avoit voulu aussi mettre aux deux ailes des tirailleurs qui refusèrent de se battre autrement qu'en masse. Ce refus fut cause qu'une partie des rebelles passa par ces chemins de traverse et entra dans la ville pendant que les ennemis nous attaquoient de front. Notre armée soutint pendant quelque-tems leur choc, grâce au courage des canonniers du contrat social ; mais lorsqu'elle apprit que les chasseurs du 19e régiment avoient été taillés en pièces, elle prit l'épouvante et se retira en désordre à Fougères où une partie des Briguand venoit déjà de forcer les prisons. Elle se dispersa ensuite dans différens endroits ; plusieurs des fuyards vinrent tout d'une traite à Rhênes, d'autres à Vitré, d'autres à Avranches ; plusieurs, comme cela arrive toujours dans une déroute, jetèrent leurs armes, leurs havresacs, et jusqu'à leurs certificats de civisme. Voilà ce que j'ai pu apprendre de cette fameuse déroute dont je ne vous garantis point les détails, parceque je n'assure que ce que je vois moi-même.

J'ajouterai une circonstance que j'avois oubliée, c'est que notre armée n'avoit point de cavalerie; cette circonstance devoit rendre naturellement la déroute plus complète.

Salut et fraternité.

BENABEN.

XIX

LIBERTÉ, ÉGALITÉ, UNITÉ ET INDIVISIBILITÉ DE LA RÉPUBLIQUE OU LA MORT.

Rhenes, ce 14 novembre 1793, l'an 2e de la République une et indivisible. A midi précis.

Le citoyen Benaben, commissaire civil près l'armée du Centre,

Aux citoyens administrateurs du département de Maine-et-Loire.

Citoyens,

La nouvelle armée qui a été formée, à Angers, des débris de celle de Mayence et de Luçon, doit arriver, dit-on, aujourd'hui dans cette ville, et se joindre à la nôtre. Cette réunion étoit absolument nécessaire, afin de rendre, à leurs corps respectifs, les détachemens qui en avoient été sé-

parés. Je pense aussi qu'on réorganisera toutes ces armées, pour n'en
former qu'une seule qu'on partagera en différentes divisions, à la tête des-
quelles on mettra des chefs plus expérimentés et plus républicains que
ceux que nous avons eu jusqu'à ce jour. En vérité, je rougis pour mon
pays, lorsque je vois, à la tête de nos armées, des gens qui n'ayant aucune
connoissance de leur métier, ne cherchent pas même à en acquérir. On
diroit qu'ils n'ont accepté ces emplois, que pour s'y enrichir, ou se livrer
plus impunément à toute la dépravation de leurs mœurs. J'en ai témoi-
gné mon mécontentement, sinon par mes discours, du moins par mes
regards, à quelques-uns de ces individus attachés à l'État-major de
l'armée, qui ont été fâchés de ne pouvoir obtenir, auprès de moi, une estime
dont je ne les avois pas jugés dignes.

Je ne puis vous donner, dans ce moment, aucun détail sur l'organisation de l'armée ; je m'empresserai de vous les donner, si tôt que j'aurai
pu m'en instruire.

Salut et fraternité.

BENABEN,

Commissaire civil près l'armée du centre.

XX

LIBERTÉ, ÉGALITÉ, UNITÉ ET INDIVISIBILITÉ DE LA RÉPUBLIQUE OU
LA MORT.

Rhenes, ce 16 novembre 1793, l'an 2e de la République
une et indivisible, à huit heures du matin.

Le citoyen Benaben, commissaire civil près les armées de l'Ouest, de
Mayence et de Luçon,

'Aux citoyens administrateurs du département de Mayenne-et-Loire.

Citoyens,

Les armées combinées de Mayence et de Luçon achevèrent d'arriver
hier à Rhenes, et doivent en partir aujourd'huy, pour aller à la poursuite
des Briguand. On dit qu'ils sont devant Grandville où on les frotte de la
belle manière. Puissions-nous être assez heureux pour les atteindre
bientôt et en délivrer la terre! Notre armée, forte de plus de vingt mille
hommes effectifs, quoique privée de souiliers et de plusieurs autres objets
nécessaires, brûle de combattre et de laver dans le sang des Rebelles la
honte des défaites qu'elle a éprouvées.

Le général Olagner, au quel on avoit ôté le commendement de sa division, vient d'être suspendu provisoirement de ses fonctions par les représentans du peuple Pocholle, Lavalée ', Boursot et Bouchotte. On dit que

1. Esnue-Lavallée, représentant du peuple.

c'est moins pour ce qu'il a fait à Craon, que pour ce qu'il n'a pas fait à Château-gontier, où, comme j'ai eu soin de vous l'écrire, il auroit pu arrêter la déroute de l'armée de Mayence. Je ne sçais si son état major me regarde comme l'auteur de cette suspension ; mais j'aurois lieu de le croire à l'air réservé de quelques individus qui le composent, et surtout aux propos impertinans de son aide-de-camp, qui, depuis notre retraite de Craon, n'a cessé de répéter que les surveillans des armées étoient des êtres inutiles. Cet homme aussi sot que grossier, et aussi grossier qu'ignorant, fut fait prisonnier à Saumur par les Briguand qu'il servit en qualité de mitron. Si jamais il a besoin de vous, vous pourrez lui faire sentir d'une manière énergique que l'on n'insulte pas impunément un commissaire du département de Mayenne-et-Loire. Quant à moi qui, dans toute autre circonstance peut-être, auroit pu lui demander raison de ses insultes, je me suis contenté de n'y répondre que par le silence et par le mépris.

Le citoyen Delaage que je vous avois recommandé me présenta hier au général Marsau au quel il est attaché et qui a pour lui une estime particulière. Ce général avec le quel je dinai hier, m'engagea à suivre sa colonne, et il y a toute apparence que je la suivrai. J'ai été trez content de son état major ; il paroît composé de gens sages, intelligens, et d'une tempérence remarquable dans une armée comme la nôtre. Aucun des individus qui le composent ne boit ni liqueur, ni eau de vie, pas même au moment du combat. Si les troupes de la République n'avoient eu que de pareils soldats, elles n'auroient point éprouvé autant de défaites.

Comme je n'ai pu encore me procurer le tableau de l'ordre de route, je ne puis entrer dans un certain détail sur les divisions de l'armée de l'Ouest et de celle de Mayence. Tout ce que je sçais, c'est que la première armée est commandée par Bougret, Chambertin et David ; et la seconde par Marsau, Westerman, Cléber, etc. Il me sera beaucoup plus aisé de vous instruire lorsque je serai invariablement attaché au général Marsau ; car le général Olagnier que j'ai suivi jusqu'à ce jour, étant suspendu de ses fonctions, ne peut me donner aucun des renseignemens que vous pourriez désirer.

Salut et fraternité.

BENABEN,

Commissaire civil près des armées de l'Ouest, de Mayence
et de Luçon.

P.-S. — Je rencontrai hier le citoyen Charlery, ancien administrateur du département de Maine-et-Loire. Il me dit qu'il étoit attaché à un général de l'armée de Mayence dont j'ai oublié le nom.

XXI

LIBERTÉ, ÉGALITÉ, UNITÉ ET INDIVISIBILITÉ DE LA RÉPUBLIQUE OU
LA MORT.

> D'Antrain[1], ce 19 novembre, 1793, l'an 2ᵉ de la République une et indivisible.

Le citoyen Benaben, commissaire civil près l'armée de Mayence,

Aux citoyens administrateurs du département de Maine-et-Loire.

Citoyens,

Un accident qui a failli à me couter la vie (mon cheval ayant culbuté cul par-dessus tête, dans un chemin affreux et par un temps abominable), ne me permit pas de vous écrire, le jour de mon arrivée à Antrain. Au reste je n'aurois pu vous parler que de la confusion des différentes divisions de notre armée qui passoient par cette ville. Cette confusion fut telle, que plusieurs soldats passèrent, sans le sçavoir, d'une colonne dans une autre. Moi-même je perdis celle à laquelle je m'étois attaché, parceque, arrivée à Antrain, elle fut obligée de revenir sur ses pas et de s'établir dans un village nommé Tremblay[2]. Je ne la rejoignis qu'hier au soir, après avoir été reconnoître la position des autres colonnes commendées par Chambertin, Bougret[3], Amée et Cannuel[4], que je trouvai sur le chemin d'Antrain à Fougères. L'adjudant général Chambertin qui commendoit l'avant-garde de l'armée des cotes de Brest, avoit eu ordre de se porter sur Pontorson[5]; mais ayant trouvé le Pont-Thibaud coupé, il avoit été obligé de revenir à Antrain et de là à Fougères.

Toutes les nouvelles s'accordent à dire que les Briguand ont été fort maltraités à Grandville. J'ai parlé à plusieurs généraux qui me les ont confirmées, de sorte que nous nous disposions à aller au devant des Briguand que l'on supposoit en deroute, pour achever de les exterminer. Je me couchai dans cette douce espérance, lorsque je fus éveillé à minuit par la générale. J'appris que les Briguand désespérés d'avoir échoué à Grandville, avoient cherché à se venger sur celle de nos armées qu'ils regardoient comme la plus foible. Elle n'étoit, en effet, que de quatre mille hommes partagés en quatre divisions, dont deux sur le chemin de Pontorson à Avranche, et les deux autres sur le chemin d'Antrain. Les deux divisions, qui étoient sur le chemin d'Avranche ont été les premières attaquées.

---

1. Chef-lieu de canton, arrondissement de Fougères.
2. Bourg, canton d'Antrain, arrondissement et à 28 kilomètres de Fougères.
3. Boucret. — Etait général de division quand il fut envoyé en Vendée.
4. Canuel Simon, né en Poitou en 1767, envoyé en Vendée comme aide de camp de Rossignol.
5. Petit port à l'embouchure du Couesnon, dans la baie de Cancale, — chef-lieu de canton, arrondissement et à 21 kilomètres d'Avranches.

Elles so sont vaillamment défendues pendant cinq heures, lo combat ayant commencé à trois heures et demio et n'ayant fini, qu'à huit heures et demio du soir. Les canoniers de ces deux divisions ont tiré plus do trois cens coups do canon qui ont tué beaucoup do mondo à l'ennemi après quoi on en est venu à l'arme blanche. La victoire paroissoit so décider en notre faveur, lorsquo les deux autres divisions, qui étoient sur lo chemin d'Antrain ont été tout-à-coup attaqués en tête et en flanc par des canons à mitraille qui ont fait un ravage épouvantable. La déroute s'est mise alors dans ces deux divisions et ensuite dans les deux autres. La cavalerie a achevé do disperser ceux qui vouloient encore resister. S'il faut en croire lo rapport des soldats, les chefs n'ont point presquo point paru dans ce combat, et ont peut-être été cause do notre défaite. Quatre cens hommes environ de cette armée sont venus so réfugier à Antrain.

Les ennemis ont pris tous nos canons, nos drapeaux et sont emparés de Pontorson.

Les armées aux ordres des généraux Bougret, Amée, Chambertin, Canuel, Westerman, Muler et Marceau vont marcher contre les Briguand et leur faire payer cherement leur victoire.

BENABEN,

Commissaire civil près l'armée de Mayence.

P.-S. — Lorsque je partis d'Angers, je n'avois que ce quo je portois sur lo corps, croyant revenir dans cette ville au bout do trois jours. Voilà pourtant un mois que j'en suis absent. J'avois chargé les gendarmes, que j'y avois envoyé, en ordonnance, do m'apporter au moins du lingo ; mais loin do m'avoir apporté quelque chose, ils ne sont pas même revenus ; de sorte que jo me trouve absolument denué do tout. Pour comble do malheur, lo cheval quo m'a laissé Payen, est un cheval rétif qui ne marche quo lorsqu'il se voit accompagné do plusieurs autres. Depuis quo j'ai changé d'armée, jo n'ai point eu de gendarmes d'ordonnance, par ce qu'il n'y en avoit pas. En vérité jo ne sçais comment jo pourrai résister, et à la fatigue, et aux intempéries de l'air.

XXII

LIBERTÉ, ÉGALITÉ, UNITÉ ET INDIVISIBILITÉ DE LA RÉPUBLIQUE OU LA MORT.

Antrain, ce 29 novembre, 1793, l'an 2e de la République une et indivisible.

Le citoyen Benaben, commissaire civil du département de Mayenne et Loire près les armées réunies de Mayence et de l'Ouest.

Aux citoyens administrateurs du même département.

Citoyens,

Je croyois et j'avois lieu de croire que les colonnes, qui étoient parties d'Antrain, attaqueroient simultanément l'ennemi et nous procureroient une victoire certaine. Je me suis trompé dans mon attente, et de là l'espèce de revers que nous avons éprouvé hier.

Le général Marigni [1], qui étoit posté à Sacé [2] avec environ deux mille hommes, instruit, dit-on, par un espion, que le camp ennemi étoit mal défendu, et qu'il lui seroit aisé d'entrer dans Dole [3] où étoit le thrésor des rebelles, entra avant hier, sur les six heures du soir, dans cette ville, après avoir égorgé les avant postes qu'il trompa en repondant *Royaliste au qui vive?* Il y entra, dis-je, à la tête de cent cavaliers seulement, sabrant tout ce qu'il rencontra sur son passage, et tuant même jusque dans les maisons, à coups de pistolets, les rebelles qui y étoient renfermés, et qui, les prenant pour nos anciens déserteurs, leur reprochoient amérement leur perfidie.

L'erreur des rebelles ne fut pas de longue durée. Ils tomberent donc de tous cotés sur la troupe de Marigni qui fut fort heureuse de trouver, à la porte de la ville, le reste de sa cavalerie qui protégea sa retraite. Il ne voulut pas néanmoins se retirer, les mains vuides, car il emmena une grosse guimbarde couverte trainée par six beaux chevaux et chargée de plusieurs effets parmi lesquels il croyoit trouver le thrésor ; il emmena, en outre, un cabriolet, trainé par deux superbes chevaux, qui appartetenoit sans doute à quelque chef de rebelles, et une charette à quatre chevaux chargée de bled et de farine.

Si Marigni n'eût point laissé, à Sacé, son infanterie, et s'il eût attendu, avant d'entrer dans Dole, que les colonnes commendées par Westerman et Marsau fussent arrivées, il auroit certainement mis en déroute l'ennemi qui se voyant attaqué de tous cotés, auroit été dans l'impossibilité de se défendre. Mais l'envie de s'emparer du thrésor, et peut-être de ne le partager avec personne, lui fit dévancer le moment de l'attaque, et fut cause qu'il laissa, à Sacé, son infanterie qui auroit pu rallentir la marche de sa cavalerie.

Qu'arriva-t-il de là ? c'est que l'ennemi, persuadé que Marigni n'auroit pas eu la hardiesse d'entrer dans Dole avec si peu de monde, s'il n'eût été suivi d'une grande armée, fit toutes ses dispositions pour nous bien recevoir. Il eût tout le tems nécessaire pour cela ; car Westerman ne parut à la tête de sa colonne, qu'à minuit, c'est-à-dire, six heures après que Marigni étoit entré dans Dole.

Westerman de son côté, fit une grande faute, en n'attendant pas la colonne de Marsau, qui n'arriva qu'à quatre heures du matin, et surtout en commençant le feu avant d'avoir rangé tout son monde en bataille, de sorte que l'ennemi lui ayant répondu par une décharge générale, lui tua beaucoup de braves soldats qui ne pouvoient se défendre pendant qu'ils se mettoient en ligne.

Leur courage néanmoins leur fit soutenir le feu pendant quatre heures,

---

1. Frère du général royaliste du même nom.
2. Bourg, canton de Pontorson, arrondissement d'Avranches.
3. Petite ville, chef-lieu de canton, arrondissement et à 23 kilomètres de Saint-Malo.

c'est-à-dire jusqu'à l'arrivée de Marsau qui eût le bonheur de los rallier, car ils commençoient à être mis en déroute, et qui fit sur l'ennemi un feu de file épouvantable.

L'ennemi lui répondit avec assez de vigueur; mais après quelques heures de combat, il cessa son feu, de sorte que Westerman et Marsau, croyant qu'il avoit été mis en fuite, cessèrent de leur côté le leur. Ils s'étoient lourdement trompés l'un et l'autre; l'ennemi profita de leur erreur, pour prendre une disposition plus favorable, et pour les attaquer ensuite avec tant de violence, qu'ils furent obligés de se replier à deux lieues d'Antrain.

Je n'entrerai pas dans d'autres détails qui seroient inutiles pour vous faire connoître le fond de cette affaire où nos soldats ont montré une bravoure peu commune. Je crois vous en avoir assez dit, pour vous faire voir que nos succès auroient été certains, si ces trois généraux eussent agi simultanément, comme on étoit sans doute convenu; mais l'avarice de Marigni, et l'ambition de Westerman qui auroit peut-être voulu avoir lui seul tout l'honneur de cette victoire a fait manquer cette affaire qui auroit été vraiment décisive, si les généraux eussent agi de concert.

On se dispose à attaquer aujourd'hui l'ennemi avec des forces beaucoup supérieures à celles de la veille. Dieu veuille qu'elles aient un meilleur succès!

Salut et fraternité.

BENABEN.

Commissaire civil près les armées réunies de Mayence et de l'Ouest.

XXIII

LIBERTÉ, ÉGALITÉ, UNITÉ ET INDIVISIBILITÉ DE LA RÉPUBLIQUE OU LA MORT.

Rhenes, ce 3 frimaire [1] 1793, l'an 2e de la République une et indivisible.

Le citoyen Benaben, commissaire civil du département de Mayenne et Loire, près les armées réunies de Mayence et de l'Ouest.

Aux citoyens administrateurs du même département.

Citoyens,

Une espèce de pressentiment me faisoit craindre pour le succès de nos armes. Ce pressentiment n'étoit malheureusement que trop certain. C'est encore l'ineptie de nos generaux qui est cause du revers et de la honteuse deroute que nous eprouvames avant hier. Chambertin qui commendoit l'avant garde composée d'excellentes troupes de ligne, s'avisa d'attaquer l'ennemi sans canon, et ce fut avec cette arme redoutable que l'ennemi lui

---

1. 23 novembre.

repondit. L'avant garde fut donc obligée de se retirer et de causer quelques désordres sur la colonne commandée par Bougret qui, au bruit de l'attaque, s'étoit mise en bataille. Cette colonne commença le feu qu'elle soutint pendant environ quatre heures. La troisième colonne, aux ordres d'Amée et de Lanuet, ne fit rien, ayant été entraînée par celle de Chambortin. Les cartouches ayant enfin manqué à la seconde colonne, il s'en suivit une déroute générale dont l'ennemi profita habilement. Il nous poursuivit jusques aux portes d'Antrain que nous évacuames au second coup de canon quil tira sur nous, sans que nous lui ayons riposté, parcequ'on avoit fait partir les canons qui devoient proteger notre retraite, et dont, la veille du combat, j'avois été reconnoître la position. Le combat n'ayant été ni long, ni général nous avons dû perdre conséquemment peu de monde. Mais, comme notre retraite a été très précipitée, l'ennemi a dû massacrer, ou du moins faire prisonniers, ceux de nos gens qui, excédés de faim et de fatigue, remplissoient les cabarets d'Antrain, lorsqu'il y est entré. Presque toute notre armée s'est repliée sur Rhenes par Égrenaux, comme cela arrive ordinairement dans une déroute.

XXIV

Rhenes, ce 4 frimaire [1], etc. [2] à midi.

On s'attend ici a être attaqué incessamment par l'ennemi. On a fait en conséquence sur les chemins par lesquels il peut arriver, de larges tranchées, pour rallentir sa marche. Je ne crois pas qu'on veuille y soutenir un long combat. On vient de faire filer, sur la route de Nantes, tous nos blessés, toutes nos provisions de bouche, et celles de nos munitions de guerre qui ne sont pas absolument nécessaires, pour soutenir une première attaque.

Je vous écris à la hâte ; ainsi je vous prie de m'excuser si je ne suis pas entré dans de plus grands détails que je n'ai pu me procurer.

Salut et fraternité.

BENABEN,

Commissaire civil près des armées réunies de Mayence et de l'Ouest.

P.-S. — Le jeune citoyen Delaage, que je vous avois recommandé et que j'avois emmené avec moi à Saint-Georges, à cause de ses talens militaires, est depuis cinq à six jours adjudant général de Marigni.

1. 24 novembre.
2. Cet *etc.* a-t-il au moins l'air assez méprisant?

XXV

LIBERTÉ, ÉGALITÉ, UNITÉ ET INDIVISIBILITÉ DE LA RÉPUBLIQUE OU LA MORT.

Rhenes, le 6 frimaire [1] 1793, l'an 2e de la République
une et indivisible, à 9 heures après midi.

Le citoyen Benaben, commissaire civil du département de Mayenne et
Loire près des armées réunies de Mayence et de l'Ouest.

Aux administrateurs du même département.

Citoyens,

Il paroît que l'intention de ceux qui dirigent nos opérations militaires
n'est pas d'attendre l'ennemi à Rhênes et de lui opposer une vigoureuse
resistance, puisqu'on a commandé plus de sept cens voitures, tant pour le
transport des blessés, que pour celui de nos provisions de bouche et nos
munitions de guerre. Plusieurs de ces voitures sont parties depuis ma
dernière lettre, et il en part tous les jours, à toute heure.

On dit que l'ennemi s'est porté à Fougères et qu'il pourra bien aller de
là à Vitré. Si cela est, la question se réduit à savoir s'il se portera sur
Laval ou sur Rhênes. Pour moi, je suis persuadé qu'il lui conviendroit
mieux de s'établir dans cette dernière ville, la seule d'une certaine importance qui sépare le Morbihan du Cavaldos, où les rebelles ont beaucoup
de partisans. Je viens de faire connoissance avec un commissaire du pouvoir exécutif et du comité du salut public, auquel je me propose de
donner des renseignemens certains sur l'état actuel des choses, car il
éprouve beaucoup d'obstacles pour remplir l'honorable mission qui lui a
été confiée. Je n'en éprouve pas moins que lui ; mais peut-être qu'en nous
réunissant, nous parviendrons au but désiré.

Je n'ai rien de nouveau à vous apprendre, si non que nos troupes bivaquent toute la nuit dans les lieux pour où l'ennemi peut nous attaquer
et qu'elles passent tout le jour dans la ville.

Salut et fraternité.

BENABEN.

Commissaire civil près des armées réunies de Mayence et de
l'Ouest.

P.-S. — Je n'assiste plus au conseil de guerre, depuis qu'on n'admet à
ce conseil que les généraux, et les réprésentans du peuple ; mais je tâche-
rai d'y être admis, ainsi que le commissaire du pouvoir exécutif qui me
paroît avoir d'aussi bonnes intentions que moi.

1. 26 novembre.

XXVI

LIBERTÉ, ÉGALITÉ, UNITÉ ET INDIVISIBILITÉ DE LA RÉPUBLIQUE OU LA MORT.

Rhenes, ce 7 frimaire * 1793, l'an 2* de la République une et indivisible à 7 heures du soir.

Le citoyen Benaben, commissaire civil du département de Maine-et-Loire près des armées réunies de Mayence et de l'Ouest,

Aux citoyens administrateurs du même département.

Citoyens,

Lors que je vous écrivis que l'ennemi étoit à Fougeres et qu'il devoit prendre la route de Vitré, je croyois qu'il se porteroit de là sur Rhenes, la seule ville, d'une certaine importance, qui pût tenter sa cupidité; mais je viens d'apprendre qu'il s'étoit replié sur Laval. Une pareille marche m'étonne, à moins qu'on ne lui suppose l'intention d'aller se pourvoir, à Angers, de tout ce qui lui manque, surtout de vivres, car il a été obligé, dit-on, de se nourrir, pendant trois jours, des pommes qu'il avoit trouvé sur son chemin. Ainsi tenez-vous sur vos gardes, ou ne quittez Angers qu'après en avoir enlevé toutes les provisions de bouche, afin d'exterminer, du moins par la famine, un ennemi que, graces à l'ineptie de nos généraux, nous n'avons pu vaincre les armes à la main.

Je comptois vous écrire aujourd'hui par le courrier de Laval; mais cette route étant obstruée, je me serviral de celui de Nantes. On attend ici, depuis trois jours, celui de Paris.

Comme je ne puis montrer ici que vos lettres, et non la commission spéciale que vous m'avez donnée, que d'ailleurs, cette commission, bonne dans mon département, ne peut gueres me servir dans un département étranger où je n'ai aucune réquisition à faire, je me suis associé à un commissaire du ministre de la guerre et du comité du salut public qui m'investira d'une partie de ses pouvoirs, afin que je puisse vous donner tous les renseignemens que vous pouvez desirer. Les généraux, en général, n'aiment pas ces sortes de surveillans; mais qu'ils les aiment ou non, je n'en remplirai pas moins avec tout le courage et l'équité que vous me connoissez, l'honorable mission que vous m'avez confiée. Je dirais plus, il paroît que le ministre de la guerre et le comité de salut public ignorent le véritable état actuel des choses; mais ils le sauront malgré les obstacles qui semblent s'opposer à mes recherches.

Vous pouvez toujours compter sur ce que je vous ai écrit jusqu'ici, et j'ose vous assurer que vous avez été mieux servis en cela, que ne l'ont été et le ministre de la guerre et le comité de salut public.

1. 27 novembre.

Je viens d'apprendre que le général Marsau, dont je vous ai déjà parlé, avoit été nommé général en chef, à la place de Rossignol qui est, depuis long-tems, malade.

C'est un jeune homme plein de courage et de bonne volonté; je désire qu'il ait le talent nécessaire pour nous faire enfin triompher d'un ennemi qui n'a que trop occuppé les forces de la République.

Salut et fraternité.
BENABEN.

Commissaire civil près les armées réunies de Mayence et de l'Ouest.

P.-S. — J'ai deux braves gens à vous recommender, supposé que vous soyez à même de les obliger. Le premier est le citoyen Bedouet, 2ᵉ lieutenant de la 2ᵉ compagnie du parc d'artillerie de l'armée de l'Ouest; le second est le citoyen Poncelet, officier du 7ᵉ régiment de hussards; le premier, avec deux pièces de canon, a protégé notre retraite de Craon; et le second, à la tête de 16 hussards a protégé celle d'Antrain; l'un, heureusement, n'a point été blessé; mais le second a reçu, dans le crane, une large blessure qui, cependant n'est pas mortelle.

XXVII

LIBERTÉ, ÉGALITÉ, UNITÉ ET INDIVISIBILITÉ DE LA RÉPUBLIQUE
OU LA MORT.

Beaugé, ce dix-sept Frimaire, l'an deuxième [1] de la République et de la mort du Tyran. A neuf heures du soir.

Le citoyen Benaben, commissaire du département de Maine-et-Loire, près des armées destinées à combattre les rebelles de la Vendée.

Aux citoyens administrateurs du même département.

Citoyens,

Quoique je ne sois parti d'Angers qu'à neuf heures du matin, j'ai été assez heureux, grâces aux jambes de mon cheval, pour assister à la bataille que notre cavalerie et une partie de notre infanterie, sous les ordres de Westerman, ont livrée aux rebelles de la Vendée. Je me suis avancé d'asez près, avec mes deux ordonnances, pour entendre sifler les boulets au tour de mes oreilles. Les ennemis étoient alors à une lieue environ de Beaugé,

[1]. 7 décembre 1793.
Du 27 novembre au 7 décembre, Benaben n'a écrit aucune lettre. Étant avec l'armée à Angers ou aux environs, il n'avait plus besoin de faire connaître par correspondance la marche des opérations.

sur la route de cette ville à la Fleche. J'ai suivi les combattans jusqu'à une lieue au delà, laissant de côté la division de Muler. Je les aurois suivi plus loin si, ayant parlé à trois ordonnances que Westermann avoit successivement envoyés pour faire avancer la division, je n'eusse voulu m'instruire par moi-même de la cause de l'immobilité. Il étoit presque nuit lorsque j'ai atteint le corps d'armée qui se disposoit à établir son bivvac dans le lieu où je l'ai trouvé, c'est-à-dire à trois-quarts de lieue environ de Beaugé. Tout ce que je puis vous dire du succès de cette bataille, c'est que les ennemis ont été battus à plate couture, et qu'ils ont dû laisser un grand nombre de morts sur le champ de bataille. Si l'armée de Saumur et si celle de Cherbourg prend celle de la Fleche, je ne doute pas que le jour de demain ne soit le dernier jour des briguand.

Lorsque j'ai vu que le corps d'armée, dont j'ai parlé, se disposoit à bivaquer, j'ai été droit à Beaugé où j'esperois trouver un abri plus commode qu'à la belle étoile. Je suis le premier patriote, avec mes deux ordonnances, qui soit entré dans cette ville, depuis que les briguand l'avoit évacuée; aussi n'y ai-je reçu d'abord que les salutations de deux enfans qui m'ont demandé comment que je me portois; les hommes et les femmes, ne sachant encore si j'étois un patriote ou un briguand, se tenoient dans leurs maisons. J'en ai pourtant trouvé, à la fin, deux à qui j'ai demandé où la municipalité tenoit ordinairement ses séances. Ils m'ont répondu que c'étoit au château; je m'y suis transporté de suite, et je n'y ai trouvé qu'une concierge que ma présence a glacé de frayeur. J'ai tâché de la rassurer, en la qualifiant de *Citoyenne*. Je lui ai demandé ensuite à qui appartenoit une superbe voiture que j'avois trouvée à l'entrée du châ-teau; elle m'a répondu qu'elle appartenoit aux briguand qui n'avoient pu l'emmener avec eux, ayant été obligés d'en prendre les chevaux, pour les atteler à un train d'artillerie. Dans ce cas, lui ai-je répondu, je m'en empare au nom de la nation, car je suis commissaire du département de Maine-et-Loire. Je me suis informé, ensuite où pouvoient être les harnois, et je les ai trouvés. Vous devez bien penser que je n'ai eu rien de plus empressé, que de faire transporter dans l'auberge où je logeois, la dite voiture, pour la soustraire à la rapacité des généraux, ou des hussards qui n'auroient pas manqué de la vendre sur le champ pour faire la ribaute. Si j'avois pu me procurer des chevaux ou des bœufs, je l'aurois faite conduire, pendant la nuit, à Angers. Mais je ferai en sorte qu'elle vous parvienne en toute sûreté. Cette voiture peut valoir environ six mille francs, quoique les briguand en aient enlevé les coussins que leurs canonniers, m'a-t-on dit, ont mis sur leurs caissons.

J'ai trouvé beaucoup de cadavre depuis Angers jusqu'à Suète [1], depuis Suète jusqu'à Beaugé. et depuis Beaugé jusqu'au champ de bataille; ces cadavres effroyoient beaucoup mon cheval, de sorte que je serois resté

---

1. Village, commune de Seiches, arrondissement de Baugé; à l'embranchement de la route nationale de Nantes à Paris et de la route départementale d'Angers à Tours; à 18 kilomètres d'Angers et à 22 kilomètres de Baugé).

peut-être en chemin, si je n'eusse fait passer contemment devant moi,
celui de mes ordonnances dont le cheval étoit le plus aguerri. Je me suis
apperçu aussi qu'il frémissoit et se cabroit même au bruit du canon et au
sifflement des boulets et des balles. Une autrefois, quand vous enverrez
un commissaire à de pareilles fêtes, donnez-lui un cheval qui ne craigne
ni les cadavres, ni le feu, c'est-à-dire qui ne craigne ni les morts ni les
vivans.

Par les renseignemens que j'ai pris ici, il paroît qu'avant l'arrivée des
briguand, on auroit fait filer, vers Saumur, tous les vivres et tous les
fourrages [1],...
....
Lorsque les soldats,...
veulent point les..
eux..
Vous ne serez peut..... pas fa...
que chose de l'affaire qui eût lieu..
de Beaugé, sur la route de cette ville.....................................
affaire, qu'on avoit voulu faire passer....................................
a été toute à notre avantage. Weste..
avoir chargé plusieurs fois les enne.......................................
cavalerie, lui a fait mettre pied à terre...................................
avec la carabine comme l'auroient pu faire des fantassins avec leurs fusils.
Mais n'ayant que quatre cens hommes avec lui, il a été obligé de battre en
retraite jusqu'au delà de Gersé [2] dont les briguand ont brulé le chateau.
Mais cette retraite étoit honorable; c'étoit une *jolie* retraite, une *retraite*,
comme me le disoit plaisamment un hussard, *faite pour l'amour*.

Je me suis informé ici quelle pouvoit être la force de l'ennemi; on m'a
dit qu'il avoit environ trente pièces de canon, et douze caissons seulement
dont la plupart étoient vuides. On m'a dit aussi qu'ils manquoient totalement de cartouches et que le jour qu'ils avoient [3]..........................
....our charger leurs
....ils ne sçavent plus
....dée de fatigue et
....privé.......que tous les moyens
....rassurez bien nos concitoyens;
....and de la Vendée n'existeront plus;
....que leur règne seroit fini, si on m'eût
....des armées destinées à les combatttre. des
....traitres ou ineptes.

Salut et Fraternité, BENABEN.

1. Ici, le feuillet du registre se trouve déchiré. Une restitution du texte eût été chose
facile. J'ai préféré respecter la disposition des parties mutilées, laissant, à qui s'en fera
besoin, le soin d'une reconstitution. Pour ceux-là, je dirai que l'écriture de Benaben com-
porte, en moyenne, 41 lettres à la ligne.

2. Jarsé, bourg, canton de Seiches, arrondissement de Baugé ; à 9 kilomètres et demi de
Seiches, à 10 kilomètres de Baugé et à 20 kilomètres d'Angers.

3. Verso du feuillet déchiré.

....que j'avois prise pour
....hateau, est la femme du
....e la municipalité. Elle s'appelle
Perseval. J'ai eu une trez vive altercation avec le général Muler et son
adjudant général ; je vous prie de les dénoncer, pour moi, au comité révolutionnaire ou militaire.

P.-S. — J'ouvre ma lettre pour vous dire que le général Muler s'est
emparé de la voiture que j'avois saisie au nom de la Nation. Son adjudant
général a prétendu être entré avant moi dans Beaugé.

Cela est faux ; mais quand ce seroit vrai, moi seul me suis emparé de
la voiture ; moi seul je l'ai-fait mettre dans une remise ; moi seul j'ai
envoyé chercher les harnois qui étoient chez la citoyenne Dervineau, ca-
baretière, demeurant rue basse n° 524.

L'aubergiste chez la quelle j'ai fait conduire la voiture s'appelle Maugé,
rue basse n° 535.

J'avois fait conduire la voiture en question à mon auberge, par mes
deux ordonnances et par le citoyen Darennes, m⁴ de vins rue ¹.....
517 et par le citoyen Chollet ²... même rue n° 534. Je vous cite tous
mes témoins.

XXVIII

LIBERTÉ, ÉGALITÉ, UNITÉ ET INDIVISIBILITÉ DE LA RÉPUBLIQUE OU
LA MORT.

Beaugé, ce dix-huit Frimaire, l'an 2° ³ de la Republique et de la mort du Tyran.

Le citoyen Benaben, commissaire du département de Maine-et-Loire
près des armées destinées à combattre les rebelles de la Vendée.

Aux citoyens administrateurs du même département.

Citoyens,

C'est le dix-sept Frimaire, à quatre heures et demie du soir que j'entrai
à Beaugé, et que je m'emparai, au nom de la Nation de la belle Berline
dont je vous ai déjà parlé ; et ce fut le lendemain à sept heures et demie
du matin, que le général Muler, aidé de son adjudant-général et de son
aide-de-camp, s'en empara pour lui-même. La conduite de ces trois individus est d'autant plus condamnable, que Beaugé n'étoit pas une ville
ennemie, que tous les effets des rebelles quelle pouvoit renfermer appartenoit à la Nation, et que, toutes les autorités constituées ayant abandonné
cette ville, le commissaire du département de Maine-et-Loire les réu-

1. Déchiré.
2. Ibid.
3. 8 décembre 1793.

nissoit toutes. On m'a dit que le général Muler avoit fait prendre, à la voiture en question, la route de Saumur. Je vous prie d'en écrire sur le champ à la municipalité de cette ville, de la faire arrêter ainsi que les conducteurs. Je vous prie aussi de faire donner, par le comité révolutionnaire d'Angers, un mandat d'arrêt contre le général Muler, son adjudant général et son aide de camp, afin d'imprimer une crainte salutaire à ceux qui auroient envie de se rendre coupables de pareils délits.

Je vous écrivis qu'en arrivant à l'armée, je m'étois avancé jusqu'à l'avant-garde qui seule, sous les ordres de Westermann, étoit aux prises avec l'ennemi, et que je ne l'avois quittée, que pour me transporter au corps d'armée dont le général Muler avoit le commendement principal, pour sçavoir, par moi-même, la cause de son immobilité, Westerman, lui ayant envoyé successivement trois ou quatre ordonnances aux quels j'avois parlé. Eh! bien, Westerman abandonné, pour ainsi dire, à ses forces individuelles, en présence d'un ennemi deux cens [1] fois plus nombreux que lui, fut obligé le lendemain matin de battre en retraite. Arrivé auprès de Muler, il le traita de lache et de traitre. Celui-ci prétendit avoir reçu des ordres supérieurs, pour ne pas marcher. Je n'examineral pas si le fait est vrai, et si même Westerman devoit attaquer l'ennemi avant la réunion de nos armées ; vous connoissez mes sentimens à cet égard, mais ce que je sçais bien, c'est que, pour peu que la cavalerie Westerman eût été soutenue par l'Infanterie, elle auroit mis l'ennemi en déroute complette. Au reste, je ne sçais pourquoi Muler, après avoir refusé, le dix-sept, d'aller au secours de Westerman, se détermina, le lendemain, à le faire soutenir par sa division, après qu'il eût été apostrophé, par ce général, de la manière dont j'ai parlé. Il me semble qu'on doit être conséquent avec soi-même. Ce secours, qui eût été très-efficace le dix-sept, fut inutile le lendemain, par la maladresse qu'on eût de laisser, à une lieue en deçà de Clefs [2], la division d'Amé, tandis que celle de Muler étoit à une lieue au delà. Il me semble que, lorsque la première ligne gagne du terrain, la seconde doit avancer de la même quantité d'espace, et qu'il doit y avoir, entre ces deux lignes, un assez petit intervalle, pour que la seconde puisse secourir promptement la première ; aussi la première, ayant été obligée de battre en retraite, cette retraite a failli à se changer en déroute, parce que notre grande ligne n'a pu la soutenir ; je suis même persuadé que cette déroute auroit eu lieu, si un brouillard trez épais et la nuit n'eussent séparé les combattans. Toute l'armée s'étant repliée sur Beaugé où elle a trouvé l'armée de Cherbourg qui lui a redonné du courage, et avec la quelle elle se dispose à attaquer, demain matin, l'ennemi.

Une chose que je ne dois pas cacher sous silence, et qui est bien digne,

---

1. Benaben avait d'abord écrit « vingt. » Il a effacé « vingt. » et mis à la place « deux cents. » Cette petite supercherie en dit assez sur la bonne foi républicaine. — Que d'exagérations semblables ne découvriroit-on pas, si l'on pouvait retrouver les minutes des lettres, mémoires, rapports, etc., de tous les officiers républicains !

2. Bourg, canton de Baugé, à 13 kilomètres de cette ville et à 50 kilomètres d'Angers.

cependant, de toute votre sollicitude et de celle des représentans du peuple, c'est que toute l'armée a manqué, pendant trois jours, de pain, de viande et de fourrage dans un pays où il lui étoit impossible de s'en procurer. J'ai été obligé moi, de faire porter du pain et du vin par mes ordonnances, pour en donner au moins quelques bouchées, a de pauvres soldats qui, sans cela peut-être, seroient morts d'inanition. On a porté la négligence jusqu'à priver les blessés des secours de première nécessité, faute d'avoir fait venir des caissons d'ambulance, de sorte que plusieurs ont été obligés de faire trois ou quatre lieues à pied, ou sont morts en chemin.

Salut et fraternité.

BENABEN.

XXIX

LIBERTÉ, ÉGALITÉ, UNITÉ ET INDIVISIBILITÉ DE LA RÉPUBLIQUE OU LA MORT.

Fouilletourte [1], ce vingt-deux frimaire, l'an deuxième [2] de la Republique Françoise et de la mort du Tyran.

Benaben, commissaire civil du département de Maine et Loire près des armées destinées à combattre les Rebelles de la Vendée.

Au citoyens administrateurs du même département.

Citoyens,

Je ne sçais par quelle fatalité, Westerman, avec sa petite troupe tient toujours l'ennemi en échec et lui tue beaucoup de monde, tandis que la déroute ne commence que lorsqu'on fait avancer quelque division pour le soutenir. Celle de Muler avoit été choisie aujourd'hui pour le seconder ; mais elle a éprouvé le triste sort qu'elle avoit déjà éprouvé entre Clefs et la Flêche. J'étois avec la brigade de Carpentier [3], la troisieme de la division de Muler, lorsque on est venu nous dire de nous mettre en bataille. Nous avions devant nous une petite hauteur sur laquelle on avoit placé de l'artillerie. A droite et à gauche étoient des bois de sapin dans lesquels on

1. Village, commune et à un kilomètre 000 mètres de Cérans-Fouilletourte, canton de Pontvallain, arrondissement de la Flêche.
2. 13 décembre 1793.
3. Encore un défroqué. Né à Saumur en 1751, il était entré dans les ordres après avoir été sergent au régiment d'Aquitaine. — Nommé curé constitutionnel d'Ambillon, il joignait à ce métier celui de mouchard, et dénonçait aux autorités les prêtres fidèles. Il ne tarda pas à troquer sa soutane contre une veste de volontaire, s'en fut combattre en Vendée et devint successivement commandant d'un détachement de volontaires, adjudant-général de Chabet, puis général de brigade le 8 frimaire an II.

avoit jetté quelques tirailleurs. Je vois tout à coup presque toute la brigade de Carpentier s'enfoncer dans le bois qui étoit à droite. Je crois que l'ennemi veut nous tourner de ce côté, et je reviens sur mes pas pour tourner le bois et voir si je n'appercevois pas quelque briguand ; je ne trouve à l'extrémité que le directeur général des équipages d'artillerie qui sans doute faisoit la même observation que moi. Le voyant revenir tranquillement, je crois qu'il n'y a rien à craindre, et je profite de ce moment pour faire boire mon cheval qui étoit fort altéré. Il avoit à peine bu *son content*, comme on dit vulgairement, que j'entends plusieurs voix qui me crient *que faites-vous là, citoyen ? l'armée bat en retraite ;* je tourne la tête, et je vois avec la plus grande surprise que l'armée étoit en déroute. En un instant j'ai été couvert de boue par les voitures, les bœufs et les chevaux qui remplissoient la route. J'ai donc été obligé de suivre les fuyards, sans pouvoir deviner la cause d'une pareille terreur. La division de Muller ne s'est ralliée qu'à trois lieues environ du champ de bataille. Heureusement pour nous, que la division de Tilli, qui la suivoit en bon ordre, n'a point partagé sa terreur, et qu'elle a marché droit à l'ennemi où sans doute elle aura rétabli le combat ; car je n'ai pu la suivre, mon cheval étant trop fatigué, pour entreprendre une nouvelle course. J'ai rencontré en chemin la division de Cleber, et celle de Delaage, ce jeune homme que je vous avois recommandé et qui, dans l'espace d'environ un mois et demi, a été successivement aide de camp de Beaupuis, adjoint du général Marsau, adjudant-général de Marigni, et est actuellement général des troupes légères de notre armée. J'espère beaucoup en lui pour la journée de demain ; car depuis quelque tems je ne vis que d'espérance. Ce qui me fache le plus dans cette déroute ; c'est que nous n'étions guère qu'à une lieue du Mans où je comptois aller souper, après en avoir chassé les briguan, et que j'ai été obligé de m'en retourner le ventre vuide à Fouilletourte où l'on ne trouve guères de quoi le remplir. Je prendrai demain des renseignemens sur cette affaire à laquelle je n'ai pu assister ; tout ce que je sçais, c'est que les chasseurs de Mayence s'y sont battus comme des lions, et ont poussé deux fois l'ennemi jusque dans ses retranchemens.

Salut et fraternité,

BENABEN.

XXX

LIBERTÉ, ÉGALITÉ, UNITÉ ET INDIVISIBILITÉ DE LA RÉPUBLIQUE OU LA MORT.

> Fouiltourte, ce vingt-trois Frimaire, l'an deuxième [1]
> de la République et de la mort du Tyran.
> A cinq heures du matin.

Le citoyen Benaben, commissaire du département de Maine et Loire près des armées destinées à combattre les rebelles de la Vendée,

Aux citoyens administrateurs du même Département.

Citoyens,

J'apprends, dans ce moment, que les ennemis ont évacué le Mans et que nous y sommes rentrés. Toutes nos colonnes, même celle qui étoit à Fouiltourte, ont filé de ce coté, et je ne tarderai pas à les suivre. On ignore encore la route qu'a prise l'ennemi ; je compte vous en instruire bientôt, ainsi que du succès de nos armes, il est évident qu'il fuit devant nous, et qu'il ne fait marcher derrière lui ses meilleures troupes que pour retarder notre poursuite. Si nos gens pouvoient se pénétrer de cette vérité, ils ne se battroient pas si souvent en retraite, lorsqu'ils éprouvent, de sa part, quelque résistance.

Je vous renvoie, par un de mes ordonnances, le cheval que j'avois emmené d'Angers, comme n'étant guère propre à une armée. Ce n'est pas qu'il soit très bon marcheur, mais il ne va que lorsqu'il est précédé par un autre. Je vous prie de vouloir bien m'en faire donner un du depot, avec lequel je puisse librement me transporter d'un bout de l'armée à l'autre ; car ce n'est que de cette manière que je puis me procurer les renseignemens dont vous pouvez avoir besoin.

Je vous prie aussi de questionner mon ordonnance sur la berline que j'avois prise à Beaugé, non pour moi, mais pour la nation ; il vous donnera tous les renseignemens que vous pourrez désirer à cet égard.

Recommandez bien, s'il vous plait, à Adam qui est à la tête du dépôt, de m'envoyer, par mon ordonnance, un bon cheval qui ne soit ni retif ni ombrageux ; je ne vous aurois point importuné, à cet égard, par mes demandes, si le gendarme Payé ne m'eût enlevé celui que j'avois emmené d'Angers, lorsque j'en partis avec mon malheureux collegue.

Salut et fraternité.

BENABEN.

1. 14 décembre 1793.

P.-S. — Mes deux ordonnances n'ont point touché leur prêt, depuis leur départ. Ils peuvent avoir besoin d'argent, ainsi je vous prie de vouloir bien le leur faire payer.

XXXI [1]

LIBERTÉ, ÉGALITÉ, UNITÉ ET INDIVISIBILITÉ DE LA RÉPUBLIQUE OU LA MORT.

Le Mans, ce vingt-trois frimaire, l'an deuxième [2]
de la République et de la mort du tyran.
A deux heures du soir.

Le citoyen Benaben, commissaire du département de Maine et Loire près les armées destinées à combattre les rebelles de la Vendée.

Aux citoyens administrateurs du même département.

Citoyens,

C'est dans le cabinet du général Marsau, de ce brave général auquel nous devons la victoire la plus complette sur les Rebelles ; c'est dans son cabinet, dis-je, que je me hâte de vous écrire. Je l'avois rencontré hier avec la division de Tilli dans le moment où celle de Muler étoit en déroute et je n'ai pas douté un moment du succès de nos armes. Nous attaquâmes le Mans à huit heures du soir ; le feu a duré dix-sept heures parce qu'il nous a fallu nous battre dans les rues à coups de canon et de fusil. Toutes les rues sont couvertes de cadavres. Nos braves défenseurs à la tête desquels je dois mettre Westerman, Marsau, Tilli, Delaage, Carpentier sont à la poursuite de l'ennemi qui voudroit se porter sur Laval. Toute cette route est jonchée de morts à la distance de trois ou quatre lieues ; imaginez qu'on se bat à la portée de pistolets et à coups de sabre. La guerre sera terminée vraisemblablement dans trois jours. Tel est du moins le sentiment du brave Westerman qui dans une lettre qu'il vient d'écrire à Marsau, général en chef de nos armées, ne demande que des vivres et quatre cens bons cavaliers pour achever d'exterminer cette horde de Briguand.

Je vous avois annoncé que la brigade de Carpentier, qui étoit la troisième de la division de Muler, s'étoit enfoncée dans le bois qui étoit voisin du lieu où l'on avoit établi nos batteries, et qu'au moment où j'avois tourné le bois avec mes deux ordonnances, pour voir si nous n'étions pas cernés de ce côté-là par l'ennemi, toute la division de Muler étoit en déroute complette. J'ai oublié une circonstance essentielle ; c'est que le brave Carpentier s'étoit vu abandonné de toute sa brigade à l'exception de cent

---

1. Cette lettre a été imprimée (*Angers, Mame, in-fol.*) et affichée.
2. 14 décembre 1793. — Il est facile de voir, par ce que Benaben dit de Muller, que la lettre a été écrite le 24 frimaire.

hommes avec lesquels il s'est réuni à Westerman et a pris six pièces de canon à l'ennemi. Toute la division de Muller n'est venue au Mans, que long-temps après que le reste de notre armée avoit quitté cette ville pour marcher à la poursuite de l'ennemi. Elle y a passé toute la nuit, tandisque Carpentier avec ses cent hommes campoit à six lieues au delà. Je suis d'autant plus charmé de vous faire connoître cette circonstance remarquable, que je m'étois lié avec Carpentier et son adjudant-général. Ce Carpentier, comme vous le sçavez, est de Saumur, et qui plus est prêtre. Cette dernière qualité le rend plus estimable à mes yeux, car il est rare de trouver, parmi les gens d'église, d'aussi bons patriotes, et surtout d'aussi braves généraux.

Je vous enverrai, par la première occasion, le chapeau de la Roche-ja-quelain qu'un de mes amis, officier du dix-neuvième Régiment des chasseurs, m'a dit avoir tué [1]. Ce chapeau est surmonté de six panaches blancs. J'ai mieux aimé vous envoyer ce trophée, que des voitures, des calices, des soleils, des croix, etc. qu'il m'auroit été peut-être aisé de me procurer ; car je suis arrivé à temps pour profiter du pillage. Il y a des hussards et des dragons qui ont fait les plus riches prises ; quant à moi si j'en eusse fait quelqu'une, ce n'auroit été qu'au profit de la nation.

Salut et fraternité.

BENABEN.

XXXII[2]

LIBERTÉ, ÉGALITÉ, UNITÉ ET INDIVISIBILITÉ DE LA RÉPUBLIQUE OU LA MORT.

Laval, ce vingt-cinq Frimaire l'an deuxième [3]
de la République et de la mort du Tyran.
A huit heures du soir.

Le citoyen Benaben, commissaire du département de Maine et Loire, près des armées destinées à combattre les Rebelles de la Vendée.

Aux citoyens administrateurs du même département.

Citoyens,

Toute notre armée est réunie ici, à l'exception de Westerman qui est sans cesse à la poursuite des ennemis. Nous ne tarderons pas à le suivre et à tirer tout l'avantage possible de leur déroute. Celui que nous avons remporté jusqu'ici est assez considérable ; imaginez trente-cinq lieues couvertes de cadavres. Les paysans ont fait une battue à dix lieues aux envi-

---

1. Benaben se trompait. Ce chapeau était celui de d'Autichamp ou de Duhoux.

2. François Grille, le fander braillard de l'armée de Mayence, a, dans sa Vendée (t. III, p. 299, 300 et 301), publié cette pièce, en la falsifiant pour les besoins de sa cause.

3. 16 décembre 1793.

rons du Mans, et en ont plus tué, que nous n'en avons fait périr au siège de cette ville. Quelquesgrandes dames, entr'autres, la femme du ci-devant duc de la Rochefoucauld et ses trois filles, ont dit-on été fusillées au Mans. D'autres, en pelisse, et en bonnets, suivent nos armées, non en voiture, mais à pied.

Les briguand, à ce que m'ont dit les représentans du peuple, s'étoient portés sur Craon, mais ils en ont été vigoureusement repoussés, je ne scais avec quelle armée ; les représentans du peuple n'ont pu m'en instruire.

Vous apprendrez dans deux ou trois jours, de grandes choses ; car nos soldats et nos généraux paroissent très-disposés a finir cette guerre qui n'a duré que trop long-tems.

Les briguand, ainsi qu'ils l'ont manifesté à quelques habitans de cette ville, voudroient aller à Varades. Je ne scais quel seroit leur projet ? Voudroient-ils passer sur la rive gauche de la Loire ? Ce projet me paroît bien chimérique. Voudroient-ils se réunir à l'armée de Charete ? Ils seroient pris entre deux feux. En vérité, ces gens-là ont perdu la tête. Oh! s'ils ne l'ont pas perdue, ils ne tarderont pas à la perdre, non dans le sens figuré, mais dans le sens naturel. Ainsi soit-il.

Salut et fraternité,

BENABEN.

XXXIII

LIBERTÉ, ÉGALITÉ, UNITÉ ET INDIVISIBILITÉ DE LA RÉPUBLIQUE OU LA MORT.

> Puancé, ce vingt-huit Frimaire, l'an deuxième [1] de la Republique Françoise et de la mort du Tyran.
> A huit heures du matin.

Le citoyen Benaben, commissaire du département de Maine et Loire près des armées destinées à combattre les rebelles de la Vendée,

Aux citoyens administrateurs du même département.

Républicains,

Si Westerman, après la levée du siège d'Angers, eût été soutenu par nos troupes, comme il auroit dû l'être, où si on avoit pris les mesures que je vous avois indiqué dans mes lettres, les Briguand ne nous auroient pas fait faire une aussi longue promenade, et ne seroient pas retournés, pour la plupart dans leur pays. Nous apprimes hier en effet, qu'ils avoient

1. 10 décembre 1794.

construit des radeaux, à Ancenis, avec lesquels ils étoient passés sur la rive gauche de la Loire. Heureusement que nous avons appris aujourd'hui que Westerman étoit arrivé à tems, pour les canoner et en noyer un très grand nombre.

Par les informations que j'ai prises à Laval, à Cossé, à Craon et à Puancé, il paroît que la Roche Jaquelain que je croyois avoir été tué au siège du Mans, respire encore, et que le chef, dont j'ai le chapeau, est le général Duhoux sur la mort duquel il n'y a plus de doutes. Il a péri, à ce siège mémorable, quelques autres chefs moins connus, un entr'autres qui, outre son panache verd et blanc, avoit trois fleurs de lys d'or à son chapeau. Il paroît, par ces mêmes informations, que les ennemis ont perdu presque toute leur artillerie et qu'il ne leur reste qu'un seul caisson de munitions de guerre.

Ne soyez pas étonnés si je ne vous écris pas aussi souvent que je le désirerois ; il n'y a point de chevaux de poste partout où les briguand ont passé, et je me trouve quelquefois si éloigné d'Angers, ou si cerné par l'ennemi que je ne puis vous envoyer des ordonnances.

Tout ce que je puis vous dire c'est que la perte de l'ennemi est immense ; que les paysans des environs du Mans jusqu'à quatre ou cinq lieues de Laval, en ont fait un horrible massacre ; que la frayeur des rebelles est telle, qu'à leur passage à Laval, les femmes et les enfants en ont désarmé plus de cinq cens ; que Westerman en a tué plus de mille depuis Laval jusqu'au delà de Puancé ; que la plupart de ces briguand, craignant de nous voir à leurs trousses, se sont éparpillés dans les bois ou dans les métairies les plus éloignées de notre passage, et qu'il seroit essentiel de faire sonner le tocsin depuis Laval jusqu'à Ancenis, pour que les paysans de ces cantons imitent l'exemple de ceux du Mans.

Salut et fraternité.

BENABEN.

XXXIV

LIBERTÉ, ÉGALITÉ, UNITÉ ET INDIVISIBILITÉ DE LA RÉPUBLIQUE OU
LA MORT.

> Châteaubriand, ce vingt-neuf Frimaire, l'an deuxième [1]
> de la République Françoise et de la mort du tyran,
> A onze heures du matin.

Le citoyen Benaben, commissaire du département de Maine et Loire près des armées destinées à combattre les rebelles de la Vendée,

Aux citoyens administrateurs du même département.

---

1. 20 décembre 1793.

Républicains,

Nous étions, hier, à une lieue au delà de Châteaubriand, lorsque nous apprîmes que les ennemis, après avoir fait passer six cens des leurs environ sur la rive gauche de la Loire, et avoir été battus tout à la fois par une armée venue d'Angers, et par un autre venue de Nantes, avoient renoncé à leur première entreprise, et paroissoient vouloir se porter sur Chateau-briand ; en conséquence toute notre armée, qui devoit coucher ce jour là à St Julien [1], reçut ordre de revenir à Château-briand et d'y passer la nuit, mais de manière à se tenir prête à marcher au premier coup de baguette. Cet ordre, ne m'inquiéta pas beaucoup, car je ne pouvois concevoir qu'une armée, que nous avions si bien étrillée à Angers, à Baugé, à la Fleche et au Mans, eût envie de revenir sur nous, pour se faire étriller de nouveau à Château-briand. Aussi je passai très tranquillement la nuit dernière. Je ne m'étois pas trompé dans mes conjectures, car nous avons appris aujourd'hui de très grand matin que l'ennemi se portoit sur Rédon, pour tâcher sans-doute de se sauver par mer, ayant tenté inutilement le passage de la Loire.

Je regarde les rebelles comme absolument perdus, quoiqu'on fasse monter encore leur nombre à près de trente mille hommes. En effet ces trente mille hommes sont excédés de fatigue et de faim ; ils n'ont plus d'ailleurs avec eux La roche jaquelain qui est passé sur la rive gauche de la Loire, sans-doute avec ses meilleures troupes, et enfin ils vont se trouver attaqués tout à la fois par l'armée de Nantes, par celle de Rhenes et par la nôtre. On nous amena hier le domestique de l'Evêque d'Agra, un ci-devant noble, et quatre de leurs cavaliers qui tous se sont accordés à nous dire que les ennemis ne sçavoient de quel bois faire fleche. Plus de deux cens de ces malheureux se sont rendus aujourd'hui avec armes et bagages à une municipalité dont on n'a pu me dire le nom. J'ignore le sort qu'on leur fera subir. J'ai vu, avec peine, que plusieurs de nos soldats fesoient marcher avec eux plusieurs prisonnières dont ils ont fait leurs maîtresses. La plupart de ces femmes sont ou des religieuses, ou appartiennent à des maisons jadis distinguées. Je trouvai, à quelques lieues du Mans, le régiment d'Armagnac qui conduisoit, entre autres prisonniers, un riche commerçant de Nantes, sa femme et trois de ses filles qui paroissoient très aimables. Le père me demanda *s'il pourroit obtenir sa grace et celle de sa famille, supposé qu'elle fut demandée par le régiment d'Armagnac?* Je lui repondis de manière à être entendu par les soldats qui m'environnoient, que *le brave régiment d'Armagnac s'étoient toûjours distingué à faire exécuter la loi, et qu'il ne la feroit point fléchir dans cette occasion.* Je dois à ce régiment la justice de dire qu'il s'est comporté, avec ses femmes, comme des frères à l'égard de leurs sœurs. Nous ignorons encore quelle sera la destination de notre armée ; ainsi je ne puis vous

1. Saint-Julien de Vouvantes, bourg ; canton, arrondissement et à 14 kilomètres de Châteaubriant.

on instruire ; j'aurai soin de vous écrire au premier mouvement que nous ferons. Je suis, depuis quelques jours avec le général Carpentier l'un des plus braves et des plus honnêtes de nos généraux.

Salut et fraternité,

BENABEN.

P.-S. — La frayeur des ennemis est si grande qu'à Nausé [1], douze enfants, dit-on, ont désarmé quinze de ces *briguand qui étoient d'une taille gigantesque.*

XXXV

LIBERTÉ, ÉGALITÉ, UNITÉ ET INDIVISIBILITÉ DE LA RÉPUBLIQUE OU LA MORT.

> Chateaubriand ce dernier Frimaire l'an deuxième [2]
> de la République et de la mort du Tyran.
> A huit heures du matin.

Le citoyen Benaben, commissaire du département de Maine et Loire près des armées destinées à combattre les rebelles de la Vendée.

Aux citoyens administrateurs du même département.

Citoyens,

L'armée étoit si fatiguée qu'on a cru devoir la faire reposer toute la journée d'hier. Une partie partira aujourd'hui à Derval [3] ; l'autre partie marchera par des fausses routes, qu'on a jalonnées exprès, afin de cerner de tous côtés l'ennemi. Il sera bien habile s'il peut échapper de nos pattes. Je compte vous apprendre après-demain leur entière défaite. Déjà deux cens de ces briguand après avoir jetté leurs armes se sont rendus, dit-on, à Nantes, disposés à subir la peine qu'on voudra leur imposer. Il n'en est point qui ne soit préférable à celle qu'ils éprouvent en ce moment étant abandonnés de la plupart de leurs chefs, et privés de toutes leurs munitions de guerre et de leurs provisions de bouche. C'est bien ici le cas d'admirer les vicissitudes des choses humaines. C'est à la division de Tilli, c'est-à-dire à l'armée de Cherbourg que nous devons tous le succès de nos armes. Sans elle, nous serions peut-être aujourd'hui dans la même situation que les rebelles. Les bataillons ou régiments qui se sont le plus distingués au siège du Mans, sont les deux premiers bataillons de Paris, celui de la

---

1. Nozay, chef-lieu de canton, arrondissement de Châteaubriant; à 27 kilomètres de cette ville et à 40 kilomètres de Nantes.

2. 21 décembre 1793.

3. Chef-lieu de canton, arrondissement et à 25 kilomètres de Châteaubriant.

Dordogne et les régiments d'Armagnac et d'Aunis et la 33e division de gendarmerie à pied. Aussi je fais honnêteté à tous les individus de ces corps que je puis rencontrer. J'embrassai aussi de bon cœur le général Tilli que je trouvais chez le général Marsan. J'aurois bien voulu témoigner ma satisfaction au brave Westerman ; mais il était alors, comme il l'est toujours, à la poursuite de l'ennemi. Rien n'égale le courage et l'activité de ce guerrier qui auroit depuis long-temps terminé cette trop longue guerre, s'il eût été secondé comme il devoit l'être. Je crois qu'il sera à propos d'examiner scrupuleusement la conduite de Muler qui jusqu'à l'arrivée de Tilli a fait échouer toutes les opérations de Westerman. Il faut apprendre à ce comédien à qui il faut des berlines à six places que la guerre contre les brigands, n'est pas une comédie ou que si elle l'est, les acteurs doivent être mis à l'amende.

Salut et fraternité,

BENABEN.

XXXVI

LIBERTÉ, ÉGALITÉ, UNITÉ ET INDIVISIBILITÉ DE LA RÉPUBLIQUE OU LA MORT.

Savenai, ce trois nivos, l'an deuxieme [1]
de la République et de la mort du Tyran.
A dix heures du soir.

Le citoyen Benaben, commissaire du département de Maine et Loire près des armées destinées à combattre les rebelles de la Vendée,

Aux citoyens administrateurs du même département.

Républicains,

Dans la dernière lettre que je vous avois écrite de Chateaubriand je vous avois annoncé que, dans deux ou trois jours, vous apprendriez de grandes choses. Nous aurions pu, en effet, avant-hier, réaliser, à Blain [2], la promesse que je vous avois faite, si, arrivés, à midi environ, devant cette ville, nous y eussions attaqué de suite l'ennemi, au lieu de chanter la *carmaniole* pendant quatre ou cinq heures, dans la vaste plaine qui l'environne. Il est bon sans doute de ranimer le courage du soldat par des chansons patriotiques ; mais chaque chose doit avoir son tems ; et s'il est des occasions où l'on doit chanter, il en est d'autres où l'on ne doit qu'agir. L'ennemi profita habilement de notre faute ; il décampa le lendemain à une heure après minuit de cette ville, de sorte qu'à la pointe du jour nous n'y trouvames plus personne, lorsque nous voulûmes le combattre. Nous fîmes donc obligés de le poursuivre, à Savenai, à travers des chemins détestables, nos soldats ayant, dans certains endroits, de l'eau jusqu'à la

1. 24 décembre 1793.
2. Petite ville, chef-lieu de canton, arrondissement et à 19 kilomètres de Savenay.

ceinture. Mais arrivés trop tard, devant cette ville, pour engager une affaire sérieuse, et privés, d'ailleurs, d'une grande partie de nos troupes qui étoient restées en arrière, nous n'avons pu qu'aujourd'hui à sept heures du matin, attaquer l'ennemi qui, effrayé des avantages que nous avions remportés sur lui à Angers, à la Flèche, au Mans, et affoibli, d'ailleurs, par les pertes successives qu'il avoit éprouvées, n'a pu nous opposer qu'une résistance d'une demie heure environ. Il a été obligé de quitter si précipitemment cette ville, qu'il a abandonné toutes ses pièces d'artillerie, avec la plupart des chevaux qui servoient à les trainer. Nos braves soldats, divisés en tirailleurs, après avoir jonché cette ville de cadavres, ont poursuivi l'ennemi dans la plaine jusqu'au près de Paimbœuf. Plus de douze cens Briguand, se voyant cernés de tous côtés, ont été obligé de mettre bas les armes, et de demander la vie. Westerman en a fait fusiller quatre cens environ, les autres l'ont été par les ordres de la commission militaire attachée à l'armée. Je puis vous assurer cette dernière circonstance, puisque j'ai été chargé moi-même de préparer leur logement à Savenai, en attendant le jugement qui devait nous en delivrer. Il n'est pas possible de calculer la perte que l'ennemi à éprouvée; elle est immense. Toute cette nombreuse armée s'est fondue. La cavalerie qui seule paroissoit vouloir faire quelque résistance, ayant essayé de passer la rivière à la nage, a perdu plus de cent cinquante cavaliers. Marigni et quelques autres chefs des rebelles sont restés dit-on sur le champ de bataille. Rien n'a pu resister à l'armée de la Republique dont on doit les succés plus à la bravoure de nos soldats, qu'à l'habileté de leurs chefs. C'est principalement à l'armée de Cherbourg que nous devons les avantages que nous avons remportés sur l'ennemi, l'armée de Mayence ayant été en quelque sorte désorganisée par les mélanges qu'on s'étoit permis d'y faire avant la fameuse dér... te de Laval. Demain nous nous dispersons tous en tirailleurs, pour faire une battue générale dans les bois où les Rebelles ont pu se réfugier. Nous irons, de là combattre l'armée de Charette que nous culbuterons dans la mer ; nous parcourrons ensuite la Vendée pour exterminer le reste des briguand qui y sont passés sous la conduite de Laroche jaquelain, supposé qu'ils ne l'aient pas déjà été par les armées que nous avons dans ces contrées. Oh ! je crois que tout est perdu pour eux, et que nous pouvons chanter d'avance *Aristocrate te voila donc*, etc.

Salut et fraternité,

BENABEN.

Nantes, ce 6 nivos [1], l'an deuxième [2]
de la République.
A 5 heures du soir.

Le courrier de Savenai n'ayant pu partir pour Nantes, j'ai pris le parti d'y porter ma lettre moi-même. Je vous écrirai demain plus amplement.

1. Par erreur pour le 5. V. la lettre ci-après.
2. 27 décembre 1793.

XXXVII

LIBERTÉ, ÉGALITÉ, UNITÉ ET INDIVISIBILITÉ DE LA RÉPUBLIQUE OU
LA MORT.

> Nantes, ce 6 nivos, l'an deuxieme [1] de la République
> Françoise et de la mort du Tyran.
> A cinq heures du soir.

Le citoyen Benaben, commissaire du département de Mayenne et Loire
près des armées destinées à combattre les rebelles de la Vendée,

Aux citoyens administrateurs du même département.

Républicains,

Dans l'apostille que j'ai mis à ma dernière lettre, il s'est glissé une
erreur que je vous prie de rectifier. J'ai mis le six pour le cinq nivose.
Cette erreur est pardonnable dans un homme plus occuppé de compter le
nombre des ennemis de la République aux quels on a fait mordre la pous-
sière, qu'à supputer les jours de la semaine. Tous ceux qui sont venus à
Angers, ou n'existent plus, ou errent tristement dans les bois, ou sont
cachés dans les fermes. Mais, comme je vous l'ai dit, on a disséminé notre
armée dans un espace d'environ quinze lieues depuis Paimbœuf jusqu'à
Blain, afin de faire une battue générale dans les bois qui peuvent se
trouver dans ces contrées. J'ai cru que ma présence seroit plus nécessaire
à Nantes où notre armée doit se rendre dans deux ou trois jours. Elle
tardera pas à attaquer l'armée de Charette, contre la quelle on a déjà
fait tous les préparatifs nécessaires.

Je vous avois écrit qu'on avoit fusillé, à Savenai, plus de douze cens
briguand ; mais, par des renseignements que j'ai pris depuis et que je ne
puis révoquer en doute, il paroit qu'on en a fusillé plus de deux mille. On
appelle cela *envoyer à l'ambulence*. Ici on emploie une toute autre
manière de nous débarrasser de cette mauvaise engeance. On met tous
ces coquins-là dans des batteaux qu'on fait couler ensuite à fond. On
appelle cela *envoyer au chateau-d'eau* [2]. En vérité si les Briguand se
sont plaint quelque fois de mourir de faim, ils ne pourront pas se plaindre
au moins qu'on les fasse mourir de soif. On en a fait boire aujourd'hui
environ douze cens [3]. Je ne sçais qui a imaginé cette espèce de supplice,
mais il est beaucoup plus prompt que la guillotine qui ne paroit désormais
destinée qu'à faire tomber les têtes des nobles, des prêtres et de tous ceux

---

1. 27 décembre 1793.
2. Allusion au Château-d'Eau près Nantes.
3. M. Port (*Dict. hist. de Maine-et-Loire*, t. I, p. 303.) fait de Benaben un « esprit honnête
et modéré... ami des propos délicats ! »

qui, par le rang qu'ils occuppoient autrefois, avoient une grande influence sur la multitude.

S'il faut vous dire mon sentiment sur les succès que nous avons eus jusqu'à ce jour, je les attribue plus à la bravoure des soldats, qu'à l'habileté de leurs chefs ; j'en excepte néanmoins Westerman qui, s'il eût été secondé comme il devoit l'être, auroit terminé depuis long-temps cette malheureuse guerre.

Une chose que je ne dois pas vous laisser ignorer, c'est que tous les biens des églises, d'après les décrets de l'Assemblée nationale, appartiennent à la Nation ; et cependant, au mépris de ces décrets, les soldats et leurs chefs se sont emparé, au Mans, de plusieurs calices, ciboires, soleils, et croix d'argent ou de vermeil ; toutes ces richesses, quoique prises aux brigand, doivent être versées dans le trésor national ; et l'on doit punir sévèrement quiconque n'en fera pas la déclaration.

Une autre chose, non moins digne de remarque, c'est que, sur une armée de vingt mille hommes, on ne peut compter, tout au plus, que sur douze mille, les autres étant occuppés ou à boire dans les cabarets, ou à marauder dans les fermes. Ces gens là qui prétendent ne pouvoir suivre l'armée, ont toujours plus de jambes que les autres, quand l'armée bat en retraite et occasionnent presque toujours une déroute ; ils ne voient jamais le feu, et cependant ce sont eux qui font le plus de butin, parce qu'ils emploient à piller le tems que les autres emploient à se battre. Je crois donc qu'il seroit essentiel d'établir, à la suite de l'armée, une commission militaire qui feroit fusiller, sans miséricorde, tout individu qui, sans des raisons valables, se trouveroit éloigné de plus d'une demie lieu de l'armée.

Je ne sçais à quoi pense le régisseur général des subsistances militaires. On manque ici absolument de fourrages ; l'on donne de la paille au lieu de foin aux chevaux. Ne diroit-on pas qu'après avoir affamé les hommes, on veut aussi faire périr de faim les animaux.

Salut et fraternité.

BENABEN.

XXXVIII

LIBERTÉ, ÉGALITÉ, UNITÉ ET INDIVISIBILITÉ DE LA RÉPUBLIQUE OU LA MORT.

Nantes, ce 7 nivôse [1].

Le citoyen Benaben, commissaire du département de Maine et Loire près des armées destinées à combattre les Rebelles de la Vendée.

Aux citoyens administrateurs du même département.

Républicains,

La division de Tilli est arrivée ce soir ici, et sera bientôt suivie du reste de l'armée. Toutes les autorités constituées suivies d'un grand concours

1. 28 décembre.

de peuple de l'un et l'autre sexe, ont été au devant d'elle avec des couronnes de laurier, et il y a eu dans la ville illumination générale. Les généraux Marsau, Cleber et Tilli ont été couronnés au club, et y ont reçu, du président, le baiser fraternel. Westerman n'y a reçu ni baiser, ni couronne ; il étoit sans doute occupé à la poursuite de quelque ennemi. Les représentants du peuple, Carrié et Thuran y ont beaucoup parlé ; Prieur n'a pu y paroître, étant retenu dans son lit par une maladie occasionnée par les fatigues de la guerre. On y a lu le décret de la convention nationale qui vote des remerciements à l'armée qui a repris Toulon, et qui ordonne dans chaque commune une fête civique pour la première décade qui suivra la promulgation du décret.

En arrivant à Nantes j'aurai bien désiré me rendre auprès du général Axo qui bloque, dit-on, par terre, l'armée de Charrette, tandis qu'elle est bloquée du côté de la mer, par des frégates et des corsaires. Mais j'ai cru devoir attendre notre armée qui ne se bornera pas sans doute à bloquer l'armée de ce brigand, mais qui l'exterminera.

J'apprends en ce moment que deux cens rebelles à cheval viennent de se présenter aux environs d'Ancenis pour passer sur la rive gauche de la Loire. On croit que c'est une partie de leur cavalerie qui, ayant échappé au massacre de Savenay, est venue, par des chemins détournés, tenter le passage de la Loire. On a fait marcher contre ces brigand de la cavalerie et de l'infenterie qui ne tarderont pas à nous en délivrer.

Un angevin, qui vint hier dans mon auberge, m'apprit que vous attendiez avec impatience le chapeau de Duhoux que je vous avois annoncé. Je vous l'envoie par un de mes ordonnances qui, étant malade depuis quelques jours, ne peut plus me suivre. Pour conserver ce chapeau dans sa forme naturelle, je l'avois mis, au Mans, dans un carton à manchon ; mais la pluie, qui est tombée pendant tous ces jours-ci, ayant détrempé le carton, je fus obligé de détacher le panache du chapeau, pour qu'il n'achevât pas de se dégrader. Vous verrez par le maroquin rouge, qui est dans l'intérieur du chapeau, que les chefs des brigand le portent d'une manière toute opposée à celle de nos juges, la partie retroussée étant par derrière et non par devant. Les panaches doivent être recourbés et ombrager toute la tête. Ainsi, avant de l'exposer aux regards du peuple, je vous prie de le faire arranger par une marchande de modes. Il n'y en a pas une, je pense, qui ne se fasse un vrai plaisir de vous rendre ce petit service. À l'endroit où s'enfonçoient les panaches il y avoit un petit bouton noir auquel s'attachoit un ruban de même couleur qui les fixoit invariablement sur la tête. Ce bouton ayant été arraché, je vous prie de le rétablir.

Comme j'ignore le temps que durera l'expédition contre Charette, je vous prie de m'envoyer par l'ordonnance qui doit remplacer celui qui vous remettra ma lettre, une autorisation pour prendre sur le payeur général ou le payeur particulier de l'armée, l'argent qui me sera nécessaire, celui que j'avois emporté d'Angers au commencement de la campagne tirant à sa fin par les dépenses que j'ai été obligé de faire, soit pour moi-même, soit pour mon ordonnance, soit pour mes chevaux. Il me tarde quo cotto oxpédition solt bientôt finlo, aﬁn d'avoir le plaisir de vous ombrasser, ainsi que mes autres concitoyens.

Salut et fraternité,

BENABEN.

XXXIX

LIBERTÉ, ÉGALITÉ, UNITÉ ET INDIVISIBILITÉ DE LA RÉPUBLIQUE OU LA MORT.

Au Port St Père, [1] ce neuf nivose, l'an deuxième [2] de la République Françoise et de la mort du Tyran.
A huit heures du matin.

Le citoyen Benaben, commissaire du département de Maine et Loire près des armées destinées à combattre les Rebelles de la Vendée,

Aux citoyens administrateurs du même département.

Républicains,

La division de Tilli partit hier, à quatre heures, pour se rendre au Port St Père où nous avons biwaqué. J'ai eu occasion d'observer combien le séjour des grandes villes étoit funeste même aux troupes les mieux disciplinées. Quoique la division de Tilli eût ordre de se porter toute entière au Port St Père, il ne s'en présenta guère que la moitié, lorsqu'il fallut partir. Tout le bataillon de l'Aube, à l'exception de son commendant, refusa net de marcher, ce qui engagea le général Carpentier à lui enlever son drapeau et à le placer au centre de sa brigade. Je fus un de ceux qui l'aidèrent dans cette expédition.

Je ne puis concevoir les négligences des préposés aux fourrages ; quoiqu'il y ait une quantité prodigieuse de foin sur la rive gauche de la Loire, à la hauteur d'Ancenis, on en manquoit absolument à Nantes, comme je vous l'ai déjà marqué. On s'est trouvé plus encore au dépourvu au Port St Père où l'on n'en avoit conduit qu'une seule voiture à deux bœufs. Je ne sais si nous serons plus heureux à Machecoul [3] où nous devons nous rendre aujourd'hui. Quelles que soient les fatigues de la guerre, j'ai été moins en peine de moi que de mes chevaux. Puissé-je vous les ramener

---

1. Bourg, canton du Pellerin, arrondissement de Paimbœuf.
2. 30 décembre 1793.
3. Chef-lieu de canton, arrondissement et à 35 kilomètres de Nantes.

sains et sauves après avoir rempli dignement la mission que vous m'avez confiée.

Salut et fraternité,

BENABEN.

P.-S. — Je ne vous ai parlé que du mouvement de la division de Tilli ; mais le reste de l'armée s'étoit rendu dans la Vendée par Paimbœuf. Nous ne tarderons pas à nous mesurer avec l'armée de Charette, et à lui faire subir le sort qu'a éprouvé celle des autres briguand à Savenal.

XL

LIBERTÉ, ÉGALITÉ, UNITÉ ET INDIVISIBILITÉ DE LA RÉPUBLIQUE OU
LA MORT.

A Machecoult [1], ce 13 nivose l'an 2e de la
republique françoise et de la mort du Tyran,
A huit heures du soir.

Le citoyen Benaben, commissaire du département de Maine et Loire près des armées destinées à combattre les Rebelles de la Vendée,

Aux citoyens administrateurs du même département.

Républicains,

Une trahison ou une ineptie du général Haxo a été cause de l'invasion de Machecoult, et a intercepté toute correspondance avec Nantes. De là, la cause de notre silence. Mais cette trahison ou cette bévue, a été cause en même tems d'une victoire que nous avons remportée sur l'armée de Charette. Nous sommes partis ce matin de Challans [2] pour reprendre Machecoult, et nous l'avons repris après avoir mis en fuite les briguand qui auroient pu le défendre. Les briguand étoient si effrayés, que nous n'avons pas eu le tems seulement de nous mettre en ligne. Deux cens hommes tout au plus des régiments d'Armagnac et d'Aunis ont suffi pour battre environ cinq mille briguand. Une chose digne de remarque, c'est que les briguand se sont emparé de Machecoult le 11 nivose [3] à trois heures du soir, c'est-à-dire quatre à cinq heures après que notre armée en étoit partie. Nous apprîmes à Challans, le même jour, sur les huit heures et demie du soir, la nouvelle de leur invasion, et s'il n'eût tenu qu'au général Carpentier, nous aurions repris cette ville le lendemain de grand matin. Mais, subordonné aux ordres du général Haxo, il n'a pu se mettre en mouvement que le treize. Je reserve à un autre jour des détails sur cette affaire, car, dans ce moment, je suis infiniment pressé.

Salut et fraternité,

BENABEN.

1. 3 janvier 1794.
2. Petite ville, chef-lieu de canton, arrondissement et à 44 kilomètres des Sables-d'Olonne.
3. 1er janvier 1794.

XLI

LIBERTÉ, ÉGALITÉ, UNITÉ ET INDIVISIBILITÉ DE LA RÉPUBLIQUE OU
LA MORT.

> Machecoult, ce quatorze nivose, l'an deuxième [1] de la
> république françoise, et de la mort du Tyran.
> A une heure et demie du soir.

Le citoyen Benaben, commissaire du département de Maine et Loire près
des armées destinées à combattre les rebelles de la Vendée,

Aux citoyens administrateurs du même département.

Républicains,

J'avois reservé à aujourd'hui les détails sur l'évacuation de Machecoult
et sur la reprise de cette ville. Les détails me paroissent nécessaires, pour
vous faire connoître tout à la fois la trahison ou l'ineptie du général Haxo,
et la foiblesse de l'armée de Charette.

Je vous avois écrit que toute la division de Tilli avoit eu ordre à Nante,
de se porter au Port St-Père et delà à Machecoult ; mais je vous avois
écrit en même tems que la moitié tout au plus de cette division avoit
obéi à cet ordre. Le général Carpentier avoit eu soin d'en instruire le général Haxo, auquel il étoit subordonné. Il paroissoit donc naturel de nous
laisser deux ou trois jours à Machecoult pour faciliter la réunion de tous
les bataillons qui composoient la division de Tilli. Eh ! bien, on ne voulut
pas attendre cette réunion, et l'on nous fit partir le lendemain pour Challans,
laissant seulement à Machecoult deux cens hommes que nous y avions
trouvé et qui pendant le peu de séjour que nous avions fait dans cette
ville, avoit été occupper le poste de la Guarnache [2]. Qu'arriva-t-il de là ?
C'est que l'ennemi, instruit de nos mouvemens, entra à Machecoult quelques heures après que nous en fumes partis, égorger quelques-uns de nos
trainards, mit en fuite la petite garnison qu'il y avoit trouvé, s'empara
de toutes les provisions de bled qu'on faisoit partir pour Nantes, et inter-
cepta toute communication entre Machecoult et cette dernière ville. Nous
apprimes cette invasion le jour même à huit heures et demi du soir par
un cavalier Nantois et six préposés aux subsistances militaires qui, étant
partis de Challans pour Machecoult, avoient failli à tomber entre les mains
des ennemis. Ce n'est pas tout ; quoique notre armée ne fut composée que
de deux mille hommes, parmi lesquels on ne comptoit gueres que quatorze
cens fusiliers, les autres huit cens n'étant composés que d'officiers ou de
sous-officiers, on nous obligea d'en envoyer trois cens à Soulans [3]. Malgré
ce démembrement, qui affoiblissoit beaucoup notre armée, je fus d'avis
de marcher sur le champ à Machecoult, et d'égorger cette canaille qui,

---

1. 4 janvier 1794.
2. Bourg, canton de Challans, arrondissement et à 50 kilomètres des Sables.
3. Bourg, canton de Saint-Jean de Mont, arrondissement des Sables-d'Olonne.

sûrement, ne s'attendoit pas à nous voir si tôt. Tel étoit aussi l'avis de Carpentier et de son état major ; mais, subordonné au général Haxo qui étoit alors à Beauvoir [1], il fut obligé de lui envoyer ordonnance sur ordonnance, pour l'instruire de la situation de notre armée, de la prise de Machecoult, et de la nécessité de prendre une mesure vigoureuse à l'égard de l'ennemi. Or c'étoit le onze nivose que Machecoult étoit tombé au pouvoir des rebelles, et ce ne fut que le treize que nous reçumes l'ordre de reprendre cette ville. Le tems qu'il fallut mettre pour les distributions, retarda le départ de notre armée qui n'apperçut qu'à trois heures et demi du soir les ennemis, qui étoient rangés en bataille du côté du bois qui étoit à la droite de Machecoult et qu'ils avoient sans-doute choisi pour leur retraite. Carpentier, qui commandoit notre armée, jetta sur la droite environ cent tirailleurs tirés du bataillon de Marat et des chasseurs du 19e régiment ; il plaça sur une hauteur du chemin par le quel défiloit notre armée, une pièce de quatre et un obusier qui, par un feu oblique, prenoit en flanc l'armée ennemie, et ordonna au brave Régiment d'Armagnac de se mettre en bataille sur la droite et de commencer le feu. L'ennemi y répondit par un feu de file très bien nourri, mais qui ne dura qu'environ une ou deux minutes ; car Carpentier ayant fait tirer coup sur coup sa pièce de quatre à mitraille et son obusier jetta beaucoup de desordre dans l'armée ennemie, et l'obligea à se partager en deux colonnes. Ce mouvement qui n'étoit que l'effet d'une trouée qu'avoit fait notre canon et notre obusier, fit croire à Carpentier que l'ennemi ne se partageoit ainsi en deux colonnes, que pour nous envelopper de droite et de gauche, de sorte qu'il jetta sur sa gauche tout le reste de la première brigade, et ordonna au Régiment d'Aunis, qui étoit à la tête de la seconde brigade, de joindre Armagnac qui, comme je viens de vous le dire, occupoit la droite. Mais il y avoit une si grande distance entre la tête de la première brigade et celle de la seconde, et Armagnac poursuivoit, d'ailleurs, l'ennemi avec tant d'ardeur qu'il fut le seul à faire le feu avec les chasseurs du 19e regiment et le bataillon de Marat. Ainsi je me suis trompé, dans ma précédente lettre, lorsque je vous ai dit qu'Armagnac et Aunis avoient suffi pour mettre en fuite cette horde de briguand, puisque Aunis n'avoit pas eu le tems d'exécuter les ordres qu'on lui avoit donné. Les briguand ont perdu dans cette affaire environ cent hommes ; nous n'en avons perdu que quatre, et tous malheureusement du brave Regiment d'Armagnac. Nous aurions tué beaucoup plus de monde aux briguand, si la nuit ne les avoit derrobé à notre poursuite.

Je reviens maintenant au général Haxo chargé, par le général en chef, de prendre l'isle de la ville de Noirmoutier [2] qui recelent environ cinq mille briguand. Les Briguand pouvant être secourus par l'armée de Charette forte d'environ cinq mille hommes, et qui n'a point de position fixe,

---

1. Beauvoir-sur-Mer, petite ville, chef-lieu de canton, arrondissement et à 60 kilomètres des Sables-d'Olonne.

2. Dans une île sur la côte de France, dans l'Océan Atlantique, arrondissement et à 60 kilomètres des Sables-d'Olonne.

le général Haxo avoit établi des postes dans des bourgs ou villages distans
de quatre lieues l'un de l'autre, tels que Beauvoir, Challans, la Guarnache,
Machecoult, le Port St-Père, etc., qui forment une espece de ceinture,
autour de l'île de Noirmoutiers, ou plutôt une ligne de circonvallation
et de controvallation dont ces lieux sont autant de redoutes. Mais, pour
que cette ligne ne put être forcée ni par les brigand de Noirmoutier, ni
par ceux du reste de la Vendée, il eût fallu que ces postes eussent été
assez forts pour resister individuellement à l'attaque des ennemis qui se
battent toujours en masse, ou du moins pour resister assez long-tems,
pour qu'ils pussent être secourus par les postes voisins. Mais jusqu'ici
ces postes avoient été trop foibles, et pouvoient être successivement forcés.
S'ils ne l'ont pas été, c'est que Charette est un mauvais général, et indigne
de la réputation dont il a joui jusqu'à ce jour.

J'apprends en ce moment par une ordonnance envoyé de Beauvoir par
le général Haxo, que la ville de Noirmoutier est prise, après une canonade
d'environ soixante-douze heures. Les grosses pièces ont cessé de tirer à
dix heures du matin. A cette heure nos troupes battoient le pas de charge
et faisoient une fusillade épouventable. Demain nous nous mettrons en
mouvement avec deux mille hommes qui doivent nous arriver dans la
journée, pour achever d'exterminer cette horde scélérate.

Salut et fraternité.

BENABEN.

XLII

LIBERTÉ, ÉGALITÉ, UNITÉ ET INDIVISIBILITÉ DE LA RÉPUBLIQUE OU
LA MORT

Machecoul, ce 15 nivose l'an deuxième [1] de la
republique françoise et de la mort du Tyran.
A quatre heures du soir.

Le citoyen Benaben, commissaire du département de Maine et Loire
près des armées destinées à combattre les rebelles de la Vendée,

Aux citoyens administrateurs du même département.

Républicains,

Ce fut par les ordres du général Haxo, ordre qui nous avoit été transmis
par le général Dutrui, que nous évacuames, le 11 nivose, la ville de
Machecoult à notre très grand regret ; par ceque cette ville, se trouvant à
égale distance de Nantes et de Beauvoir, et étant leur véritable point de

---

1. 5 janvier 1794.

communication, nous devions nous attendre que l'ennemi chercheroit à s'en emparer, comme cela arriva, le jour même, trois ou quatre heures après notre évacuation. Quoique nous eussions appris le jour même, sur les huit heures et demie du soir, la prise de Machecoult, ce ne fut que le treize nivôse, qu'après bien des instances nous obtinmes la permission de reprendre cette ville, ce que nous fîmes après une heure et demie d'un combat où nos troupes signalèrent leur valeur ordinaire. Il semble que cet événement auroit dû rendre Haxo plus circonspect sur le mouvement de notre armée. Eh ! bien, nous devions par ses ordres qui nous furent également transmis par le général Dutrui, abandonner Machecoult le 14 nivôse [1]. Carpentier, qui commande en chef notre petite division, en l'absence de Tilli qui, en qualité de général divisionnaire, ne pouvoit être subordonné au général de brigade Haxo, crut après avoir consulté son état major, devoir faire à ce dernier général, les mêmes observations que le 11 nivôse, et avec d'autant plus de raison, qu'elles avoient été confirmées par les évènemens qu'il avoit prévus. Ces observations n'étoient que trop justes ; car l'ennemi croyant sans doute que nous avions abandonné Machecoult, ou que nous n'y avions laissé qu'un petit détachement, se présenta devant cette ville, précisément à la même heure qu'il s'y étoit présenté le 11 nivôse [2]. Il n'y avoit guère plus d'une heure et demie que je venois de vous écrire, lorsque, sortant du quartier général où je réside habituellement, j'entendis crier *aux armes, aux armes*, et en même temps un coup de canon, suivi d'une fusillade du détachement qui gardoit la pièce que nous avions posée du côté où nous pouvions être attaqués par l'ennemi. Je monte aussitôt à cheval avec le général Carpentier ; on bat la générale, et en un instant toutes nos troupes sont sous les armes et brulent de se mesurer avec l'ennemi. Armagnac et Aunis commencent les premiers l'attaque et mettent en fuite les brigand qui avoient osé se présenter devant eux, lorsqu'on vint dire à Carpentier que ces coquins là cherchoient à tourner la ville et à nous attaquer par le côté opposé à celui par lequel nous faisions filer nos troupes. Aussitôt Carpentier fit faire un demi tour à droite à la moitié de son armée, pour déconcerter les projets de l'ennemi. Ce mouvement rétrograde fit croire à quelques lâches qui se traînent toujours à la queue de nos colonnes, que nous battions en retraite. Ils jettèrent aussitôt leurs armes pour courir plus vite, et peut-être que leur exemple auroit été imité d'un plus grand nombre, si le commendant de la Haute-Saône et moi ne nous étions transportés rapidement à la tête de ces misérables fuyards, et leur avions appris la véritable cause de ce mouvement rétrograde. Les bataillons défilèrent donc en colonne serrée du côté où paroissoient vouloir se porter l'ennemi et s'y rangèrent en bataille. Mais déjà la première section de l'armée l'avoit mis en fuite et en avoit fait un grand carnage. La nuit seule put mettre fin au combat qui auroit été plus meurtrier, s'il eut commencé plutôt. La crainte

1. 4 janvier 1794.
2. 1er janvier 1794.

cependant d'être attaqués pendant la nuit, obligea Carpentier à faire bivaquer toute l'armée qu'il disposa de manière à couvrir toute la ville. Il écrivit, en même tems, au commendant la force armée au Port St péro, de venir à Machecoult avec toutes ses troupes, pour tenter quelque action vigoureuse contre ces coquins qu'il semble qu'on veuille éterniser dans ce pays. En effet, je vous ai dit que la moitié de la division de Tilli composée d'environ cinq mille hommes, était restée à Nantes ; en second lieu, de toute l'armée du Nord composée d'environ dix à douze mille hommes, deux mille cinq cens environ avoient été envoyés au Port St Père. Ce sont ces troupes qui nous sont arrivées aujourd'hui et avec les quelles nous allons attaquer les briguand partout où nous croirons les trouver. Car nous voulons les vaincre malgré les traîtres, malgré les lâches, malgré surtout ces ennemis cachés du peuple qui ont sans cesse le mot d'Égalité dans la bouche et le despotisme dans le cœur.

Je crois qu'il est du devoir d'un bon citoyen, et de l'intérêt de la République, de faire connoître les braves gens qui servent dans notre armée. Je crois en conséquence vous nommer Carpentier notre général, Guérin du Mesnil son adjudant-général qui, quoique blessé d'une balle qui lui a percé l'épaule, n'en fait pas moins son service avec moins de courage et d'ardeur, le citoyen Larue, chef de l'état-major de notre armée, Roland commandant du brave régiment d'Armagnac, et son frère qui entra, le premier, dans la ville du Mans, après avoir enlevé lui-même les chevaux de frise qui étoient sur le perron, Guérin commendant le détachement des chasseurs du 19ᵉ régiment, de ce brave régiment qui, à l'affaire d'Erné, se fit écharper de manière qu'il ne resta qu'environ deux cens hommes tant soldats qu'officiers, sur huit cens dont il étoit composé, Gui commendant en second le bataillon de la Haute-Saône, avec lequel j'ai eu le bonheur de faire connaissance à Antrain, et qui ne s'est jamais démentie. J'en aurois beaucoup d'autres à vous nommer tant dans cette armée que dans les autres où je me suis trouvé, prêt à les dénoncer s'ils devenaient jamais des lâches ou des perfides.

Salut et fraternité,

BENABEN.

XLIII

LIBERTÉ, ÉGALITÉ, UNITÉ ET INDIVISIBILITÉ DE LA RÉPUBLIQUE OU LA MORT.

Machecoult, ce 17 nivose, l'an deuxieme [1] de la Republique Françoise et de la mort du Tyran.
A midi précis.

Le citoyen Benaben, commissaire du département de Maine et Loire près des armées destinées à combattre les Rebelles de la Vendée,

_____
1. 7 janvier 1794.

Aux citoyens administrateurs du même département.

Républicains,

Je crois avoir été le premier à vous apprendre la prise de la ville de Noirmoutiers. Il n'étoit guère possible que vous puissiez l'apprendre plus tôt. Je n'ai pu entrer dans les détails que vous auriez pu désirer, et je ne le puis encore. Tout ce que je puis vous dire c'est que la ville de Noirmoutiers a été prise presque sans coup férir. La Barbatte[1] seulement a fait quelque résistance. On a fait environ mille prisonniers parmi lesquels se trouvent d'Elbée, Thingui, Dubois, Massip, Pinau, etc. Il paroit que toute l'isle qu'on appelle actuellement l'isle Marat est délivré des briguand, puisque le général Thurau et le représentant du peuple qui y étoient viennent de s'embarquer pour Nantes. Le général Bonnaire, qui commende l'armée du Nord, avec lequel je soupai hier au soir, se proposait d'aller aujourd'hui à Noirmoutiers pour se concerter avec les généraux Thureau et Haxo, sur la manière d'attaquer l'armée de Charette. Mais ayant appris le départ de Thureau, il est reparti sur le champ pour Nantes. Nos opérations militaires, relativement à l'armée de Charette, seront donc retardées de quelques jours ; mais nous ne reculons que pour mieux sauter.

Salut et fraternité.

BENABEN.

XLIV

LIBERTÉ, ÉGALITÉ, UNITÉ ET INDIVISIBILITÉ DE LA RÉPUBLIQUE OU LA MORT.

Machecoult, ce dix-huit nivose, l'an deuxieme[2] de la République Françoise et de la mort du Tyran.

Le citoyen Benaben commissaire du département de Maine et Loire près des armées destinées à combattre les rebelles de la Vendée,

Aux citoyens administrateurs du même département.

Républicains,

Nous avons reçu aujourd'hui, à une heure du matin, ordre du général Dutrui, de laisser cinq cens hommes à Machecoult avec trois pièces d'artillerie, et de nous porter avec le reste de notre armée, sur deux colonnes, à Légé[3], l'une par Touvois[4] et l'autre par St Christophe[5] (remarquez

---

1. Bourg, canton de Noirmoutiers, arrondissement des Sables-d'Olonne.
2. 8 janvier 1794.
3. Bourg, chef-lieu de canton, arrondissement et à 10 kilomètres de Nantes.
4. Bourg, canton de Legé, arrondissement de Nantes.
5. Saint-Christophe du Ligneron, canton de Palluau, arrondissement des Sables-d'Olonne.

bien ces deux lieux sur la carte). Or vous saurez que nous n'avions que trois pièces de canon et un obusier, et vous devez vous rappeler que notre petite armée n'étoit composée que de quatorze à quinze cens fusilliers. On nous ordonnoit donc de laisser toute notre artillerie à Machecoult, et de marcher sur deux colonnes, chacune de cinq cents hommes dans des lieux infestés par les briguand, et où nous pouvions aisément être cernés et battus. Comme ce mouvement ne devoit s'effectuer qu'à la pointe du jour, et qu'on nous avoit annoncé pour ce jour là même l'arrivée très prochaine d'Haxo, au quel seul tous les autres généraux étoient subordonnés d'après les ordres de Marsau, général en chef de l'armée de l'Ouest, Carpentier a cru devoir attendre ce général, pour lui faire connoître la position de son armée, et a expédié néanmoins une ordonnance à Dutrui pour l'instruire de la nécessité où il se trouvoit de suspendre de quelques heures son départ pour Légé. Mais, au lieu de Haxo qui avoit déjà fait retenir notre logement pour son quartier général, nous n'avons vu arriver qu'Aubertin, adjudant-général de Dutrui, avec environ neuf cens hommes. Il a fallu donc composer avec cet adjudant, quoique Carpentier n'eût aucun ordre à recevoir de Dutrui. Nous lui avons laissé deux pièces d'artillerie, et cinq cents hommes, et nous partirons demain matin avec le reste, mais en une seule colonne, pour Légé où nous nous proposons de bien frotter les briguand, supposé que nous ayons le bonheur de les rencontrer ; car nos soldats qui bivaquent tous les jours, et qui sont sans souliers et sans habits, enragent de tant souffrir pour cette canaille. Oui, la brave division Tilli, quoique réduite à la moitié, aura la gloire d'exterminer les briguan sur les deux rives de la Loire. En vérité, je ne sçaurois assez me féliciter de me trouver dans cette armée. Quoique, depuis trois mois environ que je suis à la poursuite des briguand, j'aie eu occasion de connoître la composition de toutes celles qui devoient les combattre, je n'en ai point trouvé de comparable à celle-ci. Je donnerai sur tout mon sang pour le régiment d'Armagnac qui est composé non de soldats, mais de héros. Au reste, je n'en suis pas surpris ; ce sont les chefs qui font les armées, et il faut avouer que ceux de la nôtre sont de vrais patriotes qui désirent avec ardeur, non leur avancement, mais la fin d'une guerre qui n'a que trop long-tems durée.

Vous devez vous rappeler que dans une de mes lettres, je vous écrivis que Bourg-neuf[1], Beauvoir, Challans, Laguarnache, Machecoult et le Port St Père, formoient, autour de l'isle de Noirmoutier, du côté de la terre, une espèce de ligne de circonvallation et de controvallation, dont ces lieux étoient tout autant de redoutes ; que, pour tirer de cette ligne tout le succès possible, il falloit établir, dans les différens postes que je viens de nommer, des garnisons assez fortes, pour resister au moins à une première attaque de l'ennemi. La justesse de mes observations ne fut malheureusement que trop prouvée le onze nivôse, par la prise de Mache-

---

1. Bourgneuf-en-Retz, petite ville sur les bords de l'Océan, arrondissement et à 20 kilom. de Paimbœuf.

coult où l'on n'avoit laissé qu'un détachement de deux cent cinquante
hommes, et où nous avons perdu ainsi que je l'ai appris depuis, cinquante
de nos frères, un canon, six mille rations de pain et plusieurs charrettes
chargées de bled et de farine qui étoient destinés pour la ville de Nantes.
Cette perte auroit été peut-être plus considérable, si le général Beaupul,
qui, voulant aller à Noirmoutier, se trouvoit ce jour là par hasard à
Machecoult, n'eût aidé de ses conseils le commendant du petit détachement qu'on y avoit laissé. Le poste du Port St Père, où l'on n'avoit laissé
qu'un détachement aussi foible que celui de Machecoult, auroit peut-être
éprouvé aujourd'hui un sort semblable à celui que ce malheureux bourg
avoit éprouvé le 11 nivose, si on ne l'eût renforcé de quinze cens hommes
qui se sont rendus ce matin de la ville de Nantes. En effet trois ou quatre
grenadiers d'Armagnac, qui avoient été assassinés sur la route de Machecoult au Port St Père, et un cavalier nantois qui étoit tombé dans un parti
ennemi, sur la route de Port St Père à Nantes, ont fait connoître que ce
poste étoit cerné de toutes parts, et qu'il étoit sur le point d'être forcé.
Quand on a découvert le mal, il faut sans doute le guérir, mais il vaut
encore mieux le prévenir.

Salut et fraternité,

BENABEN.

XLV

Legé, ce 21 nivose [1], l'an deuxième de la
république françoise et de la mort du tyran.
A 11 heures du soir.

Le citoyen Benaben, commissaire civil près des armées destinées à combattre les rebelles de la Vendée,

Aux administrateurs du même département.

Républicains,

Ce sont de grands promeneurs que nos généraux, du moins ceux qui
dirigent nos opérations militaires. Vous sçavez que ce fut par les ordres
du général Dutruil que nous nous rendimes de Machecoult à Challans et de
Challans à Machecoult que nous devions quitter pour nous rendre encore
à Challans. Hier, par les ordres du même général, nous partimes de

1. 11 janvier 1794.

Machecoult pour Legé, pour Palluau [1], de Palluau pour St Christophe, et de St Christophe pour Legé où nous sommes arrivés aujourd'hui à neuf heures du soir, exténués de fatigue et transis de froid. Ne prendrait-on pas ces promenades pour........ de Toulon à Marseille et de Marseille à Toulon ? Legé et Palluau sont deux villages absolument brulés, et à l'exception des maisons de quelques patriotes munis de bons certificats de leur département, nous avons fait subir le même sort à Saint-Christophe après en avoir enlevé le grain, la farine, les fourrages, le vin et les bestiaux que nous avons pu y trouver. En arrivant à Legé, nous n'avons pas été médiocrement surpris d'apprendre que la petite armée de Charlery, qui y bivaquait s'était emparé d'une barrique d'eau-de-vie et de six mille rations de pain qui nous étaient destinées. En vérité, ne dirait-on pas qu'on cherche à vexer de toutes les manières possibles cette brave division de Tilli à laquelle on doit la destruction totale des briguand sur la rive droite de la Loire et qui n'a pas peu contribué à la prise de Noirmoutiers en tenant en échec l'armée de Charrette qu'elle a battu deux jours de suite à plate couture. J'ignore quels sont les projets de nos généraux supérieurs relativement aux briguand qui sont encore sur la rive gauche de la Loire. On prétend qu'ils veulent former un cordon de troupes autour de l'armée de Charrette. Eh bien ! soit ; mais puisqu'ils avoient jugé à propos de faire occuper le poste de Machecoult par quinze cens hommes, il me semble qu'il valoit encore mieux y laisser ceux qui y étoient déjà, que d'y envoyer ceux qui étoient aux ordres de l'adjudant général Aubertin. Les déplacemens dans les armées ne sont bons qu'autant qu'ils sont nécessaires et je ne vois pas la nécessité de celui-là. Si-non de faire bivaquer la division de Tilli dans des lieux entièrement dévastés, pou. procurer aux généraux Haxo et Dutrul un séjour infiniment moins désagréable.

En vous faisant l'éloge du brave régiment d'Armagnac j'avois oublié deux traits qui lui font beaucoup d'honneur et que, pour cette raison, je suis bien aise de vous faire connaitre. D'abord en arrivant à Machecoult il destitua tous ceux de ses officiers qui avoient refusé de le suivre à son départ de Nantes ; il a fait ensuite une collecte de quatre cens livres qu'il a envoyée aux soldats de son corps que leurs blessures retiennent dans nos hopitaux. Puissent tous les soldats de la République suivre un aussi bel exemple !

Salut et fraternité,

BENABEN.

---

1. Chef-lieu de canton, arrondissement des Sables-d'Olonne.

II

Correspondance privée de Benaben

La *Correspondance privée* de Benaben se compose d'une lettre adressée par Benaben à Pétion, au nom de la *Société des amis de la Constitution d'Angers;* de neuf lettres de Benaben à Vial, lettres qui forment le complément indispensable de sa *Correspondance politique ;* de neuf lettres de Benaben à Mame, imprimeur et Directeur des *Affiches d'Angers ;* d'une lettre du citoyen Martin, capitaine au bataillon soldé d'Angers, à Benaben et de la réponse de celui-ci ; enfin de quatre lettres des professeurs de l'Ecole Centrale d'Angers écrites par Benaben et adressées à l'Administration centrale et de la réponse du président de cette administration , Leterme-Saulnier. Ces cinq dernières lettres sont des document: très précieux pour l'histoire de l'Instruction publique en Maine-et-Loire pendant la Révolution.

I

Les membres composant la *Société des amis de la Constitution*, séante à Angers, à M. Pétion.

Angers, le 4 juin 1792, l'an 4 de la Liberté.

Vertueux Pétion, vous n'avez pas oublié sans doute la sainte alliance que les Angevins ont contractée avec les braves Parisiens. Fidèles à leurs engagemens, ils alloient voler à votre secours, en apprenant la fermentation qui régnoit dans la capitale, lorsque le rapport que vous avez fait à l'Assemblée Nationale, après le licenciement, a suspendu leur marche. Votre prudence et votre activité ont dissipé les dangers qui vous environnoient, mais de nouveaux peuvent vous menacer encore. Nous vous prions donc de vouloir bien nous écrire a la première allarme, et nos légions angevines vous porteront la réponse. Veuillez bien aussi être l'interprète de nos sentimens, et offrir nos actions de grace à votre respectable municipalité et aux quarante-huit sections, pour s'être rendues permanentes pendant ces momens de crise et d'orage.

Nous sommes avec une parfaite cordialité,

BENABEN, président.

II [1].

LA LIBERTÉ OU LA MORT.

Du château de Serent, le 12 octobre, l'an 2e de la République.

Vous avez sans doute appris, mon cher Vial [2], les affreuses circonstances de la mort de ce malheureux Duverger. Après avoir vigoureusement poursuivi et assez loin les avant-postes de l'ennemi avec notre cavalerie, il étoit revenu sur ses pas et avoit été se rafraîchir dans un cabaret avec l'adjudant-général Tabari. Ils se croyoient en grande sûreté et ne pensoient pas avoir les brigand si près d'eux. Mais ceux-ci, dont la fuite n'étoit qu'une ruse de guerre et qui n'avoient fait semblant de fuir que pour les entraîner dans le piège, craignant de manquer leur proie, avoient, pendant ce tems, fait filer sans être aperçus de l'infanterie dans les vignes qui sont de chaque côté du chemin, tandis que leur cavalerie s'avançoit sur le chemin même. On n'avertit mon malheureux collègue du danger qui le menaçoit qu'au moment où il alloit être cerné de tous côtés par l'ennemi. Il voulut aussitôt monter à cheval ; mais la selle ayant tourné il tomba à la renverse ; un briguand profita de sa chûte pour lui tirer son coup de fusil qui le blessa ; il voulut se relever malgré sa blessure ; mais un cavalier de l'armée des briguand, étant tout à coup survenu, lui donna un coup de sabre sur la tête et un autre lui enfonça le sien dans la bouche. C'est ainsi que finit ce brave homme de Duverger pour qui l'expédition n'aura pas été longue. S'il avoit eu un peu plus de réflexion et qu'il ne se seroit pas attardé à boire, il seroit probablement encore vivant maintenant ; la mort vient bien souvent assez vite sans qu'on soit obligé de compromettre sa vie par son étourderie ; un républiquain ne doit pas hasarder témérairement ses jours, mais les employer au bien de la chose publique. Peut-être que pareille chose m'arrivera bientôt, mais je suis heureux de vous annoncer que pour le moment je me porte assez bien.

Je vous embrasse de tout mon cœur, ainsi que votre femme et votre fille.

BENABEN.

1. Certaines de ces *lettres privées* complètent la *Correspondance politique*. On pourra pour l'éclaircissement des faits qui s'y trouveront mentionnés se rapporter aux *lettres politiques* de même date.

2. Vial, Jean-Antoine, né dans le Var, le 19 novembre 1742, se fit recevoir avocat au Parlement de Paris ; épousa en 1763, à la Martinique, Marie Blanvillain de Lisle, qui possédait d'importantes propriétés en Anjou ; vint habiter Chalonnes-sur-Loire ; se jeta à corps perdu dans les idées révolutionnaires ; fut nommé maire de Chalonnes le 1er janvier 1793, membre du Comité révolutionnaire d'Angers le 8 juillet, puis procureur général syndic du Département. Ce jacobin tranchait volontiers du gentilhomme et avait pris, quand il se fit recevoir avocat au Parlement, le nom de Vial de Ladousière.

III [1]

LA LIBERTÉ OU LA MORT.

Saint-George, ce 22 octobre 1793, l'an 2e de la République.

Je vous envoie, mon cher ami, par un gendarme, le cheval que le fils [2] du malheureux Duverger m'a laissé, avec ordre de me ramener le mien dont je suis très content. Je n'aurois jamais cru qu'un jeune homme de cet âge, sous prétexte de m'obliger et d'être utile à la République, eût cherché à me tromper d'une manière aussi indigne : je suis si outré d'une pareille supercherie que, si je ne craignois d'abandonner mon poste, j'irois moi-même chercher mon cheval à Angers.

Je vous recommande particulièrement le gendarme qui vous remettra ma lettre. C'est ce brave homme qui, avec un autre gendarme nommé Marchand, ont exposé plusieurs fois leur vie, pour sauver le malheureux Duverger. Je dirai plus, ce sont les seuls de toute la gendarmerie qui ont vaillamment secondé les efforts des dragons. Il s'appelle Payen, de la brigade d'Angers.

Je vous embrasse de tout mon cœur.

BENABEN.

P.-S. — Mille choses de ma part, s'il vous plaît, à votre femme et à votre fille.

IV [3]

LA LIBERTÉ OU LA MORT.

Serrant près Saint-George, ce 23 octobre 1793, l'an 2e de la République.

Mon cher ami,

Pendant que nous interrogions les paysans des environs du château de Serrant afin de savoir s'ils n'avoient point eu connoissance d'un corps de cavalerie brigande qui auroit manœuvré dans les environs de Saint-George, et leur demandions des renseignements qui nous permissent de compléter ceux que nous avoient donnés les habitans de ce dernier village, un métaïer, qui revenoit d'Angers où il avoit conduit dans sa charrette une femme malade, nous dit qu'il avoit entendu dire que l'avant-garde de l'armée de Mayence venoit d'arriver aux Ponts-de-Cé [4] et qu'une autre

---

1. Lettre adressée à Vial.
2. Leroy, dit Duverger, avait cinq enfants : *Francisque, Jean-Baptiste, Jacques, Auguste* et *Philippe*, devenu le général baron Duverger et mort en 1874.
3. Lettre adressée à Vail.
4. Petite ville, chef-lieu de canton, arrondissement et à 4 kilomètres d'Angers.

armée s'avançoit d'Ancenis, tandis qu'une troisième venoit du département
de la Mayenne dans la direction de Candé ; comme cette nouvelle, si elle
étoit vraie, pourroit modifier sensiblement le cours de nos opérations,
je vous serois obligé de bien vouloir me donner des renseignemens sur
ces corps de troupe [1].

Je vous embrasse de tout cœur.

BENABEN.

V [2]

LA LIBERTÉ OU LA MORT.

Le 19 frimaire, l'an 2e [3] de la République.

Plus je cherche, mon cher ami, à comprendre nos généraux, moins je
devine ce qu'ils ont en tête ; les briguand sont exténués et découragés et
ne se battent qu'à contrecœur ; il sembleroit que le moment seroit venu de
leur donner un dernier choc et d'en finir avec cette guerre qui semble
vouloir durer toujours. Si, lorsque les braves Angevins les ont contraints
de lever le siège de la ville, toute l'armée s'étoit mise à leur poursuite, il
n'en auroit pas réchappé un seul. Westermann avec sa cavalerie et quelques
fantassins seulement leur livra bataille à une lieue de Baugé, sur la route
de la Flèche ; la division de Muller qui l'auroit dû soutenir et sur laquelle
il comptoit beaucoup étoit tranquillement restée en arrière sur sa ligne de
bataille. Personne ne comprend rien à ce qu'a fait Muller ; ses soldats
murmurent et auroient voulu marcher au secours de Westermann ; ce
dernier avoit envoyé successivement trois ordonnances à Muller.

J'ai rencontré sur la route le général Amey qui commande une des bri-
gades de la division de Muller ; il étoit penché sur son cheval et m'a
paru fort pensif. Je l'avois connu à Rhênes, ce qui me permit de m'approcher de lui et de le saluer. *Il faut avouer*, me dit-il, *que Westerman est
un brave homme* ; oh ! *très brave*, lui répondis-je, *pour se battre avec
si peu de monde, pour se battre contre une armée aussi formidable
sans être secouru*.

On diroit que certains de nos généraux prennent à cœur de prolonger
cette guerre désastreuse ; ils ne pensent qu'à piller et à s'enrichir ; ce sont
de francs voleurs [4], qui se chargeront davantage de butin que de gloire.
Je commence à croire que ce que l'on disoit à Angers étoit vrai et que les
généraux avoient fait ce qu'ils avoient pu pour livrer la ville aux briguand
afin d'avoir le plaisir de la reprendre, de la piller et de la brûler.

Je me promets d'observer plus attentivement, bien que je craigne que

1. Les administrateurs adressèrent à leur commissaire civil une lettre que Benaben mentionne dans son *Rapport*, sans la citer.
2. Lettre adressée à Vial.
3. 9 décembre 1793.
4. C'est « un fils et soldat dévoué de la Liberté » qui parle.

les généraux se méfient de moi ; je me suis fait accompagner de deux cavaliers de l'armée révolutionnaire sur lesquels nos généraux n'ont aucune sorte d'autorité, ce qui est bien précieux pour moi, car ils sont de la sorte entièrement à ma disposition.

Je vous embrasse de tout cœur ; embrassez pour moi votre femme et votre fille.

BENABEN.

VI [1].

LA LIBERTÉ OU LA MORT.

Le 21 Frimaire, l'an 2e de la République [2].

Je vous prie, mon cher ami, de bien vouloir appuyer près des administrateurs de notre département la demande que je leur adresse de prier la municipalité de Saumur de faire arrêter une berline dont Muller s'est emparé, et qu'il a, m'a-t-on dit, dirigé sur cette ville, et d'obtenir du Comité révolutionnaire d'Angers un mandat d'arrêt contre ce général, son adjudant-général et son aide-de-camp ; ces mesures sont devenues indispensables et elles donneront à réfléchir à ceux qui auroient envie de commettre de pareils délits.

Vous avez sans doute eu connoissance par la lettre que j'ai adressée aux administrateurs du département de l'histoire de cette berline. Comme j'arrivois au château de Baugé où étoit le lieu des séances de la municipalité de cette ville, je vis à la porte une superbe berline à six places dont les harnois et les coussins avoient été enlevés ; je m'informai à qui appartenoit cette voiture et j'appris qu'elle appartenoit aux briguand qui n'avoient pu l'emmener ayant été obligés d'en détacher les chevaux pour les atteler à leur artillerie ; je demandai où étoient les harnois et les coussins et l'on me répondit que les harnois se trouvoient dans une maison de la ville, mais que les coussins avoient été emportés par les artilleurs des briguand qui les avoient mis sur leurs caissons. Je m'emparai, au nom de la nation, de cette voiture qui pouvoit bien valoir cinq à six mille francs et, comme je n'avois ni chevaux ni bœufs pour l'envoyer à Angers et que d'autre part je craignois fort que la rapacité des généraux ne les déterminât à s'en emparer pour leur usage personnel, je pris le parti de la faire transporter à mon auberge, où elle seroit en sûreté.

Le lendemain, à sept heures et demie du matin, je donnai l'ordre d'atteler la berline et de la conduire à Angers, puis je me disposai à aller rejoindre Westerman, lorsqu'un de mes ordonnance accourut me prévenir que le général Muller disoit qu'il s'emparoit de la voiture pour lui-même et étoit, accompagné de son adjudant-général et de son aide de camp, en train d'y faire atteler ses chevaux.

1. Lettre adressée à Vial.
2. 11 décembre 1793.

Je fus aussitôt le trouver et lui demander de quel droit il s'emparoit de cette voiture en y faisant atteler des chevaux et je lui dis que cette berline ne lui appartenoit pas. Il me répondit qu'elle étoit la propriété de son adjudant-général qui l'avoit découverte avant moi. Je lui répliquai que cela étoit impossible, parce que son adjudant-général n'avoit pu abandonner sa division qui alors n'avoit pas mis le pied à Baugé ; qu'au reste, cette ville n'étant point une ville ennemie, tous les effets des rebelles qu'elle pouvoit contenir appartenoient à la nation, et que toutes les autorités constituées ayant abandonné leur poste, je les réunissois toutes comme commissaire du département de Mayenne et Loire. J'ajoutai que je ne m'étois pas borné à voir la voiture, mais que je m'en étois emparé au nom de la nation, et qu'après l'avoir séquestrée entre les mains de la concierge du château, je l'avois fait transporter dans mon auberge, et que j'avois été moi-même chercher les harnois qui n'étoient point à la voiture quand je l'avois découverte ; que j'avois, dis-je. été les chercher moi-même dans une maison fort éloignée où ils se trouvoient, et que sûrement il ne les avoit pas vus. *Mais les harnois*, dit-il, *appartiennent à la voiture. Eh bien !* lui répliquai-je vivement, *puisque tout ce qui appartient à cette voiture vous appartient, allez donc aussi chercher les coussins que les conucuniers des briguand ont mis sur leurs caissons.* Puis, voyant qu'il étoit inutile, d'ailleurs, de résister plus long tems à la force, je le quittai brusquement après lui avoir lâché cette plaisanterie. J'ai appris, depuis, que le général Muller avoit fait prendre à la berline la route de Saumur.

Au reste, ce Muller est un être bien singulier qui semble prendre à tâche de faire échouer tout ce que nous entreprenons ; il seroit bien que l'on examinât sa conduite. L'autre jour, comme je m'en allai rejoindre Westermann qui, avec sa cavalerie et quelques fantassins seulement, combattoit les rebelles, je passai près de la division de Muller, qui étoit rangée en bataille sur le bord du chemin. Les soldats, qui me prenoient sans doute pour un général, me témoignèrent leur mécontentement de ce qu'on ne les envoyoit pas au secours de Westermann qui avoit inutilement demandé l'aide des soldats de Muller en lui envoyant successivement trois ordonnances.

Ayant voulu, aussitôt après le départ de la berline, juger par moi-même des évènemens, je montai à cheval pour rejoindre Westermann ; la division de Muller étoit alors sous les armes aux environs de la ville ; je l'avois dépassée de quelques centaines de toises, lorsque, voyant venir la cavalerie de Westermann, je fus obligé de revenir sur mes pas. Ce brave général, abandonné à ses propres forces, se voyoit forcé de battre en retraite ; arrivé auprès de Muller, il le traita de *lâche* et de *traître*. Celui-ci prétendit avoir reçu des ordres supérieurs pour ne pas marcher ; s'il est vrai que ces ordres existent, pourquoi avoir envoyé Westermann à la poursuite de l'ennemi avec si peu de monde, et Muller dira-t-il aussi pourquoi, après avoir refusé, le dix sept, de secourir Westermann, il se détermina, le lendemain, à le faire soutenir par une partie de sa division, après qu'il eut été apostrophé par ce général.

Je vous prie donc d'appuyer auprès des administrateurs les deux do-

mandes que je leur fais, et qui, outre qu'elles me paroissent justes, me semblent nécessaires pour l'exemple.

Je vous embrasse de tout cœur vous et votre famille.

BENABEN[1].

VII[2]

LA LIBERTÉ OU LA MORT.

Le 23 frimaire, l'an 2e de[3] la République.

J'ai à vous annoncer, mon cher ami, la plus grande victoire que nous
ayions encore remportée depuis le commencement de la guerre ; l'armée
brigande n'existe plus, elle vient d'être détruite au Mans ; ce qui en reste
doit être à l'heure où je vous écris exterminé par les paysans. La lettre que
j'ai déjà envoyée à nos administrateurs vous aura appris quelques détails
de cette bataille ; en voici d'autres que mon peu de temps d'écrire n'avoit pas
permis de leur annoncer. La division de Cherbourg, aidée de celle de Westermann, attaqua vigoureusement les brigands, qui ne tardèrent pas à se
débander ; nos braves soldats les poursuivirent la bayonnette dans les reins
sans leur donner le tems de souffler. Les briguand essayèrent de se mettre
à l'abri derrière quatre retranchemens en avant du pont de Pontlieu ;
une lutte à mort s'engagea, mais nos braves soldats délogèrent les briguand et ne cessèrent pas de les poursuivre ; ils y mirent tant de vigueur
qu'ils faillirent à entrer avec eux dans la ville. Mais le retard qu'avoit
occasionné la prise des redoutes manqua de nous devenir funeste, car les
briguand de la ville s'apprêtèrent à nous recevoir et nous tirèrent un grand
nombre de coups de canon. Ces coups de canon effrayèrent le général
Muller qui, moins brave pour s'emparer d'une ville que d'une berline, prit
la fuite, suivi de ses pillards, et ne s'arrêta qu'à Fouilletourte où je me
trouvois, ignorant qu'on se battit. Les briguand avoient garni le pont de
chevaux de frise, ils avoient établi des batteries dans les rues et mis des
tirailleurs dans les maisons ; rien n'a pu arrêter nos braves soldats ; l'un
d'eux, nommé Roland, capitaine des régimens d'Armagnac, qui, le premier,
étoit monté sur le pont, et en avoit écarté les chevaux de frise, se disposoit à entrer dans la ville à la tête de sa compagnie, lorsque son frère,
commandant du même régiment, lui demanda s'il avoit reçu des ordres
pour cela et s'il savoit ce que c'étoit qu'une bataille de rues ? *Point de
représentation*, lui répartit le capitaine, *puisque nous tenons ces
bougres-là, il ne faut pas les lâcher. Ah ! tu le prends ainsi*, lui

---

1. Vial dénonça ces faits à la Convention dans une brochure : « Jean-Antoine Vial,
procureur général syndic du département de Maine-et-Loire, au président de la Convention nationale. » (Angers, Mame, 23 frimaire an II, in-4°, 7 pp.)

2. Lettre adressée à Vial.

3. 13 décembre 1793.

répondit le commandant [1] ; *eh bien ! fais ce qu'il te plaira, je ne suis pas homme à rester en arrière.* Ces braves grenadiers d'Armagnac ont puissamment contribué à la prise de la ville, commandés par l'adjudant-général Vacherau, qui est encore plus brave qu'eux. Malgré tout leur courage, ils ne parvenoient pas à faire reculer les briguand d'un pouce ; ceux-ci tiroient sans cesse sur nous un feu meurtrier qui, à un moment, faillit à amener la déroute parmi les nôtres qui commençoient à fuir ; Westermann écumoit de rage et faisoit pleuvoir, suivant son habitude, une grêle de coups de plat de sabre sur ceux qui avoient peur ; enfin nos braves soldats entrèrent dans la ville, où une lutte terrible s'engagea ; on se battit corps à corps, on se tiroit des coups de pistolets à bout portant, on s'assommoit à coups de crosse de fusil ; les briguand, cachés dans les maisons, derrière les cheminées des toits, derrière les palis des jardins et jusques dans les caves, fusilloient nos malheureux combattans. Ceux-ci, à mesure qu'ils avançoient, pénétroient dans les maisons, y tuoient tout ce qu'ils rencontroient et jettoient les cadavres par les fenêtres ; il y en avoit des tas plus haut qu'un homme, ce qui empêchoit les troupes d'avancer ; ils brisoient tout ce qu'ils trouvoient, défonçoient les meubles et burent tout ce qu'ils trouvèrent, ce qui fut cause que l'attaque se ralentit. Le général Carpantier, ennuyé de tout le tintamarre que faisoient les briguand qui nous mitrailloient de la grande place et de toutes les maisons des rues qui y conduisoient, fit avancer quelques pièces de canon qu'il fit charger tout à la fois de boulets et de mitraille et qu'il dirigea tour à tour sur la place et sur les maisons. Les briguand furent bientôt obligés d'abandonner la ville, poursuivis par nos braves soldats qui en firent un formidable massacre.

On ne voit partout que des cadavres, des fusils, des caissons renversés ou démontés, parmi les cadavres ; beaucoup de femmes nues que les soldats ont dépouillées et qu'ils ont tuées après les avoir violées. Un soldat du régiment d'Armagnac étoit en train de violer une fille sur le coin d'une charrette ; un de ses camarades voulut prendre sa place sur la fille qui se débattoit et le tua d'un coup de pistolet, mais il venoit à peine de prendre cette place que le brave Marceau, venant à passer avec tout son état-major, lui fit lâcher prise à coups de plat de sabre. Quand les soldats faisoient main basse sur une femme, ils prenoient leur plaisir sur elle, puis ils la tuoient ; quelques fois ils se servirent de femmes mortes. Quand les braves généraux Marceau et Westermann apercevoient ces actes, ils faisoient justice des misérables. Marceau parcourut avec l'intrépide Delaage toutes les rues au grand galop et arracha des mains des soldats les femmes et les enfants qu'ils alloient massacrer, et fit conduire par ses soldats à lui ces briguand dans un vieux couvent ; quelques fois il entroit dans les maisons pour aider ses soldats à arracher des mains d'autres soldats ivres des femmes à qui ils faisoient subir les plus honteux outrages. Marceau et ses

---

1. Cet officier, dit Benaben dans son *Rapport*, avait depuis six mois son brevet de général en poche ; il préféra rester à la tête du régiment d'Armagnac que d'accepter le grade qu'on lui avait conféré.

officiers en ont ainsi sauvé des milliers qu'ils ont fait enfermer dans le ci-devant couvent avec des sentinelles devant pour empêcher les soldats d'entrer. Il y avoit parmi ces femmes plusieurs nonnes qui ont dû être contentes en voyant qu'un général républicain les faisoit rentrer au couvent. On m'a assuré que beaucoup de ces briguand avoient réussi à s'échapper et à rejoindre les débris de leur armée, récompensant ainsi la générosité du brave Marceau [1].

Lorsque j'arrivai au Mans, j'y fus témoin de toutes les horreurs que peut présenter une ville prise d'assaut. Les soldats qui s'étoient répandus dans les maisons en tiroient les cadavres des femmes et des filles des briguand qu'ils avoient violées ; ils les portoient toutes nues dans les places ou dans les rues ; celles qui s'enfuyoient étoient aussi amenées dans ces mêmes endroits où elles étoient entassées et égorgées sur le champ à coups de fusil, à coups de bayonnettes ou à coups de sabre ; on les déshabilloient ensuite toutes nues ainsi que celles qu'on apportoit mortes et qui étoient vêtues, et on les étendoit sur le dos, les jambes écartées, les pieds rapprochés du corps de manière que les jambes fussent pliées, et les genoux en l'air, on appeloit cela mettre *en batterie*.

Quoique, dès mon entrée au Mans, j'eusse vu dans le faux bourg de Pont-lieu, entre les mains des volontaires, une trentaine de femmes que l'on conduisoit sans-doute à la mort, je n'en vis néanmoins tuer aucune qu'après l'arrivée des représentans Turreau et Bourbotte. Le principal massacre se faisoit à la porte même de la maison qu'avoient choisi ces représentans ; c'étoit une véritable boucherie ; les femmes y étoient entassées les unes sur les autres par tas sur lesquels on faisoit des feux de peloton continuels, parce que ces femmes se jetant les unes sous les autres pour éviter la mort, il n'y avoit que celles qui étoient dessus à recevoir les coups de feu. J'étois passé plusieurs fois devant cette maison, sans pouvoir deviner la cause d'une semblable préférence ; c'est un brave officier de l'armée qui me témoigna son indignation de ce qu'on déshonoroit ainsi la représentation nationale qui m'apprit que cette maison étoit celle des représentans du peuple. Ayant été obligé d'aller chez le général en chef qui a eu l'obligeance de mettre son cabinet à ma disposition, je lui dis ce qui se passoit et le danger qu'il y avoit que dans un pareil moment, fait avec si peu de discernement, on n'immolât beaucoup de patriotes. Le général en chef ne trouva pas d'autre moyen pour arrêter le carnage que de faire battre la générale.

Toute la route du Mans jusques à cinq ou six lieues de Laval est, comme je l'ai écrit aux Citoyens administrateurs, couverte de briguand ; les pay-

---

1. Benaben aurait peut-être préféré que les prisonniers se laissassent fusiller, pour « récompenser la générosité du brave Marceau. »

Marceau n'avait-il point prévu que les prisonniers étaient à même de s'évader et ne les avait-il point envoyés là pour leur permettre de fuir et de rejoindre l'armée vendéenne ? Il n'y avait que des femmes et des enfants parmi ces malheureux. Marceau ne les arrachait-il des mains de ses soldats que pour en former une réservé aux exécutions ? Ce n'est guère probable. Marceau fut un brave soldat et jamais un bourreau.

sans ont fait une battue générale dans les bois et dans les fermes, et en ont plus massacré que nous n'en n'avons tué nous-mêmes. J'en ai vu sur le bord d'un chemin qui passe près d'un prieuré [1] où nous avons passé la nuit et qui se trouve à cinq ou six lieues du Mans, une centaine qui étoient tous nuds et entassés les uns sur les autres, à peu près comme des cochons qu'on auroit voulu saler.

A peine y étois-je arrivé en compagnie de Carpentier et de son état-major qu'on nous y amena une douzaine d'enfants des deux sexes, dont le plus âgé n'avoit pas dix ans ; c'étoient de petits briguand qui, ayant perdu leurs parens à l'affaire du Mans, ne savoient que devenir. Ils étoient gelés, fatigués et à moitié morts de faim. Carpentier les renvoya à la municipalité du lieu, jusqu'à ce qu'il en soit autrement ordonné [2].

J'ai pensé, mon cher ami, que ces détails vous feroient d'autant plus plaisir que vous m'avez, dans votre dernière lettre, manifesté le désir de ne rien perdre de tout ce qui a trait au succès de nos armes.

Je vous embrasse de tout cœur.

BENABEN [3].

VIII [4]

LA LIBERTÉ OU LA MORT.

Nantes, le 7 nivôse, l'an 2e [5] de la République.

Il n'y a plus de briguands ; nos soldats divisés en tirailleurs battent la campagne et poursuivent ce qu'il en reste jusqu'à la Loire. Vous avez peut-être appris que douze cents des briguand, se voyant cernés, mirent bas les armes en criant : *Vive la Nation ! Vive la République !* Comme je caracolois autour d'eux pour voir si je n'en reconnoîtrois pas quelqu'un, le général Carpantier me pria d'aller leur faire préparer un logement à Savenay, en attendant que la commission militaire qui étoit à la suite de l'armée eût décidé de leur sort, ce qui ne sauroit être long ; car le seul interrogatoire qu'on leur fasse subir est de prendre leur nom avant de les faire fusiller ; le président de cette commission a remis à Carpentier une liste contenant le nom de huit cents de ces brigands.

Pendant que je préparois le logement, on amena beaucoup d'autres prisonniers parmi lesquels des femmes et des enfants ; on en guillotina quel-

1. C'est le prieuré de Chassillé.
2. Le voilà ce massacre du Mans, *exploité* par les historiens réactionna'res, et que l'on nous dépeignait comme une simple escarmouche !
3. M. Port dit que les lettres de Benaben, — lettres dont il possède copie, — ne font nulle ment on » des scènes de carnage du Mans.... M. Port ne sauroit-il pas lire ?
4. Lettre adressée à Vial.
b. 17 décembre 1793.

ques-uns et on fusilla le reste, ce qui est infiniment plus rapide ; ce n'étoit guère la peine de leur préparer le logement, comme je le dis à Carpentier, ajoutant que ces fusillades me paroissoient impolitiques, parce que dans un bois voisin il y avoit environ quinze cents brigand qui demandoient à se rendre, et qui, sûrement, ne le feroient pas, s'ils venoient à connoître le sort qu'on leur destinoit. Carpentier me répondit *qu'il en avoit reçu l'ordre exprès du représentant du peuple Turreau, et qu'il ne se soucioit pas de compromettre sa tête pour sauver celle de ces coquins-là.*

Comme je revenois de Mône [1], où j'avois été chercher des chevaux pour traîner l'artillerie que nous avions prise aux brigand, je rencontrai différens détachements de volontaires qui conduisoient des prisonniers à la mort, en chantant l'hymne des Marseillois, *Allons, enfants de la patrie, le jour de gloire est arrivé,* etc. Je ne sais pas si les brigand étoient de l'avis des soldats.

A peine avois-je quitté Carpentier pour me rendre à Savenay que cinq à six cents brigand mirent bas les armes en criant comme à l'ordinaire : *Vive la Nation* ! *Vive la République* ! Un général leur joua un bon tour, il les fit envelopper par deux bataillons et fit faire sur eux une décharge générale [2] ; il y en eut autant à tomber de peur ; mais, comme il y en avoit beaucoup qui remuoient, celui qui avoit commencé le feu cria : *Que ceux qui ne sont pas blessés se lèvent.* Ceux qui n'étoient pas blessés, croyant qu'on vouloit leur sauver la vie, s'empressèrent de se lever, mais ils retombèrent bientôt, car on avoit fait sur eux une seconde décharge ; on acheva ensuite de les tuer à coups de sabre, à coups de bayonnettes et à coups de crosse de fusil.

Vous auriez ri de bon cœur, si vous aviez comme moi assisté à la séance qu'on fit en notre honneur au club de Nantes ; Kléber et Turreau s'y sont disputé et ont failli à s'y battre. La ville avoit été illuminée en notre honneur et une foule d'hommes et de femmes précédée des autorités s'est rendue avec des couronnes de laurier au devant de la division de Tilli qui précédoit le reste de l'armée. Marceau, Kléber et Tilli ont été couronnés au club et y ont reçu du président le baiser fraternel. Le représentant du peuple Turreau a prétendu qu'on devoit couronner les soldats et non les généraux, et c'est ce qui a amené la dispute.

Que devient-on à Angers ? Voilà heureusement la guerre terminée, et je vais bientôt pouvoir y retourner embrasser tous nos amis.

Je vous embrasse de tout cœur avec votre famille.

BENABEN.

1. Ne seroit-ce pas Mauves, près de Nantes ?
2. Est-ce là ce que M. Port appelle les « propos délicats » de Benaben ; de Benaben, qui passait sa vie à mirlitonner des romances qui « lui remplissaient les yeux de larmes quand il les chantait » ?

IX[1]

LA LIBERTÉ OU LA MORT,

Il n'y a plus que Charette à prendre et tout sera fini, mais c'est à qui ne le prendra pas ; tout le monde a peur. Le général Vimeux avec lequel j'eus enfin l'avantage de m'entretenir un moment à Nantes, deux ou trois jours après la prise de Savenay, me fit entendre qu'il ne seroit pas aussi aisé de détruire l'armée de Charette, composée tout au plus de huit à dix mille hommes, que la grande armée des brigands qui, comme on sait, étoit de quatre-vingts à quatre-vingt dix mille hommes. Les soldats reculent pour marcher en avant ; on avoit donné l'ordre à la division de Tilly de se porter toute entière sur Port Saint Père. Il ne s'en est présenté que la moitié au moment de partir. Je n'ai pas vu un seul gendarme de la 33e division ; tout le bataillon de l'Aube, qui s'étoit d'abord rassemblé dans le quartier de la Fosse où étoient ses logements, refusa net de marcher, à l'exception d'un commandant et d'un caporal ; il est vrai que ces malheureux sont sans souliers et n'ont que des guenilles pour se couvrir, mais cela ne suffit pas pour leur faire refuser d'obéir. Carpentier leur a enlevé leur drapeau et les a fait placer au milieu de la colonne.

Si les hommes manquent du nécessaire, il en est de même de nos chevaux qui vont crever de faim, et cependant il y a de grandes quantités de fourrages qui se perdent sur la rive gauche de la Loire, et il n'y en a pas un seul brin à Nantes ; nous n'avons pas pu depuis parvenir à nous en procurer, et je ne sais pas quand nous en aurons ; la négligence de ceux qui sont chargés de fournir l'armée de fourrages est vraiment prodigieuse, et il est grand tems que la guerre prenne fin.

Je vous embrasse, mon cher ami, et je vous dis à bientôt.

BENABEN,

X[2]

Angers, le 9 vendémiaire, l'an 3e [3] de la République.

Citoyen,

Je te serai infiniment obligé, si tu veux bien publier dans tes affiches [4] la copie que je t'adresse de la lettre que le citoyen Vial adresse à l'accu-

---

1. Lettre adressée à Vial et non datée.
2. Lettre adressée à Mame, imprimeur à Angers.
3. 30 septembre 1794.
4. Les Affiches d'Angers ou Moniteur du département de Maine-et-Loire avaient été fondées, en 1773, sous le titre d'Affiches d'Angers, Journal de l'Apanage de Monsieur. Elles sont devenues le Journal de Maine-et-Loire actuel.

sateur public du tribunal révolutionnaire de Paris [1]. Le citoyen Vial est injustement accusé par ces monstres mêmes qui, après avoir plongé notre malheureuse patrie dans le sang, dans le deuil et dans les larmes, voudroient encore persécuter ses meilleurs défenseurs. Le citoyen Vial les démasquera et justice sera rendue à ce brave patriote.

Salut et fraternité,

BENABEN [2].

XI [3]

Angers, ce 13 vendémiaire, l'an 3 [4] de la république française, une et indivisible.

Je te prie, citoyen, d'insérer dans tes affiches l'adresse que le citoyen Vial a présentée à la Convention nationale [5]. Cette adresse est sans doute connue à Paris, mais elle ne l'est pas encore dans notre département, et elle doit l'être. C'est à Vial à prouver tout ce qu'il y avance, et à moi d'instruire le public de tout ce que je croirai pouvoir l'intéresser.

Salut et fraternité,

BENABEN.

XII [6]

Paris, ce 29 vendémiaire, l'an troisième [7] de la République, une et indivisible.

Citoyen,

La justice est enfin à l'ordre du jour ; Vial, qui avait été mis en liberté par le comité de sûreté générale, et qui s'était remis volontairement en

1. Cette pièce fut imprimée ; elle a pour titre : Lettre de J. A. Vial à l'accusateur public près le Tribunal révolutionnaire de Paris (9 vendémiaire an III).

2. Vial et Benaben étaient amis intimes. Benaben aida Vial lors des poursuites dont celui-ci fut victime ; il reçut ses papiers en dépôt, fouilla les archives des Commissions Militaires et des diverses administrations, y copiant toutes les pièces utiles à la défense de son ami ; il se transporta même à Paris, quand Vial comparut devant le Tribunal révolutionnaire. Plus tard Vial et Benaben semblent avoir travaillé ensemble à un vaste ouvrage sur les événements auxquels ils s'étaient trouvés mêlés, mais qui ne paraît pas avoir jamais été achevé. Ils accumulèrent ainsi une énorme quantité de notes, — originaux et copies, — informes, il est vrai, mais prises aux plus précieuses sources.

3. Lettre adressée à Mame.

4. 4 octobre 1794.

5. Cette pièce fut imprimée ; elle a pour titre : Adresse de Vial, citoyen d'Angers, ex-procureur général syndic du département de Maine-et-Loire, à la Convention nationale.

6. Lettre adressée à Mame.

7. 20 octobre 1794.

prison, pour être jugé par le tribunal révolutionnaire, vient d'être acquitté, d'une voix unanime, par ce tribunal, à la grande satisfaction de tout le peuple de Paris, qui se pressoit en foule à la porte du palais, pour embrasser cette malheureuse victime du pouvoir arbitraire et de la plus infâme scélératesse. Que les méchans qui, sous l'exécrable règne de Robespierre, ont fait trembler tant de gens de bien, tremblent à leur tour ; la justice, qui absout les innocens, sait aussi punir les coupables.

Salut et fraternité,

BENABEN.

XIII

Angers, ce 7 germinal, l'an 3[1] de la République française, une et indivisible.

Le citoyen Martin, capitaine au bataillon soldé d'Angers, au citoyen Benaben, ci-devant commissaire du département de Maine-et-Loire près les armées destinées à combattre les rebelles de la Vendée.

Citoyen,

C'est dans la dernière des surprises que j'ai apperçu dans un mémoire que tu as fait [2], qui assurément a pénétré toute la République, c'est donc cette surprise de voir que tu inculpes le bataillon soldé, dans ton mémoire, de désertion à la face des Brigands, à Craon ; peux-tu apostropher une critique aussi mal fondée ; puisqu'il est vrai que jamais nous n'avons été avec toi, ni dans l'endroit que tu désignes ; sache donc, pour la première et dernière fois, qu'au lieu d'être où tu dis, nous étions à chasser les Brigands du Pont-Libre [3] ; je te préviens donc en républicain de te détracter de ta fausse dénonciation par les nouvelles, et par écrit de toi au Bataillon, sinon je te préviens que nous sommes résolus de te poursuivre jusqu'aux Antipodes ; tu as dû recevoir du citoyen Vial un avertissement de ce que je suis obligé de t'écrire, étant sûr par lui-même du contraire,

---

1. 27 mars 1795.

2. C'est le fameux « *Rapport du citoyen Benaben, commissaire du département de Maine-et-Loire, près des armées destinées à combattre la rébellion d. la Vendée, aux administrateurs du même département, ou récit exact des événemens les plus remarquables qui se sont passés sur les deux rives de la Loire dans cette guerre désastreuse.* » (Angers, Mame, an III, in-8°), rapport dont la véracité de certains passages a été mise en doute par des gens plus habitués à tirer des documents ce qui peut convenir à l'étroitesse de leurs idées politiques qu'à savoir distinguer l'authenticité de ces documents ou à avoir le courage de ne pas en nier la valeur, uniquement parce qu'ils leur sont contraires. A ceux-là, M. Chardon a victorieusement répondu dans ses *Vendéens dans la Sarthe* et solidement établi l'authenticité de ce rapport, se basant sur une étude impartiale et sérieuse du texte. Les lettres, — et particulièrement la VIIe de la *Correspondance privée* — viennent pleinement confirmer les conclusions du savant écrivain.

Je reparlerai de ce rapport dans la troisième partie.

3. Ponts-de-Cé.

puisqu'il étoit avec nous. J'espère qu'aussitôt la présente, tu me feras réponse pour éviter des poursuites qui deviendroient humiliantes.

Salut et fraternité,

MARTIN, capitaine, rue Nicolas, n° 52, à Angers.

XIV [1]

Paris, le 10 germinal, l'an 3° [2] de la République française, une et indivisible.

Mon cher ami,

J'ai reçu votre bonne lettre et vous remercie de l'avis que vous me donnez relativement au citoyen Martin, capitaine au bataillon soldé d'Angers. Il falloit nécessairement s'attendre à ce que mon mémoire soulevât quelques critiques ; mais j'ai bien réfléchi à ce que j'ai fait et je n'ai rien voulu cacher de la vérité ; il y aura peut-être des gens qui ne seront pas contens, ce'a ne me regarde pas ; s'ils n'avoient pas de mauvaises actions à cacher, ils ne craindroient pas tant la vérité. Vous savez comme moi que je n'ai rien dit dans mon mémoire qui ne soit la vérité même, aussi bien pour ce que dit le citoyen Martin que pour le reste, aussi je suis résolu à protester contre mes détracteurs et à démasquer les traîtres qui préféreroient nier leurs crimes que de les faire oublier et profiter ainsi de la clémence que la nation qu'ils ont autrefois opprimée leur accorde maintenant. Si vous passez dans la Doutre [3] et que vous disposiez de quelque tems, allez donc dire à Martin que vous m'avez fait la commission et qu'il peut faire ce qu'il voudra. Je n'ai pas encore reçu de lettre de lui [4] ; mais, s'il m'écrit, je saurai bien lui répondre ainsi qu'aux autres qui seroient tentés de l'imiter.

Je vous embrasse de tout mon cœur, mille amitiés à votre femme et à votre fille.

BENABEN.

XV [5]

Paris, ce 22 germinal, l'an troisième [6] de la République, une et indivisible.

Tu t'es grandement trompé, mon camarade, si tu as cru pouvoir

1. Lettre adressée à Vial.
2. 30 mars 1795.
3. On appelle ainsi la partie de la ville située sur la rive droite de la Maine.
4. Les correspondances mettaient pour aller d'Angers à Paris à peu près autant de jours que maintenant il leur faut d'heures. La lettre de Martin et celle de Benaben s'étaient croisées en route.
5. C'est la réponse à la lettre du capitaine Martin.
6. 11 avril 1795.

m'effrayer par tes menaces. Apprends que je ne crains rien, sinon de trahir la vérité. Certes je m'attendois bien que mon mémoire ne manqueroit point de me faire des ennemis, parce que j'y distribue plus le blâme que la louange, et cependant je n'ai pas balancé à le faire paroître, sitôt qu'il m'a paru pouvoir être utile à la chose publique.

Tu te plains de ce que j'y ai inculpé à tort ton bataillon, en disant *qu'à l'affaire de Craon, il ne restoit que quinze de tes camarades, qui aimèrent mieux se rendre à Angers, que de nous suivre à Rhênes.* Je commence par te prévenir que ce que j'ai dit de ton bataillon, je ne l'ai pas dit de moi-même, car je ne pouvois faire attention à quinze individus dans une armée comme la nôtre ; mais bien d'après les renseignemens qui me furent donnés par les officiers de l'état-major d'Olagner, et surtout par Billon, l'un de ses adjoints, que ce général et moi envoyâmes à Angers pour dénoncer au Département la conduite vraiment repréhensible des commandans des Bataillons de Saint-Georges et des Pères de famille qui, ayant obtenu la permission de passer dans la Vendée pour en retirer des canons qu'ils disoient que les brigand y avoient laissés, aimèrent mieux y rester, pour s'y livrer au pillage, que de venir nous joindre à Ingrande ou à Candé, ou à Segré, ou du moins à Châteaugontier, ainsi qu'ils en avoient reçu l'ordre. Je t'avouerai même que j'étois entré, à l'égard de ton bataillon, dans des détails que je ne puis me rappeler dans ce moment, mais que tu trouveras consignés dans une lettre que j'écrivis de Rhênes au Département, et dont ce même Billon fut le porteur. Je crois y avoir dit que de tous tes camarades qu'Olagner avoit emmenés avec lui le 19 octobre (v. s.), il n'y en eut que quarante-cinq qui nous suivirent à notre départ de Saint-Georges, et que ce nombre, après la retraite de Craon, étoit réduit à quinze.

Reste à savoir si les officiers de l'état-major de l'armée d'Olagner m'en ont imposé sur ce fait. Tu prétends qu'à l'époque dont je parle, *ton bataillon étoit occupé à chasser les brigands des Ponts-libres* (Ponts-de-Cé). Ici je remarque deux choses bien essentielles, savoir que *ton bataillon,* le 10 octobre et jours suivans, *étoit aux Ponts-de-Cé, et qu'il étoit occupé à en chasser les brigands.* Mais d'abord est-il croyable que le 10 octobre 1793. (v. st.,) lorsqu'Olagner fit sortir la garnison des Ponts-de-Cé, pour venir au secours de Tabari que les brigand avoient chassé jusqu'aux portes d'Angers, il ait assez peu estimé ton bataillon, pour n'en pas emmener au moins une partie avec lui ? En second lieu comment est-il possible que ce bataillon fût occupé à chasser les brigand, puisque ce jour-là même ils passoient tous la Loire entre Ingrandes et Varades ; puisque le lendemain il n'y en avoit plus dans la Vendée, excepté ceux que Charette avoit jettés dans l'isle de Noirmoutiers ; puisque le surlendemain, Westermann, à la tête de l'armée de Mayence, étoit arrivé à Angers, par le Pont-de-Cé ? Il resulte déjà que si *ton bataillon étoit aux Ponts-de-Cé, il n'y étoit pas occupé à chasser les brigand ; et que, s'il étoit occupé à chasser les brigands, il ne pouvoit être aux Ponts-de-Cé.*

Tout ce que je puis assurer, c'est que, lorsque je traversai la ville d'Angers avec mon collègue, pour joindre l'armée d'Olagner, je trouvai les rues de cette ville et même la route couvertes de fuyards, du nombre desquels pouvoient être plusieurs de tes camarades. Certes, ce n'est pas par esprit de critique que j'ai parlé mal de ton bataillon, dont tous les individus me sont absolument inconnus ; j'aurois mieux aimé pouvoir en faire l'éloge, du moins dans cette occasion ; car, si je ne me trompe, c'est encore lui qui, il y a un an environ, lorsque les brigands se présentèrent à Chalonnes, jetta ses armes et ses bagages pour s'enfuir plus vite dans l'isle.

Tu m'as demandé une rétractation, la voilà ; je n'en ai pas d'autre à te donner.

BENABEN.

XVI [1]

Angers, 21 messidor, l'an 3 [2] de la république.

Citoyen,

On trouve, à la fin du IVᵉ livre des *Entretiens de Phocion*, cette remarque curieuse :

« Les habitans de la MONTAGNE vouloient qu'on établit à Athènes une « *pure démocratie* ; ceux de la PLAINE demandoient une *aristocratie rigoureuse*, tandis que ceux de la COTE souhaitoient, avec plus de sagesse « que les autres, qu'on fit un mélange de ces gouvernemens. »

Je ne sais si l'abbé de Mably, auteur de cette note, avoit l'esprit prophétique ; dans ce cas, il est aisé de voir quelle sera notre constitution, depuis qu'il n'y a plus à la Convention nationale ni MONTAGNE ni MARAIS.

Si vous croyez que la remarque de ce grand homme puisse intéresser le public, je vous prie de l'insérer dans vos feuilles.

Salut et fraternité,
BENABEN.

XVII

Angers, ce 10 floréal, l'an 4 [4] de la République.

Citoyen,

De toutes les institutions qui ont jadis honoré les peuples libres, il n'en

---

1. Lettre adressée à l'imprimeur Mame.
2. 9 juillet 1795.
3. Lettre adressée à l'imprimeur Mame.
4. 29 avril 1796.

est point de comparable à celle qui étoit en usage chez les belliqueux Samnites.

Ce peuple, à jamais célèbre dans les fastes de l'antiquité, avoit fixé un certain jour, dans l'année, où l'on assembloit et où l'on jugeoit tous les jeunes gens en état d'être mariés.

Celui d'entr'eux qui étoit déclaré le meilleur de tous prenoit, dans tout le canton, pour sa femme la fille qui lui plaisoit le plus ; celui qui réunissoit après lui les suffrages choisissoit encore, et ainsi de suite.

On ne considéroit alors, dans les garçons, que leurs qualités personnelles et l'importance des services qu'ils avoient rendus à la patrie ; on croyoit alors ne pouvoir mieux honorer la beauté qu'en l'associant à la vertu, mieux récompenser la vertu qu'en l'unissant à la beauté.

De ces unions, que la patrie avoit pris soin de former elle-même, devoit sortir un peuple de héros, fait pour étonner l'univers par ses vertus et par son courage ; aussi les Samnites furent-ils le dernier peuple de l'Italie que subjuguèrent les Romains, pour lesquels ils furent, dit-on, le sujet de 24 triomphes.

Une pareille institution, si elle avoit jamais lieu en France, pourroit s'appeler à bon droit *la fête des époux* [1] ; elle rendroit à nos mœurs privées toute leur pureté, et aux mœurs publiques toute leur dignité et leur décence ; elle régénéreroit entièrement la république, en n'accordant qu'à la vertu et au vrai mérite la plus belle de toutes les récompenses qui, dans un siècle aussi corrompu que le nôtre, n'est le plus souvent que le partage du vice ou de la frivolité.

Les Samnites descendoient des Spartiates [2] ; et Platon, dont les institutions ne sont que la perfection des lois de Licurgue, en avoit imaginé une semblable dans sa république ; Montesquieu [3], qui avoit profondément réfléchi sur la nature des gouvernemens, pense qu'il seroit difficile d'ima-

---

1. Deux jours avant que Benaben écrivit sa lettre, on avait célébré, à Angers, la fête des époux. « Un autel simple mais paré de verdure et de fleurs avoit été dressé à cet effet dans le mail des Tilleuls. » On y avait « chanté différens hymnes patriotiques qu'on entend et qu'on répète toujours avec un nouveau plaisir. » N'oublions pas deux discours : l'un en prose, par le « citoyen Bouton, président de l'administration municipale » ; l'autre, en vers, par le « citoyen Coquille, défenseur officieux, » récollet défroqué qui s'était marié avec une ouvrière, dans l'église de Beaupreau, où il avait été nommé curé constitutionnel. Ce dernier discours se terminait ainsi :

    « Dieu chéri des époux, seul Dieu de la tendresse,
    Viens resserrer nos nœuds, veille sur la jeunesse ;
    Rappèle dans ton sein les volages amans,
    Qui n'ont, du faible amour, connu que les tourmens,
    Renverse les autels de ce Dieu trop cynique,
    L'hymen seul doit régner dans une république. »

Cette fête avait pour but « d'inspirer » aux époux « les devoirs que leur imposent l'amour et la nature » et de « donner aux froids célibataires le désir de devenir pères » !!!
2 Erreur ! Ils descendaient des Sabins, lesquels étaient autochtones.
3. *Esprit des lois*, tom. I, Liv. viii, Chap. VI. (*note de Benaben.*)
La citation est inexacte, c'est Livre vii, chap. XVI.

giner une récompense plus noble, plus grande, plus capable d'agir sur l'un et l'autre sexe.

Nos élégans et nos élégantes pourront bien n'être pas tout-à-fait, à cet égard, de l'avis de Licurgue, de Platon et de Montesquieu [1]. Mais que nous importe ! Comme nous ne sommes pas obligés, ni l'un ni l'autre, de les consulter sur nos opinions politiques et philosophiques, si vous trouvez ces réflexions bonnes, je vous prie de vouloir bien leur accorder une place dans votre journal.

Salut et fraternité,

BENABEN.

XVIII [2].

Angers, ce 19 messidor, l'an 4 [3] de la république.

On lit, dans l'histoire de la Grèce, que Périclès aima passionnément les arts, et qu'il dépensa en bâtimens, en statues, en tableaux et autres objets de cette espèce, la plus grande partie des trésors de la république d'Athènes. Un jour qu'il étoit à dîner chez la trop célèbre Aspasie, on vint lui dire, sur la fin du repas, que le philosophe Anaxagore, auquel il devoit le peu de connoissances utiles qui ont fait parvenir sa réputation jusqu'à nous, réduit à la plus affreuse misère, alloit rendre le dernier soupir. Périclès quitte aussitôt la table, vole chez son ancien maître, lui témoigne sa vive douleur de le voir dans un si piteux état, et lui fait mille offres de service. Le philosophe qui, sentant sa mort approcher, s'étoit enveloppé la tête de son manteau pour recueillir ses dernières pensées, ayant entendu la voix de son disciple, en soulève un coin, et d'une voix faible mais qui dut pénétrer profondément dans l'âme de Périclès : *Je suis bien sensible*, dit-il, *à votre générosité, mais vos secours sont trop tardifs ; il est inutile de porter de l'huile à la lampe lorsqu'elle est éteinte.* Le philosophe, après avoir prononcé ce peu de mots, rejetta son manteau sur sa tête vénérable et expira..... O Périclès ! il est beau, il est louable sans doute d'aimer les arts et les sciences, mais il ne fallait pas laisser mourir de faim les artistes et les savans.

Cette dernière réflexion n'est pas de moi, elle est de l'historien d'où j'ai tiré cette précieuse anecdote, on fera l'application qui voudra ; quant à moi, je la trouve si bonne que je vous prie de vouloir bien l'insérer dans votre journal.

Salut et fraternité,

BENABEN.

1. Et M. Port qui justement fait de Benaben un élégant.
2. Lettre adressée à l'imprimeur Mame.
3. 7 juillet 1795.

XIX [1]

Angers, 19 thermidor, an 4 [2].

Citoyen,

Le lion du muséum est mort, dit le journal de Paris ; *mais non pas de faim comme un savant.* Il aurait pu ajouter : *Comme un créancier de l'État, ou comme un fonctionnaire public ;* car les uns ne font pas meilleure chère que les autres.

A propos des créanciers et des pensionnaires de l'État, on lit, dans un ouvrage qui vient d'être présenté aux deux conseils, ces paroles remarquables : *Depuis trois ans ces hommes s'éteignent, et leur créance avec eux... Chaque jour, l'abandon dans lequel on les laisse les moissonne... Chaque jour, ce silence prolongé sur la misère qui ombrage leurs derniers instants, les tue... Encore quelques décades,... et le trésor public ne leur devra plus rien.*

Voilà de grandes vérités qu'il est bon de faire connoître, et qui valent bien les diatribes ou les flagorneries dont tant de folliculaires faméliques ne rougissent pas de souiller leurs journaux. J'augure trop bien de votre patriotisme, pour croire que vous leur refusiez une place dans le vôtre.

Salut et Fraternité.

BENABEN.

XX [3]

Angers, ce 30 thermidor, l'an 4 [4].

Citoyen,

Le meilleur et même le seul moyen de faire observer religieusement les lois, dans une république, c'est de commencer par s'y conformer soi-même ; car, dans un gouvernement libre, *l'égalité consiste en ce que la loi est la même pour tous, soit qu'elle protège, soit qu'elle punisse* [5].

Cette grande vérité fut vivement sentie de tous les anciens législateurs qui connoissoient le pouvoir de l'exemple ; elle le fut en particulier de Zaleucus [6] et de Charondas [7], qui se sont distingués, l'un et l'autre, autant

1. Lettre adressée à l'imprimeur Mame.
2. 6 août 1796.
3. Lettre adressée à l'imprimeur Mame.
4. 17 août 1796.
5. Déclaration des droits ; art. III. (*Note de Benaben.*)
6. Législateur prétendu des Locriens. Il ne faudroit pas trop se presser de tirer la conclusion des faits relatifs à Zaleucus et à Charondas, que Benaben va nous citer, attendu que ces faits, racontés dans Diodore et dans Stobé, ne sont probablement que des fables comme en fourmillent les historiens grecs et que l'on n'est même pas très sûr que Zaleucus ait jamais existé.
7. Législateur grec, né à Catane, en Sicile.

par la sagesse de leurs lois, que par leur exactitude à les faire observer.

Le premier, voulant réprimer dans les Locriens leur affreux libertinage qui jettoit le trouble et la division dans toutes les familles, condamna tout adultère à avoir les deux yeux arrachés.

Le fils de Zaleucus se rendit le premier coupable de ce délit, et les Locriens, autant par reconnoissance pour le père, que par attachement pour ce jeune homme qui faisoit concevoir de lui les plus belles espérances, demandèrent très-instamment sa grâce.

Zaleucus resta inflexible.

Voulant néanmoins concilier la tendresse d'un père avec la sévérité d'un juge, il fit arracher l'œil gauche à son fils, et se fit arracher l'œil droit...

On doit penser si, après un pareil acte de sévérité, les Locriens furent tentés d'enfreindre une loi, dont Zaleucus avoit puni la première infraction d'une manière si rigoureuse, et sur son propre fils et sur lui-même !

Le même législateur, persuadé que, dans un gouvernement quelconque, on ne pouvoit rapporter une loi sans jeter une grande défaveur sur toutes les autres, et la garantie des droits des citoyens dépendoit absolument de la fidèle exécution des lois qu'ils avoient adoptées, en fit une qui obligeoit tous novateurs à paroître, la corde au col, lorsqu'il proposeroit quelque changement, afin qu'il fût étranglé sur le champ si sa proposition n'étoit pas adoptée.

Il s'en présenta, sans doute, un très petit nombre, même avec l'entière conviction que la loi proposée étoit des plus justes ; et il est à croire que le gouvernement des Locriens, ainsi établi sur des bases fixes et invariables, fut à l'abri de toutes ces secousses qui ont agité des gouvernemens peut-être plus parfaits.

Plusieurs historiens, et entr'autres Diodore de Sicile, attribuent cette dernière loi à Charondas, ce fameux législateur qui, comme on sait, se perça lui-même de son épée, sur ce qu'on lui fit observer qu'il étoit le premier à controvenir à la défense qu'il avoit faite de paroître armé dans une place publique.

Au reste, que ce soit ou Zaleucus ou Charondas qu'on regarde comme auteurs de la loi en question, peu m'importe. Le nom ne fait rien à la chose. Il me suffit que ces anecdotes, quoique très anciennes, donnent lieu à plus d'une réflexion, pour vous engager à vouloir bien les insérer dans votre journal.

Salut et fraternité,
BENABEN.

XXI [1]

Angers, ce 16 fructidor, an 4 [2] de la République.

Citoyen,

Lorsque j'appris que la municipalité d'Angers s'occupoit, depuis le 8

1. Lettre adressée à l'imprimeur Mame.
2. 8 septembre 1795.

fructidor, de faire payer les pensions des ci-devant religieux et religieuses, ainsi que des autres ecclésiastiques qui s'étaient conformés à la loi, je ne pus m'empêcher de tressaillir de joie. Mais quelle fut ma surprise lorsque, m'étant transporté à la maison commune, on me dit qu'on ne les payoit qu'en mandats valeur nominale !

Plusieurs de ces malheureux pensionnaires, voyant qu'on leur faisoit perdre les quatre-vingt-dix-sept-centièmes de leur pension, n'ont pas daigné se présenter ; mais d'autres, pressés par la faim et n'ayant plus de mobilier à vendre, ont été forcés, pour vivre encore quelques jours, d'accepter ce qu'on a bien voulu leur donner [1].

Comme je savois que le conseil des cinq-cents avoit pris une résolution par laquelle le semestre échu en vendémiaire seroit payé en numéraire métallique, et le reste de l'arriéré à la paix ; comme cette résolution n'avoit été rejettée par le conseil des anciens que parce qu'il ne se trouveroit pas, à cette époque, assez de numéraire métallique dans le trésor public, je voulus savoir en vertu de quelle loi on acquittoit ainsi ces pensions ?

On me montra une lettre du payeur-général, du 3 fructidor, qui enjoignait à la municipalité de ne délivrer des mandats qu'à concurrence de 68703 liv. 15 sols, montant de l'état qu'elle avoit envoyé à la trésorerie nationale, le 3 thermidor ; on me montra pareillement une lettre des commissaires de la trésorerie nationale, du 15 thermidor, au payeur-général, par laquelle il lui étoit enjoint d'acquitter ces états avec l'argent qu'il avoit dans sa caisse ; et, dans le cas où ces fonds seroient insuffisans, de leur en faire part suivant les formes usitées, afin qu'ils pussent y pourvoir.

Or, il est bon d'observer que la lettre du payeur-général à la municipalité est du 3 fructidor, et, par conséquent, postérieure de huit jours à l'arrêté du Directoire exécutif, du 25 thermidor, qui fixe la valeur du mandat à 1 liv. 17 s. 10 d ; et que celle des commissaires de la trésorerie nationale est postérieure de deux jours à la loi du 13 thermidor, qui détermine le mode du paiement du dernier quart des domaines nationaux et celui de la promulgation *du cours du mandat.*

Je le demande donc à tout homme juste et impartial, est-il croyable que les commissaires de la trésorerie nationale, qui ne pouvoient ignorer, à cette époque, l'avilissement du mandat, aient entendu qu'on payeroit en mandats, valeur nominale, l'état des pensions que la municipalité avoit envoyé, lorsqu'ils ont écrit au payeur-général deux jours après l'époque de la loi qui fixe le mode de la promulgation *du cours des mandats*

---

1. Une religieuse, à qui l'État faisoit quatre cens francs de pension, a reçu pour neuf mois de l'arriéré trois cens livres en mandats qui lui ont procuré 9 liv. 15 sols de numéraire métallique, ou plutôt moins de 9 liv., puisqu'elle avoit été obligée de donner 15 sols de numéraire métallique pour l'enregistrement de son certificat de résidence, et 15 francs en assignats pour le timbre des mandats de ses trois trimestres. Elle a donc reçu pour vivre, pendant neuf mois, moins de huit deniers par jour. (*Note de Benaben.*)

lorsque les contributions, échues avant le premier fructidor, ont été payées à huit capitaux pour un, en vertu des lois du 9 et 22 messidor ? Cela n'est pas croyable, ou j'avoue franchement que je n'ai aucune idée de justice.

On me citera peut-être la loi du 7 messidor, qui ordonne le paiement de ces pensions en mandats ? Mais, outre que cette loi ne dit pas que l'on paiera en mandats, *valeur nominale*, il suffit de lire le considérant qui est à la tête, pour voir que ce n'étoit pas là l'intention de nos législateurs. Que dit, en effet, ce considérant ? Le voici :

« Le conseil des cinq-cents, considérant que la *justice* exige que les *créanciers* de l'État, soit à raison de leurs *rentes,* soit à raison des *pensions* qui leur sont dues pour leurs services, reçoivent leur pension *intégrale* dans la *monnaie* établie par la république, et qu'elle ne permet pas de différer à les faire jouir des *droits* qu'ils sont *fondés* à réclamer, déclare qu'il y a urgence, etc. »

Il est évident que tout ce beau préambule seroit dérisoire, si, d'après cette loi, on payoit, en fructidor, les créanciers de l'État en mandat, valeur nominale, c'est-à-dire si, *pour les faire jouir des droits qu'ils sont fondés à réclamer,* on leur faisoit perdre les *quatre-vingt-dix-sept centièmes* de leur créance.

Cependant, comme il peut se trouver ici des gens plus instruits que moi sur ces matières qui, je l'avoue, ne me sont pas familières, je ne veux point abonder dans mon sentiment, et je suis bien aise de les consulter par la voie de votre journal.

Salut et fraternité,

BENABEN.

XXII [1]

Les professeurs des Écoles centrales du département de Maine-et-Loire aux administrateurs du même département.

Angers, ce premier pluviôse, l'an 8 [2] de la république.

Citoyens,

Un décret du corps législatif ordonne que les fonctionnaires publics seront payés par trimestre. Conformément à ce décret, le ministre de l'intérieur vous écrivit, le 10 Frimaire, qu'il avoit ordonnancé le payement des professeurs des Écoles centrales. Cependant, malgré le décret en question, malgré l'ordonnance de ce ministre, les professeurs des écoles cen-

---

1. Cette lettre et les suivantes, très importantes pour l'histoire de l'instruction publique en Maine-et-Loire, montrent dans quel triste état se trouvait, à cette époque, la première école du département. On peut par là juger des autres, lesquelles n'étaient pas nombreuses, la Révolution ayant fermé la plus grande partie de celles qui existaient sous la monarchie.
La lettre a été rédigée par Benaben.
2. Janvier 1795.

trales attendent depuis le juste salaire de leurs travaux. Les administrateurs de tous les départemens de la République, leurs commis, les juges, les professeurs des Ecoles primaires ont été payés ; il n'est pas jusqu'aux réfugiés qui n'aient reçu un à compte de ce qui leur étoit dû ; les seuls professeurs des Ecoles centrales paroissent avoir été oubliés dans cette distribution générale des deniers publics. Un pareil oubli soit du ministre des Finances, soit de la Trésorerie nationale, est inconcevable et ne peut se concilier avec la déclaration formelle qu'a faite notre gouvernement de protéger les sciences et les arts. Vous leur devez, citoyens, une protection spéciale dans votre Département, et, comme en dernière analyse c'est la caisse de votre Receveur général qui doit fournir les sommes destinées aux dépenses locales dans lesquelles se trouvent compris les salaires des professeurs des Ecoles centrales, nous vous prions de vouloir bien nous délivrer des mandats sur cette caisse, sauf au citoyen Wiriot de rendre au citoyen Parnit les mandats lorsque celui-ci aura remis les sommes qu'il aura reçues pour cet objet de la thrésorerie nationale. Il y a déjà assez long tems que les contributions de l'an cinq sont en recouvrement pour croire que le citoyen Wiriot pourra acquitter ces mandats. Vous devez être persuadés, citoyens, que si quelqu'un de nous eût pu attendre plus long tems le salaire de ses travaux, il auroit différé encore de vous en faire la demande, et vous devez mettre au rang de nos actes de patriotisme le silence que nous avons gardé jusqu'à ce jour.

Salut et fraternité,

BENABEN, RIFFAULT [1], PAPIN [2], T. GRILLE [3], HÉRON [4], MERLET LA BOULAYE [5], MARCHAND [6], J. P. BRAUX, bibliothécaire [7].

[1]. Riffault René, né à Villevêque, professait les langues anciennes aux Ecoles centrales. C'était, dit-on, un des hommes les plus laids que l'on pût trouver.

[2]. Papin Louis, fils d'un boulanger de Baugé, présidait le club de l'Ouest à Angers, n'ayant guère que 19 ans. Il fut quartier-maître en Vendée. Le département l'envoya achever ses études à l'Ecole normale de Paris et en fit, deux ans plus tard, le professeur d'histoire de son Ecole centrale.

[3]. Grille Toussaint, fils d'un drapier de la rue Baudrière, moine à l'abbaye Toussaint d'Angers, alla habiter successivement aux couvents de Paris, Eu et Ham, jeta le froc aux orties dès la première alerte révolutionnaire et revint à Angers, non sans avoir au préalable garni ses malles des plus précieux livres du couvent. Après avoir été pendant deux ans attaché aux bureaux des vivres, il fut nommé en l'an IV professeur de belles-lettres à l'Ecole centrale, puis plus tard bibliothécaire de la ville. Ses collections de livres, de manuscrits et d'objets d'art étaient renommées dans tout le monde savant. La vente qui eut lieu après sa mort les a dispersées un peu partout et jusqu'en Angleterre.

[4]. Héron Sébastien, né au Mans, oratorien défroqué, professait à l'Ecole centrale la physique et la chimie expérimentale.

[5]. Merlet Gabriel, né à Angers en 1736, botaniste distingué, remplissait depuis le 1er janvier 1795 les fonctions de directeur des Musées du département et professait, — sans avoir d'élèves, — un cours de grammaire générale à l'Ecole centrale.

[6]. Marchand Joseph, né en Turquie de parents français, professait le dessin à l'Ecole centrale.

[7]. Braux Jean-Pierre, né à Rennes, bénédictin défroqué, bibliothécaire de l'Ecole centrale.

XXIII [1]

Les professeurs des Ecoles centrales du département de Maine-et-Loire aux administrateurs du même département.

Angers, ce 1er floréal, l'an 5 [2] de la République.

Citoyens,

En établissant des Ecoles centrales dans la plupart des Départemens de la France, la Convention auroit cru ne payer qu'à demi la dette sacrée qu'elle avoit contractée à l'égard de la Nation, si elle n'eût environné en même tems ces précieux établissemens de tout ce qui pouvoit leur concilier l'estime et la considération publiques.

Elle ne se contenta donc pas de leur affecter les plus beaux édifices nationaux qui avoient échappé aux ravages du Vandalisme, elle voulut encore y placer et la Bibliothèque publique, et le Jardin des plantes, et le cabinet d'histoire naturelle, et les instrumens de physique et de mathématiques, et les appareils de chimie, en un mot tous les objets relatifs aux arts et aux sciences, afin que les asesseurs (sic) et les élèves de ces écoles trouvassent, pour ainsi dire sous leur main, tout ce qui pouvoit contribuer à leur instruction particulière et aux progrès de l'esprit humain.

Cette sublime idée, si elle eût été exécutée comme elle avoit été conçue, auroit couvert la France de plus de gloire que ne lui en ont acquis ses armes triomphantes ; elle auroit élevé cette grande République au-dessus de toutes les Républiques du monde, et ne nous auroit pas surtout permis de regretter ni les beaux Jardins d'Academus, ni le superbe Licée, ni le fameux Portique qui firent tant d'honneur à l'ancienne Grèce.

Par quelle fatalité paroît-on donc avoir abandonné un projet auquel étoit principalement attachée la gloire et la prospérité de la France ! par quelle fatalité, tandis que des maîtres barbares et entachés de vieux préjugés propagent impunément autour de nous l'ignorance, l'erreur et tous les maux qu'elles traînent à leur suite, laisse-t-on périr, pour ainsi dire dans sa naissance, celle de nos institutions républicaines la plus capable d'illustrer le nom François et de consolider la République.

Depuis plus d'une année, les Ecoles centrales de ce département sont en plein exercice, et à peine diroit-on qu'elles sont organisées ; on n'a pas encore songé à leur affecter un bâtiment particulier digne de la majesté de l'instruction publique ; de grandes distances séparent de la Bibliothèque nationale [3] et le Jardin des Plantes [4] et le cabinet d'histoire naturelle ; dispersés çà et là, étrangers pour ainsi dire l'un à l'autre et réduits à

---

1. Cette lettre a été rédigée par Benaben.
2. 20 avril 1797.
3. Lisez municipale. Elle était installée dans l'ancienne église Saint-Martin.
4. Le *Jardin des Plantes* se trouvait où il est actuellement.

lours forces individuelles, les professeurs de ces écoles ne peuvent donner aux différentes parties de l'enseignement public cet ensemble et cet accord si nécessaires à l'instruction de la jeunesse.

Telle a été dans tous les tems, citoyens, la nature de l'homme. Il ne suffit pas de parler à son esprit, il faut encore émouvoir ses sens, il faut enflammer son imagination; les idées s'agrandissent ou se rappetissent suivant la grandeur ou la petitesse apparente des objets. Un édifice mesquin et délabré, consacré à l'instruction de la jeunesse, suppose toujours une éducation foible ou négligée ; des exercices auxquels on ne donne pas toute la pompe et tout l'éclat dont ils sont susceptibles, cessent par cela même d'être importans, quelque mérite qu'ils aient d'ailleurs ; et, si des figures de géométrie tracées sur le sable sont des pas d'*Homme* aux yeux du philosophe, ce ne sont que des *jeux d'enfant* aux yeux du vulgaire.

Ces grandes vérités, vous les aviez senties, citoyens, et c'est parcequ vous les croiez sentir vivement que vous aviez cru devoir proposer au corps législatif, pour l'emplacement des Écoles centrales, le grand Séminaire [1] qui, par l'étendue et la situation de son local, pouvoit renfermer tout à la fois et la bibliothèque publique et le jardin des Plantes [2].

Nous vous supplions donc de vouloir bien enfin réaliser une si belle idée, puisqu'aussi bien il est impossible que les Écoles centrales subsistent plus long-tems dans le lieu que vous leur avez provisoirement affecté. Un décret de l'Assemblée nationale exclut de la vente des biens nationaux les édifices destinés à l'instruction publique ; le Séminaire étoit aussi consacré à l'instruction. En y plaçant les Écoles centrales, vous n'en changez pas la destination; s'il y a quelque différence, elle sera toute à votre avantage, puisqu'on enseignera désormais les arts et les sciences dans un lieu où l'on ne s'étoit auparavant occupé que d'une science mensongère et fantastique.

Salut et respect,

BENABEN, prof. de math., HÉRON, prof. de physique, J.-P. BRAUX, bibliothécaire, RIFFAULT, PAPIN, MARCHAND, DUBOYS, prof. de légis [3].

---

1. Le *Grand Séminaire* était situé rue du Musée dans l'ancien logis Barrault, où sont maintenant installés la Bibliothèque, les musées de sculpture, de peinture, d'histoire naturelle et Turpin de Crissé.

2. Il existe derrière l'ancien grand séminaire une immense étendue de terrain qui comprend le jardin du Musée, celui de la Manutention et les *jardins fruitiers*.

3. Duboys, Jean-Jacques, né à Richelieu, le 17 octobre 176?, avocat au Présidial d'Angers au moment de la Révolution, troque sa robe contre les épaulettes d'officier de la garde nationale, qu'il laisse bientôt à leur tour pour endosser la veste de volontaire, et le voilà parti en Vendée !... Il s'y battait comme un lion et venait d'être nommé chef de brigade quand il fut appelé à la chaire de législation de l'École centrale.

XXIV [1]

Angers, ce 20 germinal, l'an 6[2] de la République.

Les professeurs des Ecoles centrales du département de Maine-et-Loire, aux administrateurs du même département.

Citoyens,

En consacrant aux Ecoles centrales, la maison du ci-devant grand Séminaire, vous aviez pensé que ce local pourroit suffire et aux logemens des professeurs et aux différens établissemens qui constituent ces écoles.

Vous vous êtes néanmoins convaincus par vous-mêmes que ce local étoit insuffisant, puisque vous avez été obligés d'assigner la chapelle du petit Séminaire[3] pour le dépôt des antiques, et la salle qui est au-dessus pour la bibliothèque[4].

Mais, si vous avez reconnu, par le fait, que les bâtimens que vous aviez consacrés à cet établissement naissant étoient insuffisans, que sera-ce donc lorsque les Ecoles centrales, principalement destinées à propager les lumières de la grande nation, auront acquis le degré de perfection dont elles sont susceptibles; lorsque le muséum, les cabinets d'histoire naturelle et de physique et le laboratoire de chimie, actuellement incomplets, auront reçu toute l'extension qu'ils doivent nécessairement avoir.

Des administrateurs aussi éclairés, aussi zélés que vous l'êtes, citoyens, pour l'instruction publique et pour les progrès de l'esprit humain, ne bornent pas leur vue à ce qui existe dans ce moment; ils les portent dans l'avenir, et s'élèvent d'avance à toutes les hauteurs des brillantes destinées de la grande nation.

Animés, comme vous, de l'amour du bien public, jaloux de justifier l'espérance que la nation a dû naturellement concevoir de leur zèle et de leurs talens, les professeurs des Ecoles centrales vous prient donc de vouloir bien joindre à la partie du bâtiment que vous leur aviez d'abord assignée l'autre partie, connue sous le nom de petit séminaire qui n'est qu'une dépendance du premier, et qui, en effet, ne peut servir qu'aux Ecoles centrales.

Mais, indépendamment de ces bâtimens dont l'absolue nécessité vous a été reconnue, il en est un autre que vous aviez aussi jugé trez propre à l'établissement d'un pensionnat où les jeunes citoyens des différentes parties du département pourroient trouver un asile et se mettre à même de profiter du bienfait de l'instruction publique.

1. Cette lettre a été rédigée par Benaben.
2. 9 avril 1798.
3. Le petit séminaire était aussi rue du Musée, vis-à-vis le grand séminaire avec lequel il communiquait par une galerie-arcade jetée sur la rue. La chapelle, œuvre du XIIe siècle, et dédiée à saint Eloi, dépendait, avant d'appartenir au petit séminaire, du prieuré Saint-Gilles. Un temple protestant y est installé depuis 1849.
4. Cette salle est maintenant l'Ecole de dessin.

Ce bâtiment est celui de Toussaint[1]; sa proximité du grand Séminaire
dont il n'est séparé que par un mur, a fait naître aux professeurs des
Écoles centrales l'idée de diriger eux-mêmes le pensionnat qu'on se pro-
posoit d'y établir, afin que, ayant reçu les premiers éléments de l'instruction
des mêmes maîtres qui doivent les suivre dans le développement successif
de leur entendement, les élèves puissent faire des progrès plus rapides
dans la carrière des arts et des sciences, et se mettre plutôt en état de
rendre à la société les services qu'ils en auront reçus.

En vous exposant de pareilles vues qui ne peuvent qu'être infiniment
utiles à la chose publique, les professeurs des Écoles centrales sont assurés
d'avance qu'elles seront favorablement accueillies de votre part. Dans
cette confiance, ils s'empressent de vous les mettre sous les yeux.

Salut et respect,

BENABEN, DUBOIS, prof. de légista, HÉRON, T. GRILLE,
RENOU, MARCHAND, J.-P. BRAUX, MERLET LA BOULAYE,
RIFFAULT, VILLIERS[2].

XXV

Angers, 27 germinal, an 6[3] de la République.

L'administration centrale aux professeurs des Écoles centrales de son
arrondissement.

Citoyens,

Nous avons toujours regardé la maison dite du petit Séminaire comme
une dépendance de l'édifice connu sous le nom de grand Séminaire, et,
en consacrant l'un à l'instruction publique, nous avons nécessairement
donné la même destination à l'autre. C'est donc à vous maintenant à les
utiliser, par tous les moyens qui sont au pouvoir de professeurs distingués par leurs lumières autant que leur patriotisme.

Quand au local de Toussaint, nous en avons fait la demande aux mi-
nistres de l'Intérieur et des Finances, et il nous est permis de compter sur

1. Abbaye de chanoines réguliers. Les bâtiments claustraux sont affectés à la Manutention
militaire. L'église dont les voûtes ont été détruites en 1810, est occupée par un musée archéo-
logique placé sous la même direction que celui de la rive droite.

2. Villier Joseph, né à Montreuil-Bellay, le 21 septembre 1741, entre dans la congrégation
de l'Oratoire, défroque en 1782, pour épouser la fille d'un procureur et achète la charge de
président du Grenier à sel de Saumur. Ardent révolutionnaire, il fut tour à tour et à diverses
reprises, membre de la municipalité d'Angers, administrateur du Département, membre du
Directoire départemental, substitut du procureur-général-syndic, vice-président, puis président du Département, agent national du district d'Angers, président du Directoire. Il occu-
pait cette dernière fonction quand il obtint la chaire d'histoire et de géographie de l'École
centrale.

3. 16 avril 1798.

un heureux succès. Mais ce pensionnat dont le plan nous occupe, vous seul pouvez lui donner l'existence et ce degré d'intérêt dont nous le croyons susceptible.

Réunissez donc vos efforts et vos vues, pour soutenir les espérances que nous fait concevoir un pareil établissement.

Salut et fraternité,

LETERME-SAULNIER, pr. [1].

XXVI [2]

Angers, ce 3 [3] Frimaire, l'an sept.

Les professeurs de l'École centrale du département de Maine-et-Loire, aux administrateurs du même département.

Citoyens,

Lorsque les professeurs de l'École centrale ont exigé la rétribution annuelle que la loi leur accordoit, ils ont moins consulté leur intérêt que celui de leurs élèves. L'expérience leur a démontré que, l'amour des sciences n'étant pas un motif suffisant pour les élèves de fréquenter les Écoles centrales, il falloit les y retenir par un autre motif. C'est une vérité de fait que, lorsque les élèves ne payoient que par trimestre, plusieurs d'entr'eux, jugeant sans doute de l'importance des leçons qu'on leur donnoit à l'École centrale par la modique somme que l'on exigeoit de leur part, se permettoient des absences fréquentes et se mettoient par là dans l'impossibilité de suivre aucun cours, ou même les abandonnoient totalement. Ces absences ont été moins fréquentes, lorsqu'ils ont payé par semestres, et il est à espérer qu'elles le seront beaucoup moins cette année où les professeurs ont cru devoir exiger la somme entière. Bien loin que cette rétribution ait nui, cette année, à l'inscription des élèves, le nombre de ceux qui se sont fait inscrire est plus grand qu'il ne l'a jamais été. Il seroit même à désirer, pour le bien de la chose, que les élèves dans un tems quelconque de l'année donnassent, en se présentant, la somme entière, afin que, se trouvant au commencement des cours, ils pussent y faire les progrès qu'ils ne feront que difficilement en ne se présentant qu'au tiers ou à la moitié de l'année. Au reste, la Loi a prévu le cas où les

---

1. Leterme Jean-François, né à Laval en 1761, négociant en vins à Angers, successivement officier municipal, membre du Comité révolutionnaire, administrateur du Département, puis président de l'Administration centrale.

2. Cette lettre a été rédigée par Benaben.

3. 23 novembre 1798.

élèves ne pourroient payer cette légère rétribution, et les professeurs
leur ont délivré des inscriptions gratuites sans exiger de leur part les
conditions prescrites par la Loi, ni une invitation soit écrite, soit verbale
de la part de l'administration. Enfin, quand le parti que nous avons pris
ne seroit pas reconnu le meilleur, il est impossible, sans un grand incon-
vénient, de revenir sur nos pas; ce seroit établir deux classes entre les
élèves d'une même école.

Salut et respect,

BENABEN, MERLET LA BOULAYE, DUBOYS, RENOU, MARCHAND,
T. GRILLE, VILLIERS, RIFFAULT.

TROISIÈME PARTIE

. . . . .

Cette troisième partie se compose de documents originaux, de copies de pièces officielles, faites en majeure partie par Benaben et Vial, et de notes rédigées par eux, en vue sans doute, comme je l'ai dit ci-dessus, d'un travail d'ensemble sur la période révolutionnaire en Anjou. J'ai groupé un certain nombre de ces notes sous le titre *Journal de Benaben*. Ce sont des fiches portant une date en tête, et sur lesquelles venaient s'ajouter chaque jour, les renseignements que fournissait à Benaben et à Vial le dépouillement des archives des tribunaux révolutionnaires et des autres administrations de l'époque. Malheureusement, bon nombre de ces notes ont été perdues et, parmi celles qui restent, beaucoup sont en lambeaux.

Je n'ai pas besoin de faire ressortir l'importance de cette troisième partie. Près de QUINZE CENTS noms de victimes [1] remis en honneur, cela vaut bien quelque chose, alors surtout que l'on prend toutes les précautions imaginables pour cacher le nombre et le nom des martyrs de la Terreur, et que l'on cherche par tous les moyens possibles à empêcher que lumière soit faite sur les événements de la Révolution.

Je n'ai donné aucun document se rapportant aux tribunaux révolutionnaires, bien que les pièces de cette nature abondassent dans les papiers de Benaben, Vial, membre du Comité révolutionnaire d'Angers, ayant, lors de la réaction thermidorienne, copié ou fait copier toutes les pièces de nature à compromettre ses anciens collègues, afin de faire retomber sur eux la plus grande part de res-

---

1. La perte d'une partie des notes et la mutilation de quelques-unes des autres fait vivement regretter la disparition d'une quantité de noms, peut-être plus considérable que celle donnée. Les papiers de Benaben, provenant des tribunaux révolutionnaires et dont il sera parlé ci-après, permettent d'ajouter une certaine quantité de noms nouveaux à ceux donnés dans son *Journal*. Malheureusement on est loin encore d'arriver au chiffre de 10.000, nombre des exécutés angevins.

ponsabilité dans les crimes commis. L'ensemble de ces documents, auxquels peuvent être jointes de grosses liasses de jugements imprimées en placard et émanant des tribunaux révolutionnaires de divers départements [1], formerait à lui seul un gros volume, véritables *Archives* des tribunaux révolutionnaires angevins.

J'ai dû, dans cette troisième partie, multiplier les notes afin de faciliter l'intelligence du texte et aussi pour un peu faire connaître le clergé angevin de cette époque sur lequel on possède si peu de renseignements [2]. J'ai eu recours pour ces annotations : tout d'abord et par dessus tout, aux deux ouvrages des savants bénédictins Dom Chamard et Dom Piolin : *Les Saints Personnages de l'Anjou* et l'*Église du Mans durant la Révolution*. — *Le Champ des Martyrs* de M. Godard-Faultrier m'a été d'une grande utilité ainsi que dans certains cas le *Dictionnaire historique de Maine-et-Loire*, de M. Port [3]. Je ne terminerai point ce travail sans remercier tout particulièrement M. Albert Lemarchand, le savant bibliothécaire d'Angers, de la gracieuse obligeance qu'il a mise à me communiquer tous les manuscrits ou les ouvrages imprimés dont j'ai pu avoir besoin au cours de mes recherches. Son érudition, toujours si sûre

1. Ces imprimés, devenus aussi rares que les manuscrits des jugements, étaient tirés à un très petit nombre d'exemplaires, — une centaine environ. — Quelques-uns étaient affichés; on en remettait un exemplaire à chacun des membres du tribunal et à chacun des jurés, quand il s'agissait d'un jugement rendu par le Tribunal criminel; un exemplaire était aussi adressé au maire de la commune dont l'accusé était originaire, et un autre exemplaire à chacune des Commissions militaires des départements.

2. Les annotations aux noms des ecclésiastiques figurent dans le *Journal de Benaben* ont été reportées à la pièce XVIII, lorsque ces noms s'y trouvent à nouveau mentionnés.

3. Où M. Port devient précieux, c'est lorsqu'on a besoin d'être renseigné sur les exécutions faites par les chouans. Il n'en omet aucune et s'abandonne même, dans ces circonstances, à un luxe prodigieux de détails, auquel il oublie complètement de se livrer quand il s'agit des victimes de la Terreur. De celles-ci, on n'en rencontre guère le long de son ouvrage; quelques-unes cependant: tout juste assez pour qu'on ne soit point tenté d'en aller chercher ailleurs et, se fiant à ses chiffres, d'en croire le nombre fort restreint.

Ce déplorable parti pris règne d'un bout à l'autre du livre qui, considéré comme apologie de la Révolution, peut certainement passer pour l'idéal du genre. Les conventionnels nous sont présentés comme des saints; près de qui Salomon n'eût passé que pour un vulgaire brouillon; les terroristes y deviennent des anges d'innocence, susceptibles, en fait de candeur, de rendre des points aux bergers de M. de Florian; les généraux de la République sont des guerriers qui dépassent de cinquante coudées les héros d'Homère. Quant au clergé constitutionnel, — *le clergé national,* — M. Port lui prodigue tout ce qu'il a de tendresse dans le cœur; ses représentants sont des prêtres et si obligeante, m'a singulièrement facilité la besogne et mis mainte fois en mesure d'éviter une erreur.

Si maintenant l'on rencontre quelque omission, — et l'on en rencontrera certainement, — que l'on m'excuse en sachant que les Archives départementales me sont impitoyablement fermées ainsi qu'à tous les réactionnaires [1] et que j'aurais pu, là, apprendre sans doute bien des choses.

I

JOURNAL DE BENABEN

25 mars 1793. — La femme Evin, épouse de Joseph Vallière ; la femme Demaubre ; la fille Davoine-Lajaïlie ; la femme de Veillon-Garreuillais ; la femme de chambre de la femme Vallière ; la domestique de la femme Demaubre, arrêtées dans le district de Candé, ont été transférées de la citadelle [2] à la maison de la Fidélité [3].

sages, prudents, modérés, honnêtes, d'une probité et d'une moralité irréprochables, lors même qu'ils assassinent les gens et violent les coffres-forts.

En revanche, et comme conséquence logique de ce système, les chefs royalistes y sont carrément qualifiés de « VRAIS BANDITS [1] » ; leurs soldats ne sont guère mieux traités et formellement accusés de marcher ou feu « UN CRUCIFIX DANS LA LUMIÈRE DE LEURS CANONS [2] ». Les prêtres fidèles, ces martyrs devant qui tout homme de cœur s'incline, y sont injuriés, diffamés, traînés dans la boue. L'abbé Bernier, « FAISAIT DE FAUX MIRACLES » et « JETAIT A LA GUEULE DES CANONS LES PAYSANS FANATISÉS [3]. » Rééditant deux ignobles calomnies de Grille, de Grille le menteur, de Grille le faussaire, de Grille le fabricant de pièces, M. Port ose imprimer ceci: Le vicaire de Saint-Paul-du-Bois « FAISAIT COMMUNIER LES BLESSÉS RÉPUBLICAINS AVEC DES HOSTIES EMPOISONNÉES [4] ». Et le curé de Saint-Lezin, « DÉGUISÉ EN CHAUDRONNIER, SUIVAIT LES VENDÉENS, LES EXHORTANT A NE FAIRE AUCUN QUARTIER ET ACHEVANT LES BLESSÉS A COUPS DE CRUCIFIX [5] ». Des preuves! Des preuves! Mais donnez donc des preuves!

1. Cette mesure n'existe pas pour MM. les Républicains qui peuvent annoter leurs documents de cette mention d'origine : *Archives départementales*. Malheureusement pour ces Messieurs, la quantité de documents qu'ils peuvent citer, sans préjudice pour leur cause, n'est pas très étendue et leurs écrivains sont heureusement peu nombreux.

2. Le château.

3. Ancien couvent de Bénédictines fondé en 1632, et situé dans la rue des Arènes, qui a longtemps porté le nom de rue de la *Fidélité*.

1. Article Marigné.
2. Article Cathelineau.
3. Article Bernier.
4. Article Saint-Paul-du-Bois.
5. Article Saint-Lezin.

27 mars 93. — La Commission militaire d'Angers a condamné Joseph Cathelineau [1], maçon, à la peine de mort.

23 avril 93. — On a trouvé chez la femme Jugé, rue du Petit-Prêtre, les deux sœurs Durand, de Châteaugonthier, déclarées suspectes dans le voisinage, étant arrivées ici habillées en homme. Elles ont été conduites à la citadelle.

9 mai 93. — Ce jour a eu lieu la constitution du Tribunal criminel extraordinaire.

23 juillet 93. — On a fait des visites domiciliaires qui ont amené la découverte de Benois, curé de Sainte-James [2], logé chez le citoyen Letourneau; de Chou [3], prêtre, depuis dix-huit mois logé chez Jean-Etienne Couestre; de Montgazon [4], curé de Saulgé-l'Hôpital, logé chez Loir-Mongazon; d'un prêtre passant, logé chez Marie Pitou, gardienne de la maison Brossier; de Hullin de la Coudre [5], prêtre non sermenté; de Martin [6], prestre sermenté; de Bougreau [7], prêtre; de Goupil [8], ex-curé de Saint-Evroult, non-sermenté; de la Marardière [9], ci-devant chanoine, non-sermenté; de Moulin [10], vicaire à la cathédrale; de Detrello [11], ci-devant chanoine non-sermenté; chez la citoyenne la Jupellière, de Peco [12] prêtre non sermenté; du citoyen Boulnoi [13], ci-devant chanoine non sermenté; de Guellier [14], vicaire de Saint-Maurice; de Blondeau [15], vicaire; de Aubeux [16], sacriste de Saint-Maurice.

12 août 93. — Installation du Comité de Surveillance extraordinaire et

---

1. Frère du héros vendéen.

2. Pierre Benoist, ancien vicaire de Saint-Macaire, curé constitutionnel de Sainte-Gemmes-sur-Loire. Ses paroissiens l'avaient contraint de déguerpir. Il renonça à ses fonctions le 21 novembre 1793.

3. Je n'ai pu parvenir à savoir qui était ce prêtre et le crois étranger au diocèse.

4. Jacques-Espérance Loir-Mongazon, curé constitutionnel de Saugé-l'Hôpital.

5. Ancien curé de Marigné, près Daon. M. Port le donne comme détenu, en juin 1793, aux Carmélites de Bordeaux.

6. Les listes du Clergé d'Anjou (Bibl. d'Angers, mss. 612, et papiers de Benaben) donnent six prêtres de ce nom ayant prêté serment. Il m'a été impossible de savoir qui il était.

7. Probablement étranger au diocèse.

8. V. ci-après, Liste des prêtres.

9. Je ne trouve dans le clergé angevin, se rapprochant de ce nom, que celui de Hulin de la Maillardière, chanoine de la cathédrale. — Insermenté.

10. Omis sur la liste du Clergé d'Anjou, de la Bibl. d'Angers.

11. Sans doute le Tresle, trésorier de la cathédrale, qui périt dans une noyade. Voir ci-après, § II, pièce XVIII.

12. Chapelain d'Audigné, près Segré.

13. Chanoine de la cathédrale d'Angers, mort à Nantes, sur les pontons.

14. Omis sur la liste du clergé d'Anjou de la Bibl. d'Angers.

15. Je ne connais de ce nom que Blondeau, principal du collège de Saumur, qui prêta le serment.

16. Ex-sacristain de Blaison. — Assermenté.

révolutionnaire. Il a pour président Dorrigné [1], pour secrétaire Cordier [2], et pour membres : Aubry [3], Martin [4] et Proust [5].

16 septembre 93. — L'armée républicaine attaqua Coron [6]. À son approche, les brigands prirent la fuite ; mais ce n'étoit qu'une ruse, car ils revinrent bientôt. Nos soldats, qui ne s'attendoient pas à cette attaque, perdirent pied et s'enfuirent jusqu'à Vihiers [7], poursuivis par les brigands.

9e jour, 1re décade, an II. La Commission militaire d'Angers a condamné le nommé Michel-Laurent *Fallouse*, dit Dalis [8], ex-gendarme de la garde de Capet, *à la peine de mort.*

1er octobre 93. — Le Comité de Surveillance est modifié. Il a Brutus, — Thierry [9] pour président, et pour membres : Sydney-Cordier [10], — Marat-Boussac [11], Audio.

9 octobre 93. — Girard-Retureau [12], Denou [13] et Choudieu [14] ont été adjoints au Comité de Surveillance.

1. Notable de la ville d'Angers et employé aux carrières d'ardoise.

2. Toussaint Cordier, l'un des plus féroces terroristes angevins. Mort après 1810.

3. Charcutier et sergent des grenadiers de la garde nationale d'Angers.

4. Martin-Luçon, François ou Florent, né à Angers vers 1750, d'abord épicier, puis enjoliveur, cessa tout métier à la Révolution pour mieux, sans doute, se consacrer au service de ses idées républicaines. Il était presque toujours vêtu d'une carmagnole bleue et coiffé d'un chapeau à trois cornes, dit le mandat d'arrêt lancé contre lui à la réaction thermidorienne et qui fait partie des papiers de Benaben. Cette pièce complète ainsi son signalement : « taille de cinq pieds trois pouces environ, et mince, front saillant, yeux roux et un peu louches, figure pâle, maigre et un peu allongée, nez gros, lèvres grosses, parole sèche et altière, cheveux bruns et rasés, barbe rousse. »

5. Proust Joachim, apothicaire d'Angers, en une officine qui existe encore, place Sainte-Croix, se distingua entre tous par son zèle révolutionnaire. Il fut, par arrêté des représentants, en date du 15 frimaire an II, nommé président d'une Commission militaire, qui suivit l'armée, emmenant avec elle la guillotine. Elle opéra successivement au Mans, à Laval, à Sablé, et fit exécuter en tout 28 personnes.

6. Bourg, arrondissement de Saumur, canton et à 9 kilomètres de Vihiers.

7. Chef-lieu de canton, arrondissement et à 40 kilomètres de Saumur.

8. Les de Falloux, *alias* Falloux, de la même famille que l'auteur de *Saint Pie V*, étaient sieurs du Lys, en la paroisse du Puy-Notre-Dame, en vertu de l'acquisition faite de ce fief dans les premières années du XVIII° s. par Michel Falloux, lieutenant à l'Élection et plus tard maire d'Angers, fils d'un simple marchand-fermier de la Laude-les-Verchers.

9. Thierry, Louis-Antoine, avait adopté le surnom de *Brutus.* Il était épicier et fut membre de la Commission militaire de Nantes, après l'avoir été du Comité révolutionnaire d'Angers.

10. C'est le même individu que Toussaint Cordier qui, dans une lettre adressée aux *Affiches d'Angers*, le 24 février 1794, avait solennellement répudié le nom de Toussaint pour prendre celui de Sidney.

11. Boussac, — son prénom m'est inconnu et *Marat* est un surnom révolutionnaire, — était né en Anjou, vers 1760. Il habitait à Angers, sur la Place-Neuve. Le mandat d'arrêt (papiers de Benaben), lancé contre lui le 2 floréal an III, en donne le signalement suivant : « taille de cinq pieds deux pouces environ, cheveux et sourcils noirs, cheveux rasés, barbe noire, nez ordinaire et un peu relevé, figure pleine et un peu ronde, couleur blanche, parler doux et allongé, portant ordinairement un chapeau rond. »

12. Confiseur et capitaine des grenadiers de la garde nationale d'Angers.

13. Exerçait la profession de couvreur.

14. Choudieu Pierre, né à Angers le 26 novembre 1761, successivement officier dans la gen-

11 octobre 93. — Kléber a fait une reconnaissance dans les bois du Longeron [1] et a rejoint l'armée de Legon près Mortagne.

1 brumaire an II. — Le Conseil militaire a condamné le nommé *Richard* à la peine de mort.

6. — *Langerin*, Jean-Michel, curé de Briollay, a été *guillotiné.*

28 octobre 93. — Le Comité de Surveillance s'est adjoint Robin [2], Abraham, Obrunier, Maussion et Renou.

13 brumaire an II [3]. — La Commission a condamné les nommés Louis *Bacher*, vicaire de Saint-Jacques, et Charles *Breteiller*, vicaire de Dissé, *à la peine de mort.*

19. — La Commission militaire de Saumur a condamné Jeanne *Bernard*, ci-devant religieuse à Doué, *à la peine de mort ; Joussebert*, ci-devant noble, *guillotiné* à Angers.

27. — Jean-Charles *Durand*, ci-devant prêtre d'Apremont ; Alexis *Tortreau*, ci-devant curé de Challans ; femme de *Chastellus*, femme du receveur de Saumur ; Renée *Besnard*, ci-devant religieuse à Doué ; *Chambault*, ci-devant curé de Saint-Jouin, de Châtillon-sur-Sèvre ; de la *Crochardière*, ci-devant noble, et Michel *Bourgeois* ont été condamnés par la Commission militaire d'Angers *à la peine de mort.*

Frimaire 9 [4]. — La Commission militaire séant à Angers condamne Louis-Joseph-Amable *Castelnau*, capitaine au ci-devant régiment de carabiniers, et Pierre *Beauvais*, perruquier à Rablay, officier de brigands, *à la peine de mort.*

Dit jour. — Jugement de la Commission militaire établie près l'armée de l'Ouest. qui condamne Jean-Alexis *Camouins*, huissier à Chalonnes, natif de la Rochelle, coupable d'avoir eu des intelligences avec les brigands de la Vendée ; d'avoir de son propre mouvement fait et signé

---

darmerie de la garde royale et dans l'artillerie ; puis substitut au Présidial d'Angers ; en tout, partout et toujours, un drôle insolent et fronceur, allant, — lui magistrat, — jusqu'à insulter, à la tête de bandes formées de la lie de la populace angevine, les officiers et les soldats. Bien en peine à quoi se vouer pour faire parler de lui, il imagina de faire à sa façon un 11 juillet en miniature, et s'empara, aidé de quelques désœuvrés, du château d'Angers que nul ne songeait à défendre. Ses acolytes virent en lui l'élite majeure des volontaires, quand on le nomma accusateur public. Côté et l'eût rôti ! Il y déploya un zèle prodigieux, surtout dans les poursuites contre les prêtres insermentés. Élu député à la Législative, puis à la Convention, il vota la mort du Roi. On l'envoya réorganiser, dans les pays insurgés, les troupes révoltées. Il présida une Commission militaire à Angers et commit, assure-t-on, l'infamie de faire exécuter sa mère, pauvre sainte femme, dont le seul crime était d'être chrétienne et royaliste. M. Port a fait de cet homme souillé du sang de Louis XVI, de ce président de Commission révolutionnaire, un prodige de dévouement, de courage, de dignité, de désintéressement !

1. Sur la commune du même nom, canton de Montfaucon.

2. Robin Louis, curé constitutionnel de Trémentines, avait renoncé à toutes fonctions ecclésiastiques le 28 février an II. On le verra plus loin traduit devant le Tribunal criminel pour vol, et, à la faveur de ses opinions, acquitté contre toute justice, en dépit des preuves les plus accablantes.

3. 3 novembre 1793.

4. 29 novembre 1793.

plusieurs actes au nom d'un prétendu Louis XVII ; d'avoir provoqué au rétablissement de la Royauté et à l'asservissement du Peuple Français ; d'avoir rédigé une lettre contre-révolutionnaire et insultante à la République Française, *à la peine de mort !*

11. — La Commission d'Angers condamne René-Pierre *Bélier*, vicaire du Pin-en-Mauges, Claude *Ménard*, curé de Bonnœuvre, diocèse de Poitiers, *à la peine de mort.*

La Commission militaire condamne aux Ponts-de-Cé : Pierre *Pichevit*, ci-devant aumônier de l'Hôtel-Dieu d'Angers, et Antoine-Jacques *Pinel*, prêtre du ci-devant diocèse de Nantes, *à la peine de mort.*

12. — La Commission militaire condamne : François *Loutier*, laboureur, aux Ponts-de-Cé ; *Arteau*, de Cholet, *à la peine de mort*, avec d'autres.

15. — Mort du jeune Barra, tué par les brigands, près Jallais. La Convention lui accorda les honneurs du Panthéon. On a fait un hymne sur sa mort [1].

---

[1] Cet « hymne » figure dans les papiers de Benaben. En voici une strophe.

> Quel est ce héros de treize ans
> Qui se range sous la bannière (*laquelle ?*)
> Pour faire la guerre aux brigands
> *Et pour mourir si pour cela*(?) *naître ?*
> C'est Barra, modèle vanté
> Et de courage et de tendresse,
> Chantez, enfans, chantez aussi, jeunesse,
>> Sa piété,
> Ses travaux pour la liberté.

On procède à son armement :

> Le voilà donc armé soudain
> D'un casque et d'un long cimeterre.

C'est un véritable prodige de courage :

> Et cet enfant
> Est partout, se bat en géant.

On est obligé de s'employer à modérer sa fougue :

> Craignant sa téméraire ardeur,
> Son chef veut *brider* son courage.

Comme galimatias c'est assez réussi ; mais voici le bouquet :

> Un jour qu'il gardait, près d'un bois,
> Le cheval de son capitaine,
> Des brigands *sortis à la fois*
> Il voit une *horde inhumaine.*
> Allons, disent-ils en courroux,
> Vive le roi, point de république,
>> Et sous leurs coups
> Il tombe, point de république,
>> Et sous leurs coups
> Il tombe et s'immole pour nous.

Qui diable y comprend quelque chose ? Il y en a comme cela douze strophes !

18. — La Commission militaire a condamné à Doué : Pierre *Jacquet*, boucher à Rablay ; Louis *Fardeau*, aubergiste à Rablay, *à la peine de mort.*

A Angers, elle a fait fusiller : la demoiselle *de Cierac*, ci-devant abbesse d'Angoulême ; Marie *Thomasseau*, sa femme de chambre ; *Edling*, aumônier ; demoiselle *d'Aubeterre*, abbesse de Fontevrault [1].

19. — La Commission militaire a fait *guillotiner* à Doué le nommé *de Chalais*, ci-devant noble, et Pierre *Dubignon.*

21. — La Commission militaire d'Angers a condamné à mort cinq chouans du district de Châteaugonthier.

22. — La Commission militaire de Saumur a condamné Guillaume-Charles-Martin *Lerat*, huissier, *à la peine de mort.*

Dit jour. — Le représentant Laplanche est arrivé à Doué, et y a aussitôt pris un arrêté prescrivant un emprunt, des réquisitions de souliers chez tous les cordonniers, de haches, serpes, hachereaux, pour abattre les arbres, afin de faciliter la marche aux troupes, et de voitures pour enlever tous les grains et fourrages qu'on pourra trouver.

28. — On a affiché une proclamation envoyée de Laval, le 25 frimaire, par les représentans du peuple Bourbotte, Thureau, Prieur de la Marne, en mission près les armées réunies de l'Ouest et des côtes de Brest, aux citoyens administrateurs des départemens de la Mayenne, Mayenne-et-Loire, Sarthe, Ille-et-Vilaine, Côtes-du-Nord, Finistère, Morbihan, Loire-Inférieure, Orne, Manche et autres circonvoisins, les invitant à s'armer pour donner la chasse aux brigands qui se sauvent dans les champs.

30. — La Commission militaire a fait conduire à l'échafaud : Jean *Perronneau*, ci-devant prieur-curé d'Artanne ; *Hilaire*, ci-devant prêtre du ci-devant diocèse de Luçon ; *Godfroy*, d'Orléans ; *Vilnau*, ex-chanoine.

Nivôse [2]. — La Commission militaire de Saumur a condamné *Oré du Plessis*, ci-devant noble, ci-devant chevalier de Saint-Louis, et *Rogier de Rosemont*, ci-devant noble, à être *guillotinés.*

2. — La Commission militaire de Saumur a condamné à être *guillotinée* Marie Eléonore *Ouvrard de Martigny de Nazel*, ci-devant religieuse de Fontevrault.

La Commission militaire d'Angers a condamné les femmes *Manceau* et *Guinodeau à la peine de mort.*

3. — La Commission militaire de Doué a condamné à *la peine de mort* : Nicolas *Citoleuc*, de Champtocé ; Etienne *Defoie*, laboureur, à Rochefort ; Jean *Dubart*, de Daumeray ; Julien *Goupil*, de Chalonnes ; Julien *Garnier*, meunier, de Juigné ; René *Gaullier*, laboureur, de Juigné ; Jean *Humeau*, de Chemillé ; Etienne *Lorieux*, de Daumeray ; Joseph *Mont-*

---

1. Léontine d'Esparbez de Lussan Bouchard d'Aubeterre, abbesse du Ronceray d'Angers, et non de Fontevrault. M. Charden a relevé son acte de décès sur les registres de l'état-civil du Mans, où elle serait morte prisonnière. D'autres auteurs la font mourir dans la même ville, mais guillotinée.

2. 21 décembre 1793.

court, d'Erigné ; Jean *Martin*, de Cholet ; François *Mahé*, de Rochefort ; Pierre-Félix *Rabouin*, de Pontigné ; Augustin *Soulard*, de Chalonnes ; François *Tiffougin*, de Chalonnes ; Pierre *Tessier*, d'Erigné ; Jean *Doucin*, de Contigné ; Jacques *Bertrand*, de Rochefort ; *Fauchard*, d'Angers ; Mathurin *Meunier*, de Saint-Lambert ; Urbain *Belouisseau*, de Soulaines ; André *Thiau*, de Champtocé ; Jacques *Larmiteau*, de Guélemotes ; Claude *Noyeau*, maçon d'Angers ; Jacques *Patou*, dit *Glandud*, chirurgien, à Daumeray ; Etienne *Jalet*, laboureur ; Michel *Bernard*, tous deux de Daumeray ; Joseph *Blanvillain*, de Thouarcé ; Jacques *Bidet*, de Mé zé ; Jean *Cochon*, cordier au Lion-d'Angers ; René *Defaye*, de Saint-Aubin-de-Luigné ; Pierre *Gachet*, de Melay, marchand ; Mathurin *Legacé*, tisserand à Joué ; Jean *Babin*, de Saint-Hilaire ; François *Gabard* ; François *Hérault*, marchand ; Laurent *Lahaie* ; Etienne *Mossé*, laboureur ; tous quatre habitans de la Tour-Landry ; Pierre *Groleau*, de Saint-Hilaire ; François *Hudou e*, de Maulevrier ; Joseph *Rousseau*, de Trémentines ; Jean *Boutin*, de Chemillé ; *Maural*, domestique du ci-devant abbé Labrosse, d'Angers ; Julien *Barreau*, sabotier ; Pierre *Tafferau*, laboureur ; Jean *Dacian*, serrurier ; Jean *Duportail*, boulanger ; Etienne *Gabillier*, tissier ; Olivier *Gabillier*, menuisier ; Jean *Hérault*, laboureur ; Jean *Pareat*, laboureur, 48 ans ; Jean *Pareat*, de Chalonnes, 52 ans ; *Lemeunier*, charpentier ; Pierre *Grenou*, tous deux de *Beaulieu* ; Louis *Viellard*, du Lion ; Louis *Menuteau*, tisserand, des Cerqueux de Maulévrier ; Louis *Landreau* ; Pierre *Terrien*, tous deux tisserands, de Saint-Pierre de Cholet ; Mathurin *Ménard* ; Pierre *Robert*, tous deux journaliers, de la Plaine ; Mathurin *Recellière*, de Cholet ; Jean *Papin* ; *Paimparé*, commissaire de police de Cholet ; René *Couderant*, tisserand, de Cholet ; René *Ménard*, charron, de la Plaine ; Nicolas *Turpeau*, journalier, de Saint-Hilaire-du-Bois ; Jacques *Froger*, charpentier, de Cleré ; Louis *Billé*, métayer, de Beauvais-Montillier ; Mathurin *Boussion*, tisserand ; Jacques *Bernier*, meunier ; Mathurin *Ogereau*, journalier, de Sentloire ; Joseph *Gatechet*, métayer, de Saint-Hilaire-du-Bois ; Pierre *Gallard*, tisserand, du May ; Louis *Rochard*, tisserand, de Saint-Macaire ; Pierre *Bourjet*, voiturier, de Saint-Pierre de Cholet ; Pierre *Leroy*, domestique de Cleré ; François *Bernard*, laboureur, de Cleré ; René *Réliveau*, tisserand, de Tusson ; René *Beaufreton*, berdager, de Saint-Hilaire-de-Mortagne ; et François *Guinaudeau*, domestique, de Champtonay ; qui y ont été fusillés ce même jour.

4. — Le Conseil militaire d'Angers condamne le nommé *Canon*, dit *Planchenault*, chouan, à la peine de mort.

Dit jour. — La Commission militaire d'Angers condamne le nommé *Chalou*, maire du Voide et président du comité des Brigands, à la peine de mort.

Dit jour. — La Commission militaire de Saumur a fait guillotiner Charles *Richard*, greffier du juge de paix de Thouars.

Dit jour. — La Commission militaire de Doué a condamné *à la peine de mort* : René *Marceau*, domestique, de Nevy ; Jean *Cousineau*, fils, à la Fortan gère ; Pierre *Forestier*, domestique, à la Limousinière-de-Largeasse ; Jean *Girault*, domestique, à Saint Laurent ; Jean *Verge*, sabotier, de Largeasse ; Jean *Fouchereau*, laboureur, de Largeasse ; François *Chassereau*, du Chièvre ; François *Tourreau*, jardinier ; Louis *Chaperon*, bordier ; François *Bureau*, jardinier ; Jean *Guillot*, jardinier ; tous quatre de Chessé ; Joseph *Estarare*, métayer ; Pierre *Gonord*, bordier, de la Clerrière ; tous deux de Moinontant ; Jean *Fouchereau*, garçon meunier ; Gabriel *Billau*, meunier ; Jean *Chamard*, bordier ; Jacques *Grille*, meunier ; tous quatre de Pagny ; François *Bodin*, dit *Conau*, de Moinonteau, de Saint-Sauveur ; *Bennin*, de la Belotterie, meunier, du même endroit ; Sébastien *Motu*, de la Gemière, meunier ; Jean *Meslais*, marchand, de la Ronde ; Jacques *Pougineau*, de Pugny ; Charles *Biegot*, jardinier, de Fugny ; Pierre *Grimaud*, fils, au Chiron des Moustières ; Louis *Guisneuf*, journalier, du Breuil ; Bernard Jean *Sauvestre*, de la Tessouallo ; Louis *Bibard* ; René *Coquin*, de Maulévrier ; Pierre-Charles *Hubert*, du dit endroit ; Louis *Bibard*, de Cholet ; Louis *Malignon*, tisserand, et officier municipal de Tigné ; Pierre *Luceau*, maçon ; René *Couilbaud*, maréchal ; Louis *Braut*, tous trois de Tigné ; Pierre *Guillonneau*, marchand, de Saint-Maurice-la-Fougeuse ; Jean *Martineau*, meunier, de la Fosse de Tigné ; Louis *Micellet*, laboureur ; Jean *Groleau*, métayer, de Saint-Hilaire ; Mathurin *Fribault*, closier, du dit lieu ; François *Drouet*, marchand de bestiaux, de Vihiers ; Louis *Londais*, tailleur, de Nueil ; Aubert *Tourjeon*, tailleur de pierres, de Saint-Clémentin ; Jacques *Gachet*, bûcheron de Somloire ; Louis *Cholleau*, journalier ; François *Piegeré*, laboureur, tous deux de la Plaine ; François *Messé*, métayer, de Nueil ; Jean *Baupled*, maçon ; Jacques *Fessard*, laboureur ; Michel *Colin* ; Jacques *Dubois*, journalier ; Michel *Roger*, marchand, tous six de Daumeray ; Louis *Hernon*, tisserand, de Montreuil-sur-Mayenne ; Jean *Viau*, tailleur ; Mathurin *Lebrun*, closier ; Jeran *Héron*, métayer ; Jean *Renaud*, tisserand ; Pierre *Lavazeraie*, laboureur ; Pierre *Gilbert*, huissier ; Jean *Priay*, laboureur, de Daumeray ; Michel *Place*, laboureur, de Morannes ; René *Nereu*, affranchisseur, de Daumeray ; Guillaume *Hardy*, laboureur, de Durtal ; Urbain *Fénini*, meunier, de Mûrs ; François *Cœffar*, maçon, du Mesnil ; Jacques *Fouchard*, jardinier, de Mélangé ; Jacques *Martineau*, laboureur, de la Pommeraie ; Pierre *Gaulier*, laboureur, de Durtal ; René *Taisson*, journalier d'Angers ; René *Gabaury*, tisserand, de la Pommeraie ; Michel *Chouloux*, médecin-vétérinaire, du Voide ; Louis *Mercier*, cordonnier, à Maulévrier ; Thibault *Chambault* ; *Blanvillain*, père, marchand, à la Jumelière ; Jean *Martin*, de Daumeray ; qui y ont été fusillés ce jour.

5. — La Commission militaire de Saumur a fait guillotiner : Jean-Marie *Allard*, ci-devant curé de Bagneux [1] ; Pierre *Cornuau* du Magny, maire de Faye-l'Abbesse.

---

1. Il ne fut pas guillotiné à Saumur, mais à Paris, où l'envoya la Commission militaire.

6. — La Commission militaire de Saumur a condamné *à la peine de mort :*
François *Moussein*, tailleur, de Gonnord ; Paul et René *Gachet*, charrons;
René *Boutin*, métayer ; Vincent *Boutin*, laboureur ; René *Cesbron*, laboureur ; tous cinq de Saint-Pierre de Chemillé ; François *Huet*, laboureur ; Jacques *Jaquet*, meunier ; tous deux de Sainte-Gemmes ; René *Ci-
gogne*, vigneron, de Saulgé ; Pierre *Gagné ;* Jean *Rouchet;* tous deux
laboureurs à Louresse ; François *Dugat*, tisserand, de Sillière; René *Du-
cazeau*, marinier, du Puy-Notre-Dame ; Louis *Paquaut*, marinier, de
Châtellerault ; Etienne *Recoquillé*, domestique, de Faye ; Pierre *Basille*,
jardinier, de Marans ; François *Meltré*, laboureur, de Louresse ; André
Chauveau, marchand ; Pierre *Roullette*, tisserand ; Pierre *Malin*, tisserand ; Jean *Vazante*, cordonnier; François *Bernier*, meunier ; Pierre
Missandot, tisserand ; Jean *Guignard* ; Pierre *Martin* ; Jacques *Plessis;*
André *Belouin ;* Louis *Melouin ;* Jean *Guilbaud*, tisserands; Louis *Rethoré*, laboureur ; tous treize de Gonnord ; Charles *Boiquieu*, laboureur ;
René *Graimpellière*, tous deux de Trémentines ; René *Gallard*, charpentier de Chantonnoy ; Pierre *Hodet*, maçon, de Maulevrier ; Joseph
Chainieu, marchand, de Sainte-Cécile ; François *Verdan* et Pierre *Pris-
san*, domestiques, de Sainte-Cécile; Georges *Gotereau* ; René *Chicoteau* ; Georges *Touchard* ; Mathieu *Chauveau* ; François et Pierre *Ga-
ninchal* ; Pierre *Chicoteau* ; Denis *Levoie* ; Jean *Guillot* ; Pierre
Caillot ; Vincent *Bodin ;* tous onze vignerons ; François *Godicheau*,
tailleur de pierres ; Pierre *Godicheau*, tailleur de pierres ; Pierre *Ele-
batte*, laboureur ; tous quatorze de Martigné ; Charles-Etienne *Sovet*, laboureur; Jacques et Pierre *David ;* Mathurin *Enault ;* tous trois tisserands, tous quatre de Cholet; Michel et Pierre *Pezur ;* François *Bernard ;* Jacques *Guéret ;* tous quatre laboureurs de Nueil-sous-les-Aubiers;
René *Baudri*, laboureur, de Beaulieu ; Louis *Thodeur ;* Louis *Germain*,
laboureurs, de Brechaussée ; Jean *Fleuriot*, taillandier de Soulaines ; Jean
Triballe, tisserand ; Pierre *Peluet*, laboureur ; Pierre *Prioul*, char-
pentier ; Pierre *Bouchet* ; Pierre *Olait* ; *Jorgane* ; Mathurin *Priou*, la-
boureurs, de Soulaines ; François et André *David* ; Michel *Bretou* ; Louis
Jaunon, laboureurs, de Denée ; Pierre *Martineau*, marinier, de Denée ;
François *Gaignieu*, laboureur, de Denée ; Mathurin *Dupotier*, meunier ;
Louis *Morin*, vigneron, tous deux de Rochefort-sur-Loire ; Mathurin
Baumard; Quentin *Quichaine*, laboureur ; Jean *Lucas*, vigneron, de
Rochefort ; François *Fleuriau*, laboureur ; Jean *Richou* et Pierre *Ro-
chard*, journaliers ; Renault *Rochard*, laboureur, de Mozé ; Pierre *Da-
laine*, journalier, de Savannes ; Pierre *Boutin*, laboureur ; Bonaventure
Dura ; René *Toufereau ;* Pierre *Oubar*, André *Ridiot*, laboureurs, de
Dillile ; Etienne *Leduc*, laboureur, de Rochefort ; Jean *Samson*, labou-
reur, de Vauchrétien ; Jacques *Froger*, domestique, à Chemillé; Joseph
Hervolte, menuisier, d'Ingrande ; André *Avril*, tisserand, à Aubigné ;
Jacques *Maurissé*, domestique ; Etienne *Fonteneau*, tisserand ; Jean
Petit, domestique ; Jacques *Petit*, tourneur ; tous quatre de la Châtai
gneraie ; René *Brifond*, marchand, de Saint-Maurice de Niort ; Jacques

Sabouré, tisserand, des Moutlières ; André *Nouau*, fabricant d'étoffes, d'Andigné ; Jean *Dorchain*, journalier, à la Ronde ; Louis *Feinotot*, journalier, à Montigné ; Jean *Geffar*, journalier ; Antoine *Barba*, poëlier, tous deux à Saint-Pierre-du-Chêne ; Pierre *Ogé*, laboureur, à Saint-Mexain ; Jean *Metay*, laboureur, à Andigné ; Jean *Hubeau*, laboureur, à Saint-Georges ; René *Leger*, laboureur, à la Tour-Landry ; Joseph *Valletat*, menuisier ; François *Chauvot*, laboureur ; Joseph *Pourra*, sabotier ; René *Girault* ; Marie *Girault* ; François *Girault*, tous trois vignerons ; Michel *Chincota*, charbonnier ; tous six de Saint-Aubin-de-Luigné ; Pierre *Gourdon*, tisserand, à Saint-Pierre ; Pierre *Beugnan*, domestique, chez Deval, métayer, à Saint-Gonchain ; Joseph *Rondain*, tisserand, à Cholet ; Pierre *Guignard*, laboureur à Saint-Pierre ; Pierre *Betollot*, tisserand, de Clisson ; Louis *Guignard*, laboureur. à Trévaux ; Louis *Raveneau*, tailleur de pierre, à Clairi ; Urbain *Chanau*, marchand, à Marcé ; René *Deneuchau*, laboureur ; René-Jacques *Deneuchau*, laboureur ; René *Bruché*, métayer ; Pierre *Riex*, métayer ; François *Ruilliex*, laboureur ; Michel *Denichot*, laboureur ; Etienne *Gillet*, tonnelier ; Louis *Blouin*, tisserand ; tous huit de Saint-Aubin ; François *Enaut*, laboureur, à Saint-Urnay ; Germain *Lemeunier*, voiturier ; René *Brau*, meunier ; tous deux de Juigné ; Maurice *Hery*, laboureur, à Saint-Jean ; René *Besnard*, tisserand, de Bouchemaine ; Pierre *Baumard*, tisserand, à Yzernay ; Pierre *Trepeau*, laboureur, à Saint-Pierre d'Angers ; René *Morier*, laboureur, à Saint-Laud ; Jean *Buchenay*, laboureur, à Soulaine ; René *Bessiot*, sabotier, à Saint-Jean de la Croix ; René *Gillardot*, laboureur, à Meurs ; Jean *Rethoré*, vigneron, à Rochefort ; Denis *Berthaut*, voiturier à Chalonnes ; Jean *Oudard*, laboureur, à Saint-Marceau ; Mathurin *Denais*, domestique, de Noireterre, près Thouars ; René *Seullé*, domestique, de Noireterre ; Pierre *Piconnier*, journalier, des Herbiers ; Pierre *Oger*, menuisier, et Jean *Poissonneau*, serger, du Mesnil-sur-Loire ; Ambroise *Aubès*, domestique laboureur ; Louis *Botte*, laboureur, et Pierre *Mousset*, domestique, de Noireterre ; Nicolas *Chaillou*, maçon, et Baptiste *Moineau*, laboureur, de Maulévrier ; Félix *Séchet ; Lacrilloire*, journalier ; Pierre *Legai*, tisserand, de Latour-Landry ; Antoine *Barreau*, tisserand, de la Renaudière ; Clément *Gueffier*, journalier ; Julien *Bonpas*, vigneron ; Thomas *Bonpoid*, Mathurin *Pineau*, journaliers ; Pierre *Deschamps*, bêcheur ; Michel *Joutain*, vigneron ; tous sept de Beaulieu ; Jean *Briet*, filassier, de la Chapelle-Saint-Florent ; René *Gaudin*, laboureur, de la Boissière-Saint-Florent ; François *Richer*, journalier, de Gonnord ; Toussaint *Gillot*, meunier, de Brunel-au-Perche, près Nogent-le-Rotrou ; Pierre *Ouvrard*, maçon, et André *Ouvrard*, tisserand du May ; Germain *Jayer*, laboureur, de Saint-Laud-d'Angers ; René *Rouillier* ; Mathurin *Davy ;* Pierre *Davy ;* tous trois laboureurs, de Saint-Laurent-de-la-Plaine ; Sébastien *Bourdeil*, laboureur, de Chalonnes ; François *Farreau*, laboureur, de Thouarcé ; Charles *Rompion*, cordonnier ; Jean *Jamme*, serger ; Louis *Richard*, laboureur ; Mathurin *Chevalier*, serger ; Jean *Brulleau*, serger ; Pierre *Rouillard*, vigneron, de Saint-Lambert ; Pierre *Blan-*

villain, tisserand, do Chemillé ; *Courtais*, tisserand, de Saint-Lezin ; Pierre *Pellé*, tisserand, de Chaudefonds ; Louis *Hudet*, vigneron, de Montilly ; Jean *Guerineau*, tisserand, de Saint-Pierre-du-Voide ; Jean, *Hardouin*, tisserand, de la Chapelle-du-Genêt ; René et Jean *Bonpas* ; laboureurs ; François *Poirier*, charron ; Mathurin *Dureau*, Jean *Bourdonnier*, laboureurs, de Mozé ; Germain *Dufoy*, laboureur ; Mathurin *Ginault*, maréchal, de la Poitevinière ; François *Cesbron*, René *Maugin*, laboureurs ; Jean *Maugin*, bêcheur ; Urbain *Vallée*, laboureur ; Louis *Boutin*, bêcheur ; tous cinq de Saint-Jean-de-la-Croix ; René *Allard*, journalier ; Baptiste *Vinet*, domestique ; René *Boineau*, tisserand ; Pierre *Davy*, faiseur de roues ; Pierre *Grolleau*, journalier ; tous cinq de Saint-Pierre-de-Cholet ; Jean *Vercher*, tisserand, de Trémentines ; François *Rousse*, tessier [1], de Cholet ; Jean *Chouineau*, tisserand, de Maulevrier ; François *Retif*, laboureur, de la Daguenière ; Bastien *Blain*, sabotier, de Saint-Juin, près Châtillon ; Jean *Leclerc*, laboureur, de Jallais ; Pierre *Marchand*, tessier, de Saint-Hilaire-du-Bois ; Jean *Blanchard*, tuilier, de Saint-Hilaire-Loulai ; Mathurin *Renou*, François *Renou*, Jean *Renou*, Mathurin *Bertrand*, laboureurs, de Rochefort-sur-Loire ; Jacques *Chauvigné*, meunier, de Denée ; François *Blouin*, laboureur, et Jacques *Bonnain*, domestique, de Noireterre ; François *Rouillard*, laboureur, de Saint-Augustin-d'Angers, qui y ont été fusillés.

8. — A l'occasion de la prise de Toulon, les braves habitans de Doué ont organisé une grande fête ; la ville étoit illuminée, les troupes ont parcouru les rues ; on alluma aussi un feu de joie et on se livra aux douceurs des danses patriotiques.

11. — La Commission militaire d'Angers a condamné à être guillotinés : Nicolas-Charles *Chesneau*, curé de Montreuil ; *Doguereau*, prieur-curé de Saint-Aignan ; Jeanne Ori, femme *Voudel* ; *Raumont*, de Lezigné.

12. — La Commission militaire a condamné à être guillotinés : Pierre *Hermenot*, ancien aumônier de l'Hôtel-Dieu, curé de Sainte-Foi ; François *Houssin*, ci-devant curé de Notre-Dame des Brouzils ; René-Mathieu-Augustin *Legault*, vicaire au Plessis-Grammoire ; Jean-Baptiste *Legault*, prêtre ; *Chesneau*, prêtre de Chinon.

13. — La Commission militaire a condamné à être guillotinés : Guillaume *Repin*, curé de Martigné-Briand ; *Briant*, prêtre ; Laurent *Batard*, ci-devant curé de Notre-Dame de Chalonnes.

15. — La Commission militaire a condamné à la peine de mort : Marguerite de *Gresseau* [2], ci-devant religieuse du Ronceray [3].

1. De *texere*, tisser. — On appelle *tessier* ou *tissier*, celui qui tisse. Le tissage était, avant l'introduction à Cholet des machines à vapeur, la principale industrie des paysans du Bas-Anjou
2. Marguerite-Françoise de Gresseau de Saint-Benoist, née vers 1750. Lors des visites et interrogatoires faits dans les couvents en 1790, elle déclara « persister dans la maison et vouloir y vivre et mourir dans sa profession. » Chassée de son cloître, elle vivait retirée, avec son abbesse, au château de Beaupréau.
3. Abbaye bénédictine d'Angers, de son vrai nom : Notre-Dame de la Charité. Le surnom de Ronceray, qu'elle prit au XVIᵉ siècle, lui venait de ce qu'on avait découvert, dans une

16. — La Commission militaire d'Angers a condamné à être guillotinés:
Jacques *David*, ci-devant curé de Sorges, près Doué; René *Bourjuge*, ci-
devant vicaire de Saint-Léonard, près Angers; Louis *Lacoudre*, ci-devant
vicaire d'Andigné; Jacques-Charles-Mathieu *Le Doyen*, ci-devant vicaire
de Contigné; Joseph-Etienne *Morinière*, ci-devant curé du Couboureau ;
François *Pelletier*, ci-devant curé de Sceaux; René *Tessier*, vicaire à la
Trinité; Jean-Louis *Guillot de Folleville*, se disant évêque d'Agra;
Marie-Michelle-Françoise Falloux, veuve de *Marcombe* [1]; de *Ruillé*, ci-
devant noble, ex-député à l'Assemblée constituante [2]; François Daniel de
la *Douepe*, ci-devant noble.

17. — La Commission militaire d'Angers a condamné: des *Essarts*,
Michel, ci-devant noble; Joseph Guy *Donissan* [3], général des rebelles de
la Vendée, et deux autres personnes à la peine de mort.

22 — Louis Pierre *Barral*, ci-devant chanoine, a été condamné à mort
par la Commission militaire d'Angers.

23. — La Commission militaire a condamné A ÊTRE GUILLOTINÉS : Jean
Poissonneau, taillandier, de la Pommeraie; Jacques *Rat*, serger, à Sainte-
Christine; Romain *Rosé*, du deuxième bataillon de la Loire-Inférieure;
Louis *Souvestre*, tisserand, de Saint-Aubin, district de Châtillon; Jean-
Baptiste *Judeau*, de Saint-Aubin-Baubigné; Jean *Baranger*, meunier, de
Melay; François *Royer*, perruquier, et Joseph *Poirier*, laboureur, des
Ponts-de-Cé; Mathurin *Renou*, maçon, de Maulevrier; Louis de *Chezeau*,
laboureur, de Veaudegeon, district de Châtillon; Louis *Pallard*, maréchal,
de Saint-Martin, près Montaigu; Louis *Trel*, de Saint-Martin de Rerin,
district de Parthenay ; Jacques *Herbielault*, tisserand, près Montaigu;
Jean-Joseph-Théodore *Thomas*, verrier, du Petit-Bois Saint-Denis, district de Venrain; Jean *Berthelot*, maçon, de Maulévrier; François *Blain*,
sans état, du Dauphiné ; René *Oquereau*, domestique, de Champtocé;
René *Rompillon*, de la Salle-de-Vihiers; François *Ouvrard*, maçon, de

---

crypte, une vierge en bronze, entourée de ronces, qui, en dépit de tous efforts, restèrent tou
jours vertes et vivaces. Cette végétation, attribuée à un miracle, — et à coup sûr très extraordinaire, — a cessé au XVII° siècle, dit-on.

1. M. de Marcombe était conseiller au Présidial d'Angers.

2. Jean-Guillaume de la Planche de Ruillé, né vers 1735, ancien officier, membre de l'Assemblée de la Noblesse, puis député aux Etats-Généraux. Les autorités d'Angers ayant, à
l'approche de l'armée catholique, quitté la ville, M. de Ruillé fut élu maire. Il alla lui-même
au-devant des Vendéens leur présenter les clefs de la ville et sut éviter à ses compatriotes
jusqu'à la moindre vexation, tant était grande la considération dont il jouissait parmi les Royalistes. Vendéens et Républicains se firent un plaisir d'écouter, ceux-ci ses ordres, et ceux-là
ses conseils. Lors du retour des autorités, il fut arrêté comme complice des insurgés.

3. Joseph-Guy de Donissan, de Bordeaux, s'étant, à la suite de la déroute de Savenay, caché
dans la forêt du Gavre. Ayant réussi à réunir quelques centaines de Vendéens, il s'empara
d'Ancenis, mais un retour offensif des Républicains mit sa troupe en pleine déroute. Donissan,
les Essarts et plusieurs autres officiers s'ouvrirent, l'épée à la main, un passage à travers les
rangs ennemis ; mais, couverts de blessures, ils tombèrent entre les mains des Républicains
qui les conduisirent à Angers, enchaînés deux à deux.

Saint-Denis-le-Cheval, près Montigné; Jean *Guffier*, vigneron, de Tigné ; Pierre *Brain*, boulanger, de Châtillon; Jean *Gaboriau*, de Montigné; Jean-Marie *Chasselier*, maçon, et Jean *Paupineau*, laboureur, de Saint-Georges, près Montigné; Antoine *Baly*, de la Tartoire, près la Châtaigneraie; Mathurin-Martin *Virfolet*, laboureur, de Rochefort-sur-Loire; Michel *Cherbonnier*, closier, de Notre-Dame des Gardes; François-Jacques *Cherdonneau*, de Denée ; François *Orton*, laboureur, de Saint-Sulpice en Poitou ; Louis *Planchet*, sabotier, de Saint-Sulpice, près Fontenay; Antoine *Joly*, voiturier, de Bressuire ; Mathurin *Piton*, de Beaucé-Chaudron; Antoine *Anfrin*, de Monchant, en Poitou; Jacques *Cornilleau*, tisserand, de Champtoyé ; Jean *Gaglé*, laboureur, de Distart ; Pierre *Robin*, serrurier, de Champtoyé ; Louis *Terrien*, laboureur, du Puiset-Doré; François *Petiteau*, de Belligné ; Jean *Proust*, marinier, de Beaulieu; Pierre *Rabaut*, tailleur, district de Saint-Malo; François *Coutin*, d'Erigné; Pierre *Clémot*, du Voide; Jacques *Garreau*, de la Thesoualle ; Jacques *Loiret*, de Saint-Hilaire-de-Boulay; René *Leduc*, de Mozé; Jean *Menard* et Louis *Charretier*, d'Erigné; François *Boutilreau*, boulanger; Pierre *Gillet*; François *Richard*; tous trois des Ponts-de-Cé; Michel *Morinière*, de Jalais; François *Chauvigné*: Jean *Delahaie* : Pierre *Leproux*, père; Claude *Colin*; tous quatre de Denée; Jean *Bougoult*, de Champtoyé ; René *Jarry*, de la Pommeraye; Jean *Préaubert*, du Pé, près Morannes; Charles *Bouillé*, de Saint-Saturnin; Pierre *Pasquier* et Jacques *Osadard*, de la Jumellière ; Jean *Suard*, tailleur, de Gené, près le Lion; Jacques *Chauveau*, d'Erigné; Jacques *Courtin*, de Saint-Jean-des-Mauvrets; Jean *Dyais*, de Chanzeaux ; Louis *Brouard*, des Cerqueux-de-Maulevrier ; René *Béliard*, de la Chapelle d'Aligné; Jean et Louis *Lemonnier*, de Saint-Aubin-de-Luigné; René *Gruffet*, de Liré; François *Baudry*, de Saint-Marc, en Poitou; René *Rousseau*, d'Antigné, dans la Châtaigneraie; Louis *Moutellier*; Mathurin *Brouard*; Mathurin *Neau*, laboureur; François *Traineau*; tous quatre de Saint-Quentin-en-Mauges; René *Charrier*, des Herbiers; Jean *Osaillard*, de Faveraye; Innocent *Suard*, de Guené; Michel *Boidron*, de Martigné-Briand; François *Duval*, de Precigné; Mathurin *Piffard*, de la Jumellière; Jacques *Coussau*, de Chambretau, district de Montaigue; Pierre *Boumard*, de Névy; Jacques *Pérau*, de Gené; Antoine *Renou*, de Liré, dans la Vendée; Symphorien *Albert*, de Juigné-sur-Loire; Henri *Surreau*, de Thorrigné; René *Renou*, d'Azé, près Châteaugonthier; Louis *Leblois*, de Villevêque; François *Supiot*, métayer, à la Malenoire; Pierre *Clochard*, tisserand, à Saint-Pierre; René *Bigot*, de la Tessoualle; René *Nicolas*, blanchisseur, et François *Chiron*, tisserand, à Mazières; Antoine *Fournier*, tisserand, de la Poitonnière; René *Charrier*, tisserand, de Cholet; Pierre *Marie*, journalier, de Saint-Fulgent; René *Gignard*, tessier, de la Séguinière; Jeanne *Gourdin*, de Saint-Hilaire-des-Echaubrognes; Jean *Laquau*, laboureur, de Chanzeaux; Louis *Gernigon*, domestique, de Chemazé [1].

---

1. M. Godard (*Champ des Martyrs*), citant une *Adresse à la Convention*, dit qu'il n'y eut

La Commission militaire d'Angers a condamné le nommé Pierre *Pelleteau*, prêtre réfractaire, *à la peine de mort*.

25. — On vient d'envoyer d'Angers ce qu'on a pu trouver de charrettes, soit environ douze cens, pour enlever toutes les subsistances qui existeront dans la Vendée.

26. — La Commission militaire d'Angers a condamné les nommées Louise-Olympe Rallier, veuve de René-Emeric *Déan de Luigné* [1], et sa fille [2], coupables d'avoir recélé un prêtre réfractaire, à la *peine de mort*.

28. — La Commission militaire a condamné, à la *peine de mort*, le nommé *Misset* [3], de Montrelais, né à Sedan.

29. — La Commission militaire d'Angers a condamné à la *peine de mort :* la femme Bront, veuve *Grillard ;* Julienne *Chaillou*, fille ; Renée *Aubry*, fille ; Michelle *Boisseau*, fille ; Louise Broaud, femme *Pelletier ;* Jeanne Touzé, femme *Lecomte ;* Jeanne Gerseaux, veuve *Bineau ;* Jeanne Haudouin, femme *Robin ;* Jeanne *Joyeaux ;* Magdeleine Mereau, femme *Sineau*, et la fille *Poirier*.

30. — La Commission militaire d'Angers a condamné *à la peine de mort :* Mounoir Jean, marchand, à Varades, 18 ans ; *Levron* René, cordonnier, à Varades, 27 ans ; *Dutertre* Charles, 17 ans ; *Loyllère* Jean, 17 ans ; *Auger* Jean, 17 ans ; *Giraudet* 17 ans ; Louis *Charrier*, 16 ans ! François *Brichet*, 16 ans.

Sans date [4]. — La Commission militaire d'Angers a condamné *à la peine de mort :* Chalon, de Sainte-Gemmes-sur-Loire ; Françoise Leger, veuve Pierre *David*, de Cholet, 59 ans ; Jean *Auger*, brigand ; Jean *Gallard ;* Joseph *Humeau* ; *Pineau ;* Mathurin *Martin ;* Jean *Brunet ;* Louise *Lorin*, de Martigné, 32 ans ; Marie Clerc, femme Denis *Bourdet*

---

pas plus de dix exécutions par jour sur la place du Ralliement. C'est une erreur. Des *fournées* ont réellement eu lieu à Angers, Saumur et Doué, et ces longues listes de condamnés que l'on a retrouvées dans les Archives de la Cour d'appel d'Angers, ne sont point des jugements de *remplissages*, comme l'affirme l'*Adresse* citée. Blordier Langlois, témoin oculaire, dit positivement que *cent dix* personnes, — dont il ne donne pas les noms, — furent exécutées en une seule journée sur la place du Ralliement. Ce sont les victimes du jugement du 23 nivôse. Bien que différant d'opinion sur le mode de supplice, MM. Godard et Blordier reconnaissent qu'elles ont été exécutées. L'*Adresse* le reconnaît aussi.

4. M⁰⁰ de Luigné habitait les environs de Châteaugontier. Elle avait donné asile au curé de Saint-Michel-de-Fins, M. Chudeau, et au vicaire de Contigné, M. Ledoyen. Arrêtée pour ce fait, ainsi que ses trois filles, elles furent conduites à Angers et incarcérées au Calvaire, couvent de Bénédictines, fondé par Marie de Médicis, et que l'on avait transformé en prison pour les femmes.

2. Il s'agit de l'aînée des trois filles. Les deux autres échappèrent à la mort ; l'une était atteinte de la petite vérole et l'autre la soignait quand leur mère et leur sœur comparurent devant la Commission.

3. Étienne Misset, né à Sedan, inspecteur des mines de France et directeur de celles de Montrelais (Loire-Inférieure).

4. J'ai classé ce jugement à cette date, parce qu'il figure sur la même fiche que celui du 30. La date est absente et remplacée par une ligne de points.

de Chalonnes ; Marie *Garreau*, d'Angers, 43 ans ; Charles de la *Claverie*, ci-devant noble, de Saint-Lambert-du-Lattay ; Jean *Métayer*, tailleur ; Anne *Mariau*, fille, de Saint-Léger, 19 ans ; Pierre *Brevet*, filassier ; Marie *Gallet*, d'Angers ; Jeanne *Gaslé*, 69 ans ; femme *Jacquet* ; Pierre-David *Dugan*, métayer ; *Beaurais*, *Fromageau*, *Onillon*, Julien *Huet*, *Catelineau*, *Dubois* ; Marie Boismière, femme *Fardeau* Louis, de Rablay ; Marie *Lorin*, de Martigné, 65 ans ; veuve *Chauvigné* ; veuve *Courant* ; Jeanne *Babin* ; Marie *Giffard*, d'Angers, 50 ans ; femme *Chassery* ; femme *Mennau* ; femme *Mounier* et SES SIX PETITS ENFANTS ; Geneviève *Oger*, 42 ans, de Loudun, ci-devant religieuse des Pénitentes ; Jeanne *Jouin*, de Sablé, ci-devant religieuse hospitalière, 38 ans ; Françoise de *Boucherot*, de Doué, ci-devant supérieure de l'Hôpital général, 62 ans.

Pluviose 1 [1]. — La Commission militaire d'Angers a condamné *à la peine de mort :* René *Moreau* ; *Chevalle* ; *Goubeau* ; René *Billon*, 16 ans ; *Clavelan*, charron ; Marie-Suzanne-Radegonde-Charlotte Marceau, veuve Leclerc, ci-devant baronne de *Vezins* ; Louis-Mathurine *Bellanger* [2], fille *Boucher* ; *Gault*, commis-greffier ; Geneviève *Bouchet* , de Beaupreau.

Dit Jour. · Le Tribunal criminel a condamné Etienne-Robert *Girault*, dit Laporte, ex-lieutenant-colonel de cavalerie, à Tiercé ; Charles-Henry-Jacques Bardet, dit des *Glaireaux*, cy-devant noble, lieutenant de vaisseau et décoré de la croix du ci-devant ordre de Saint-Louis, atteint et convaincu d'avoir pris part aux révoltes de la Vendée, *à la peine de mort.*

2. — Le général Turreau [4] est parti de Doué se dirigeant sur Brissac [5], précédé d'une autre colonne commandée par le général Bonnaire [6] et qui a incendié le village et le château de Vaillé, bien que ce fût un bourg patriote. Parvenu au Coudray [7], le général Turreau a divisé sa troupe en deux ; il a pris le commandement d'une colonne et s'est avancé vers

1. 20 janvier 1794.

2. L'abbé Gruget l'appelle Baranger. Elle était femme de chambre de la baronne de Vezins.

3. Née paroisse Notre-Dame de Beaupreau, parente de l'abbé Gruget. Elle soignait dans l'ancien collège de cette ville, devenu hôpital et prison, les blessés des patriotes, quand une colonne républicaine l'arrêta malgré les énergiques réclamations des malades, et la conduisit à Angers.

4. Turreau, Louis-Marie, né à Evreux, en 1756, mort baron de l'Empire, sous le nom de Linières. Il se distingua en Vendée par ses cruautés qui lui valurent, même après Thermidor, une dénonciation de Merlin (de Thionville). Arrêté, il fut traduit devant un conseil de guerre et acquitté.

5. Petite ville, canton de Thouarcé.

7. Bonnaire, Jean-Gérard, né à Propet (Aisne), en 1771, mort le 10 novembre 1810.

7. Le Coudray-Montbault, château, commune de Saint-Hilaire-du-Bois.

Vezins[1]. L'autre colonne est partie sur le Voide[2] et la Salle de Vihier[3], où elle a mis à mort par le moyen de *la fusillade* : la femme *Boussion ;* la femme *Vaillant* et *ses deux enfants* ; la femme *Onillon* et *ses trois enfants ;* Marie *Baumard*, et *sa sœur, la servante de la femme Boussion ;* la femme *Chesneau*, et *ses trois enfants ;* Pommeau, femme *Lepain ; Héraudeau*, enfant ; *les trois filles Noisset ;* femme *Paineau ;* Angélique *Pommeau*.

Dit jour. — La Commission militaire d'Angers a condamné *à la peine de mort* : Pierre *Gasté*, ci-devant frère Récollet ; *Bonnau.*

3. — Le général Turreau est arrivé à Brissac, qu'il a laissé subsister à cause de ses opinions patriotes (*sic*).

La Commission militaire a condamné *à la peine de mort* la veuve *Gasté*, qui a été *fusillée*.

4. — La Commission militaire d'Angers a condamné *à la peine de mort* la veuve *Pichery* et la fille *Raimbaud*.

Dit jour. Le général Cordelier est arrivé à Gonnord[4], où il a condamné à mort deux cents personnes qui sont[5] :

5. — La Commission militaire d'Angers a condamné *à la peine de mort :* Jeanne Fouchard, femme *Chalonneau*, de Chalonnes ; la femme *Saillant ;* Perrine *Saillant ;* Jeanne *Saillant ;* Madeleine *Saillant*, ses trois filles[6] ; la veuve Pierre *Cailleau*, de Saint-Laurent.

5. — On reçoit des nouvelles de la Vendée. Les soldats la fouillent de tous côtés ; ils brulent tout ce qu'ils rencontrent debout et massacrent tous les habitans. Si cela continue, cette fois il n'y aura plus de Vendée, comme on le répète depuis le commencement de la guerre, sans jamais cependant parvenir à la réduire.

Dit jour. — La Commission militaire d'Angers a condamné *à la peine de mort :* la veuve *Rochard ;* les deux sœurs *Renaut ;* Mélanie Louet, femme *Lehainault* de Rablay ; Charles *Lehainault,* son fils qui ont été exécutés par le moyen de la fusillade.

La Commission militaire des Gardes[7] a condamné à la peine de mort : Perrine Besson, femme *Gourdon* et *ses quatre enfants ;* Sophie Pineau,

---

1. Bourg, canton de Cholet.
2. Bourg, canton de Vihiers.
3. Bourg, canton de Vihiers.
4. Bourg, canton de Thouarcé.
5. Ici, la fiche se trouve malheureusement déchirée.
6. La touchante histoire de cette famille, indignement trahie et livrée par un officier républicain, son obligé, a été racontée par Dom Chamard, dans ses *Saints personnages de l'Anjou*, M. Godard, dans le *Champ des Martyrs*, M. l'abbé Deniau, *Histoire de la Vendée*, etc.
7. Bourg, canton de Chemillé. — Il n'y eut jamais de Commission militaire aux Gardes. Il s'agit ici d'un de ces tribunaux qu'improvisaient les généraux républicains.

femme *Viau*, 50 ans; René *Martin*, 57 ans; Perrine *Boutin*, 25 ans;
Charlotte Gabory, femme *Raby*, et *un enfant ;* Françoise Plessis, femme
Louis *Crétin*, et *deux enfants ;* la mère de Charlotte *Gabory ;* sa belle-
sœur; Marguerite *Herré*, 46 ans; Michelle Baranger, femme *Leroux*,
34 ans, et *deux enfants ;* Jeanne *Gaschet*, 20 ans; Angélique *Durbe-
cée*, mariée, qui a *deux filles* condamnées avec elle; Marie Bordet, femme
Louétière, et *quatre enfants ;* Jeanne Turlais, femme *Besson*, 35 ans;
Perrine Robineau, veuve *Augereau*, 60 ans; Marie Grégoire, femme
Hilaire, 34 ans, et *deux enfants ;* Jeanne *Gourdon*, QUATRE ANS;
Perrine Vivion, femme *Foucher*, 36 ans, et *trois enfants* ; Louise Jacob,
femme *Boulestreau*, et sa fille, Louise *Boulestreau* ; Pierre *Gourdon* ;
Marie *Boulestreau* ; Marie Gaschet, veuve *Viau*, 27 ans; veuve *Gour-
don* ; Marie Cassin, femme *Cailleau*, 30 ans; Andrée Coulbault, veuve
Rabin, 73 ans; Marie Sécher, femme *Dufour*, 40 ans, et ses *deux filles* ;
Marie *Hilaire*; Marie Hilaire (*sic*), femme *Quenion*, 40 ans; Perrine
Cailleau, 24 ans; Marie Pasquier, femme *Raby*, 50 ans, qui ont été
exécutés par le moyen de la fusillade.

Dit jour. — La Commission militaire de Chanzeaux [1] a condamné *à
mort :* la femme *Blanchard*, de la Briauderie, de Chanzeaux; la fille
Fougeray; Charlotte Forest, femme Julien *Blanchard*; Perrine *Blanchard*; femmes *Bougère* et *Fribault*; femmes *Rubier* et *Micheau*; les
filles *Ragueneau* et *Picherit* ; les femmes *Pocsnault*, *Grimault* et
Vaslin ; *Albert* ; femme *Albert*.

7. — La Commission militaire d'Angers a condamné : *Huault de la
Bernarderie*, Charles-Marie, ci-devant curé de Craon; Françoise Cour-
tois, femme *Gazeau*, des Ponts-de-Cé, et la veuve la *Sorinière* [2], *à la
peine de mort.*

8. — La colonne du général Grignon [3] est arrivée à la Flocellière ; celle
du général Amey à Pouzauges [4].

Dit jour. — La Commission militaire d'Angers a condamné : Charlotte
Dutreau, veuve *Chabot*, 68 ans; Bénigne *Bessé*, 61 ans; Rosalie *Duver-
dier* ; Marie *Humeau*, dévideuse, 43 ans; René *Bellanger*, 20 ans, domestique, *à la peine de mort.*

9. — On a affiché un arrêté de Francastel [5] contre les jeunes gens qui
cherchent à se soustraire à la réquisition.

1. Bourg, canton de Thouarcé. — Même observation sur le tribunal qui prononça ce jugement, que sur celui des Gardes. — Les détails de cette condamnation et de l'exécution qui la
suivit ont été donnés par M. de Quatrebarbes : *Une paroisse vendéenne sous la Terreur.*

2. Du Verdier de la Sorinière, mère de Marie-Louise et de Catherine de la Sorinière, exécutées le 22. — Détails sur cette famille, dans Dom Chamard et M. Godard, cit.

3. Grignon Louis, né à Louerre (Maine-et-Loire), en 1748, mort entreposeur de tabacs à
Angoulême, en 1835.

4. Chef-lieu de canton, arrondissement de Fontenay-le-Comte.

5. Représentant du peuple envoyé en mission à Angers, en même temps que Carrier à
Nantes. Il était gentilhomme. Son élégance exquise, la beauté de son visage faisaient un singulier contraste avec le cynisme de ses actes et de ses paroles. Il portait constamment le
chapeau à cornes, l'habit brodé, la culotte courte, les bottes vernies à tiges rabattues et la

Dit jour. — La Commission militaire d'Angers a condamné : Louis *Caloteau*, 20 ans ; *les deux Frouin* ; *Guilloteau* ; *Edin* ; *Thuau* ; tous cinq membres du Comité révolutionnaire de Saint-Lambert, *à la peine de mort.*

11. — La Commission militaire d'Angers a condamné : les femmes *Huau* et *Verger* ; Jean-Baptiste *Desmares*[1] ; *Morna*, ex-juge des traites [2], *à la peine de mort.*

12. — La colonne du général Grignon est arrivée au Pin, près Châtillon [3].

On vient d'adresser, par ordre de Turreau, tous les objets d'argent trouvés dans les châteaux de la Vendée, à la Convention.

13. — La Commission militaire d'Angers a condamné *à la peine de mort* : Anne *Offrai*, de Soulaines, 40 ans ; veuve *Brossard*, de Saint-Laurent ; Marie *Bellanger*, fille ; Odille *Bougard*, Marianne *Vaillant*, ci-devant religieuses de l'Hôtel-Dieu d'Angers [4] ; femme *Houdet* ; Marie *Houdet* ; Madeleine *Houdet* ; Julie *Houdet*, toutes trois filles de la femme *Houdet* ; Pagis, femme *Rouleau*, d'Angers ; Renée *Poissonneau* ; Jacquine *Fleuriot*, veuve *Quenion* de Mozé ; Marie *Leméc*, femme *Varancé*, d'Angers ; qui ont été *exécutées par le moyen de la fusillade* [5].

14. — L'allemand Stofflet s'étant réemparé de Saint-Macaire [6], en a été délogé par le brave général Robriquet, mais celui-ci a dû battre en retraite après avoir été blessé et avoir perdu une centaine d'hommes.

18. — La Commission militaire de Saumur a condamné *à la peine de mort* : Jacques et Pierre *Augereau* ; Jacques *Cherrier* ; la veuve *Cherrier* ; François *Chemineau*, de Vezins ; veuve *Chabosseau* ; veuve *Chaillou* ; Rose *Guérin* ; femme *Girardeau*, de Maulévrier ; Mathurin *Brault* ; femme *Brault*, de Latour-Landry.

19. — La Commission militaire d'Angers a condamné le nommé *Coudrain à la peine de mort.*

21. — La Commission militaire d'Angers a condamné *à la peine de mort* les nommés *Marchais* ; *Daligon* ; *Pauchet* ; Claude *Herbelot*, boucher à Champtoceaux ; René *Landais*, domestique ; Pierre *Moreau*, 15 ans.

---

ceinture tricolore. Sa réputation d'infamie, surpassée par celle de Carrier, mériterait à tous égards de l'égaler. Détail curieux : ce monstre à face humaine est mort directeur... *des Bergeries de France.*

1. Né à Pont-l'Évêque, adjudant-général de l'armée de Niort, et commandant de celle de Bressuire.

2. Joseph Morna, ex-juge des traites et gabelles. Son fils avait été fusillé au Port-de-l'Ancre le 27 décembre.

3. Châtillon-sur-Sèvres, chef-lieu de canton, arrondissement de Bressuire.

4. Un petit groupe en marbre, œuvre de M. le chanoine Choyer, et représentant ces deux religieuses, a été placé dans la chapelle du Champ-des-Martyrs. En souvenir de ces deux victimes, les religieuses de Saint-Vincent-de-Paul qui desservent l'hôpital d'Angers, ont toujours parmi elles une sœur du nom d'Odile et une autre du nom de Marianne.

5. Voir dans Dom Chamard et M. Godard, cit., les détails biographiques sur ces victimes.

6. Saint-Macaire-en-Mauges, canton de Montfaucon.

22. — La Commission militaire a condamné *à la peine de mort* : Julienne *Thibault* ; Catherine *Verdier la Sorinière* ; Marie-Louise *Verdier la Sorinière* ; *Doyen* fille, à Saint-Aubin-de-Luigné ; fille *Cady*, de Rochefort [1].

23. — La Commission militaire d'Angers a condamné les nommés *Soulard* ; François *Oudard* ; *Pichonnière* ; Louis *Jousselin*, ci-devant noble, de Montillers, *à la peine de mort*.

26. — Cordelier vient encore de remporter deux nouvelles victoires à Beaupreau [2] et à Montrevault [3] ; plus de deux mille brigands sont morts sous ses coups ; leur fuite étoit si précipitée qu'un bon nombre s'est noyé dans l'Aivre [4]. Le ci-devant régiment de Beaujolais a eu la plus grande part à la victoire.

27. — La Commission militaire d'Angers a condamné le nommé *Noël Pinot*, ci-devant curé du Louroux, *à la peine de mort* [5].

Ventôse 1 [6]. — Elle a condamné René Letourneux, dit de *Beaumont*, et, le lendemain, 5 ventôse, la femme *Letourneux* [7] et Françoise *Bélardière* [8], sa servante, *à la peine de mort*.

8. — La Commission militaire d'Angers a condamné le nommé *Berthelot de la Durandière*, ex-président du district de la Flèche, à être *guillotiné*.

12. — Louis Pinson, marchand d'œufs à Étriché ; Jean Garnier, marchand de denrées rue ci-devant Saint-Aubin, pour avoir contrevenu à la loi du *maximum*, l'un en vendant trente douzaines d'œufs au dessus du maximum, l'autre en les achetant, sont condamnés tous deux à l'amende du double de la valeur des œufs, au profit du bureau de secours, en trente sols de citation ; seront inscrits sur la liste des suspects et, à cet effet, ils seront conduits de suite au Comité révolutionnaire.

Dit jour. — La Commission militaire d'Angers a condamné Valéry *Lecoq*, ex-avoué à Sogré ; François *Marsais*, voiturier ; Christophe *Niveleau*, maire de Saulgé [9], *à la peine de mort*.

13. — La Commission militaire d'Angers a condamné Louis-Jérôme *Allain*, d'Elbœuf, et *Gastineau* [10], professeur en droit à la ci-devant Université d'Angers, *à la peine de mort*.

14. — La Commission militaire d'Angers a condamné *à la peine de*

---

1. Voir dans Dom Chamard et M. Godard, cit., les détails sur ces victimes.
2. Petite ville, chef-lieu de canton, arrondissement et à 19 kilomètres de Cholet.
3. Bourg, chef-lieu de canton, arrondissement et à 28 kilomètres et demi de Cholet.
4. L'Evre, petite rivière qui passe à Beaupreau.
5. L'abbé Pinot fut condamné à mort le 3 ventôse et non le 27 pluviôse.
6. 22 février 1794.
7. Née de Boylesve.
8. Elle étoit originaire de Jallais. (*Note de Benaben*.)
9. Saugé-l'Hôpital, dont il fut le premier maire.
10. Gastineau Jacques, docteur agrégé en la Faculté de Droit, professeur de droit canon et de droit civil à l'Université et directeur de l'Académie d'Angers. (V. détails dans Dom Chamard et M. Godard, cit.)

mort: *Sailland*, dit d'Épinard, ex-conseiller à la sénéchaussée de Saumur ; Hercule-Gilles *Lagrandière*, ci-devant noble ; Victoire *Avril*, d'Aubance [1].

15. — Elle a condamné : Antoine-Luc *Morin*, prêtre réfractaire, et la femme *Lagrandière*, *à la peine de mort*.

17. — La dite Commission a condamné François *Verger*, de Crée, *à la peine de mort*.

25. — La dite Commission a condamné François *Deléon*, maçon de Saint-Rémy, et *trois autres, à la peine de mort*.

26. — La dite Commission a condamné René *Épron*, tisserand de Dampierre, *à la peine de mort*.

Germinal 2 [2]. — La Commission militaire d'Angers a condamné *à la peine de mort* : Louis *Chartier*, ci-devant vicaire à Sœurdros ; François *Meunier*, de la ci-devant paroisse du Pertre ; Jacques *Cilou*, de Saint-Cyr ; *Baudouin*, officier municipal ; René *Maurié* ; Julien *Aubin* et Jean *Chevalier*, tous trois d'Argentré, tous six brigands ; Mathurin *Flandrin*, de la Tour-Landry ; Élisabeth *Chareneau*, de Thouars ; Henri *Verdier la Sorinière* [3] ; *Body*, ex-juge au district d'Angers, membre du Conseil supérieur des brigands [4] ; François *Chauveau* ; François *Grellet*, de Denée, 13 ans ; Joseph *Bazantais*, de Gonnord ; femme *Raynaud*, de Montrevault et ses *quatre filles* ; femme *Hérault*, de Mallièvre ; femme *Descrance*, de Cholet ; Henri *Brichet*, de Saint-Aubin, 13 ans ; Étienne *Robin*, de Saint-Lambert ; *de la Haie des Hommes* [5], ci-devant noble, de Coron ; *David*,

---

1. Nom révolutionnaire de la commune de Saint-Melaine.

2. 21 mars 1794.

3. Du Verdier de la Sorinière.

4. Body Victor, né à Maulevrier en 1750, ancien recteur de l'Université d'Angers et l'un des avocats les plus distingués du barreau de cette ville. Lors de la prise d'Angers par les Vendéens, il fut élu membre de leur Conseil supérieur ; comme il refusait d'accepter ces fonctions, quatre cavaliers l'enlevèrent et le conduisirent à Châtillon-sur-Sèvre, où se tenait le Conseil. Il fut arrêté lors de la dispersion de la Grande-Armée.

5. Le marquis Jean-Baptiste de la Haie-Montbault, seigneur des Hommes, en la paroisse de Coron, était un vieil officier retiré du service. Son excentricité, son humeur processive, sont restées légendaires dans les environs de Vihiers, où elles servent de cadres, dans le récit des gens du pays, à mille histoires qui, toutes, ne sont pas fantaisistes. Le vieux marquis vit à plusieurs reprises son château cerné par des bandes de paysans à qui on l'avait dénoncé comme accapareur. Une fois, une véritable armée, conduite par le fameux marquis de Beauveau, arrive aux portes du château. Le souvenir de cette scène est encore vivace dans le pays. Le marquis allait se mettre à table pour déjeuner ; la venue des émeutiers ne l'empêcha pas de prendre tranquillement son repas, après quoi il fit baisser le pont-levis et sortit seul au-devant de la foule, en habit brodé, poudré à blanc, l'épée au côté, tenant de la main gauche une canne à pomme d'or. Il salua les paysans avec cette élégance de grand seigneur qui lui était habituelle... La fureur de la foule s'était évanouie : quelques femmes lui dirent que les villages d'alentour manquaient de pain. — « Est-ce que M. le marquis de Beauveau en manque aussi ? » a dit M. de la Haie en souriant. Le marquis baissa la tête et ne souffla mot. M. de la Haie ordonna que l'on remplît tous les sacs que les gens avaient apportés, assista à cette distribution, puis, saluant à nouveau la foule, il rentra au château.

Plus tard, une bande de brigands, le visage barbouillé de suie, pénétra dans le château qu'elle pilla. Le vieux marquis y fut laissé pour mort par les assaillants. Les pillards furent arrêtés quelque temps après et exécutés. (Les pièces de ce curieux procès existent au grand de Niort, ex-secrétaire du Département des Deux-Sèvres ; Joseph *Samson*, laboureur à Vauchrétien ; Pierre *Poitevin*, couvreur à Saint-Saturnin ; fille *Diot*, rue Lionnaise, à Angers ; Athanaïs *Camus*, perreyeur, à la Madeleine, à Angers ; François *Retailleau*, tisserand à Chanzeaux [1].

8. — Ladite Commission a condamné à mort : Louis *Gauron*, ci-devant vicaire à Mazé ; Perrine et Marie *Bernardeau*, filles, de Thouars ; Elisabeth *Chaveneau*, de Thouars [2] ; Marie Feillatreau, veuve *Dumont*, du *Vert-Galand* [3], en Bressigny.

9. — Ladite Commission a condamné à mort : le sieur *Mornet* ; Perrine *Bourgneuf*, ex-religieuse aux Ponts-de-Cé, 58 ans ; Perrine *Alot*, fille, à Chalonnes, 40 ans ; Marie-Joséphine *Cartier*, religieuse, à l'Hôtel-Dieu, 55 ans ; Jeanne-Marianne *Morin*, 48 ans ; Marie-Elisabeth *Cherrel*, 28 ans ; Françoise *Charfoullant*, 66 ans ; Marie-Catherine *Bulaud*, 43 ans ; Madeleine Sallé, femme Pierre *Avare*, 40 ans ; Sophie Navry, veuve Philippe *Houdet*, de Chollet, 36 ans.

12. — Ladite Commission a condamné Urbain *Pescher*, de Montjoly [4], à la peine de mort.

13. — Ladite Commission a condamné la veuve *Menard* à la peine de mort.

14. — Ladite Commission a condamné la veuve *Lespinasse* à être guillotinée.

17. — Ladite Commission a condamné : la fille *Bouchet*, 37 ans ; la veuve Jean *Juré* ; Renée *Juré*, sa fille ; Anne *Flèche* ; Paterne *Peré* ; Marie *Bodin*, 40 ans ; Jeanne-Marie *Baron*, 42 ans ; Marie *Rosier*, 36 ans ; Marie *Granry*, 53 ans ; Marie *Cornillier*, 67 ans ; Antoinette *Plé* ; Angélique *Guillory*, 60 ans ; Antoinette *Taillade*, 64 ans ; Marie *Cauvin*, 36 ans, toutes onze ci-devant religieuses, à la peine de mort.

19. — Ladite Commission a condamné à la peine de mort : Marie *Forestier*, de Montjean, 26 ans ; Jeanne Thomas, veuve *Delaunay*, 70 ans ; Julie *Bouclé*, de Montjean, 22 ans ; Louise *Robin*, 53 ans ; Marguerite *Robin*, 68 ans ; Marie Oger, veuve *Chartier*, 67 ans, toutes trois de Montjean.

21. — Ladite Commission a condamné : Perrine Bourdet, femme *Chateau*, de Chalonnes ; Anne *Maugrain*, de Rochefort, 35 ans ; Marguerite *Chalumeau*, de Segré, 55 ans, à la peine de mort.

26. — La Commission militaire d'Angers a condamné *à la peine de mort :* Jean *Grimault*, meunier, à Saint-Quentin, canton de Sainte-

---

complet dans les papiers de Benaben.) M. de la Hale, rétabli de ses blessures, siégeait à Angers, comme juré, quand il fut arrêté.

1. Voir, pour quelques-unes de ces victimes, Dom Chamard et M. l'abbé Deniau : *Histoire de la Vendée*, t. III, p. 605, qui a pu ajouter au récit de l'abbé Gruget, cité par le savant Bénédictin, quelques renseignements fournis par M. l'abbé Boutillier de Saint-André.

2. La plus âgée de ces trois jeunes filles n'avait pas 18 ans.

3. Enseigne d'une amidonnerie qu'elle exploitait.

4. Nom révolutionnaire de la commune de Sainte-Gemmes-sur-Loire.

Christine, district de Montglone [1], 24 ans; Antoine *Calabre*, 24 ans, pra-
ticien, demeurant à Paris, paroisse Saint-Eustache; Joseph *Martin*, tisserand à Angers, faubourg ci-devant Saint-Georges, 19 ans; Jean *Janne-
teau*, 40 ans, bêcheur, au May; Jean *Mornet*, 42 ans, tisserand, à Millet;
Jean *Gâté*, 25 ans, maçon, à la Chapelle-Rousselin; François *Pilon*, 28
ans, métayer, à la Pommeraie; Michel *Boulitreau*, 52 ans, vigneron, à
Denée; Michel *Palicot*, 25 ans, laboureur, à Dalessain, département de la
Mayenne; Pierre *Raimbault*, 21 ans, tailleur de pierres, à Maulévrier;
René *Meslet*, 30 ans, cordonnier, à Sœurdres; Pierre *Monchevalier*, 25
ans, garçon-maçon, à Saint-Martin-du-Bois; *Chesneau*, René, 28 ans, la-
boureur, à Sœurdres; Joseph *Samson*, 30 ans, laboureur, à Vauchrétien;
Pierre *Berthelot*, 28 ans, laboureur, à Cheffes; Louis *Villechien*, 18 ans,
laboureur, à Marigné; Jacques *Guerrier*, 23 ans, laboureur, à Montreuil-
Belfroy; Maurille *Gueignon*, 27 ans, voiturier, à Saint-Maurille-des-
Ponts-de-Cé; Thomas *Gaultier*, 37 ans, domestique, à Saint-Gonnery, département du Morbihan; François *Burreau*, 48 ans, métayer, à Montjean;
Julien *Berthelot*, 33 ans, métayer, au Marillais; Pierre *Delépine*, 60 ans,
bêcheur, né à Marigné; René *Girardeau*, 47 ans, bêcheur, à Angers;
Pierre *Gaultier*, 39 ans, tisserand, à Juigné-sur-Loire; Germain *Girardeau*, 38 ans, bêcheur, à Juigné-sur-Loire; René *Granry*, 28 ans, laboureur, à Juigné; Julien *Hamond*, 41 ans, tisserand, à Juigné-sur-Loire;
Germain *Albert*, 54 ans, filassier et bêcheur, à Juigné; René *Papin*, 50
ans, vigneron, à Rochefort; René *Delainne*, 40 ans, laboureur et marchand de vin, au Marillais; François *Foussard*, 41 ans, marchand, à Rochefort; Jacques *Menard*, de Nevy, canton de Sainte-Christine; René
Fouchard, de Chalonnes, 43 ans; Jacques *Gasnier*, de Gresillé, 33 ans;
François *Dupont*, de Pellouailles, laboureurs, 26 ans; Nicolas *Flechet*, de
l'Hôtellerie-de-Flée, tonnelier, 39 ans; Jean *Guérinet*, de Chalonnes,
30 ans; Maurice *Louëtier*, jardinier, d'Angers, 44 ans; François *Miaulet*,
tourneur, de Saint-Laurent, district de Montglonne, 35 ans; François
Baumier, de Saint-Laurent-de-la-Plaine, métayer, 61 ans; Claude *Louel*,
de Saint-Saturnin, même district, 62 ans; Pierre *Gaignard*, de Chaude-
fond, journalier, 59 ans; Jean *Gabory*, de la Pommeraie, sabotier, 47 ans;
Alexis *Leprou*, de Soulaines, vigneron, 41 ans; François *Cassin*, de Châtillon, tisserand, 28 ans; André *Robergeau*, de Bressuire, 33 ans; Joseph
Auduit, de Maulévrier, journalier, 40 ans; Jacques *Chirou*, du Marillais,
clerc de notaire, 22 ans; René *Grolleau*, de Chalonnes, tailleur, 38 ans;
Joseph *Chollet*, du Pin-en-Mauges, serger, 29 ans; Joseph *Pesché*, de
Prusse, chasseur à pied, 25 ans; Jean *Humeau*, meunier, 51 ans, de
Saint-Lambert-du-Lattay; Mathurin *Thibaud*, de Chemazé, laboureur,
20 ans; Jacques *Moussel*, métayer, des Aubiers, 19 ans; Fleurent *Leroux*,
de Juigné-sur-Loire, laboureur, 40 ans; Jean *Menard*, d'Andigné, serger,
60 ans; René *Alleaume*, de Tiercé, couvreur, 38 ans; Michel *Garnier*, de

---

1. Nom révolutionnaire de la commune de Saint-Florent-le-Vieil.

Saint-Saturnin, district d'Angers, 60 ans; Anne *Darouet*, de Contigné, 59 ans; Marie-Anne Letessier, veuve *Tareau*, de Saint-Laurent-de-la-Plaine, 44 ans; Marie *Lardeux*, fille, chirurgienne, de Fregnay, 45 ans; Perrine Poitier, veuve René *Turpaud*, de Cholet; Jeanne Leduc, femme Julien *Paquier*, de Chalonnes, 40 ans; Marie Dubois, femme Pierre *Oger*, de Chalonnes, 60 ans; Mathurine Mercier, femme de Charles *Blouin*, de la Jumelière, 45 ans; Perrine *Alot*, fille, de Chalonnes, 40 ans; Madeleine Jalle, femme Pierre *Avare*, de Sœurdres, 40 ans; Renée-Perrine Rigaud, femme Louis *Papin*, de Mont-Glone; Jeanne Onillon, femme Louis *Onillon*, de Montjean, 42 ans; Jeanne Gourdon, veuve Jean *Moreau*, de Sainte-Christine, 60 ans; Marie *Rochard*, de Montjean, 28 ans; Renée Bourget, veuve Jean *Surret*, 44 ans; Perrine *Bourigaud*, fille, 50 ans; Marie Guigneaud, veuve Sébastien *Coueffard*, 54 ans; Marie Forestier, fille, 26 ans; Jeanne Thomas, veuve *Delaunay*, 70 ans, toutes dudit lieu; Renée Sachet, veuve René *David*, de Botz, 40 ans; Marie Rozé, veuve Joseph *Chartier*, 67 ans; Louise *Robin*, fille, 53 ans; Marguerite *Robin*, 68 ans; toutes de Montjean; Anne Cesbron, veuve Jacques *Raimbaud*, de Chalonnes, 60 ans; Madeleine Cady, femme Jacques *Desvignes*, 35 ans; Perrine Bourget, femme Jean *Oger*, 70 ans, toutes dudit lieu; Anne *Maugrin*, fille, de Rochefort, 35 ans; Marie Tulleau, femme François *Oger*, de Chalonnes, 52 ans; Julienne Robet, femme Sébastien *Bodin*, 57 ans; Marie *Théard*, femme Gilles *Marseau*, 52 ans; toutes dudit lieu; Marie *Poidevin*, fille, de Mont-Glone, 45 ans; Marie Piou, femme *Supiot*, de Saint-Pierre-Montlimart, 36 ans; Perrine *Laurent*, dite *Gourdinette*, de Segré, 48 ans; Jeanne Boulleau, femme de *Berthe*, meunier, de Louvaines, 45 ans; Angélique *Petenil*, fille, du bourg d'Iré, 48 ans; Françoise Suard, femme Etienne *Menard*, de Marans, 64 ans; Marthe *Poulain-Forestrie*[1], d'Angers, 51 ans; Geneviève *Poulain*, sa sœur, ex-noble, d'Angers, 55 ans; Renée Lany, femme Auguste *Bellard*, du Lion-d'Angers, 47 ans; Marie Houdebert, veuve *Chasserie*, du Moulin d'Ivré, commune d'Étriché, 60 ans; Jeanne Bernard, femme Claude *Cormier*, de Saint-Silvain, 62 ans; Françoise *Micheleau*, de Chanteloup, district de Cholet, qui ont été exécutées le lendemain, 27 germinal, par le moyen de la fusillade.

29. — La Commission militaire d'Angers a condamné *à la peine de mort* Joseph *Moreau*, ci-devant vicaire de Saint-Laurent-de-la-Plaine; Joseph *Prudhomme*, ci-devant trappiste.

Floréal 13[2]. — La dite Commission a condamné *à la peine de mort*: Loir-*Mongason*, officier; Jean *David*, de Saint-Georges, soldat; Pierre *Malécot*, de Martigné-Briand, salpêtrier; Auguste *Prost*, employé aux subsistances militaires.

15. — La Commission militaire a condamné *à la peine de mort* André *Saunier*[3], maire de Neuillé, et François *Girard*, ex-prêtre.

---

1. Poulain de la Forestrie.
2. 2) avril 1794.
3. André Saunier avait été maire de Neuillé à deux reprises différentes. La première fois,

16. — La Commission militaire a condamné Louis-Fortuné *Drouau*, accusateur public, *à la peine de mort.*

19. — Le Tribunal criminel jugeant Louis Robin, ex-curé constitutionnel de Trémentines et membre du Comité révolutionnaire d'Angers :

1° Accusé, mais sans preuves, d'avoir volé des effets ;

2° Accusé, mais sans preuves, d'avoir employé des menaces contre les officiers municipaux de Cholet qui s'opposoient à ce vol ;

3° Accusé, mais sans preuves, d'avoir exercé ses fonctions, à Cholet, de membre du Comité, depuis la révocation de ses pouvoirs ;

4° Accusé, *et avec preuves, mais sans l'avoir fait méchamment,* d'avoir fait contribuer plusieurs habitans de Trémentines d'une somme de 4.500 livres pour l'indemnité qu'il prétendoit que les brigands de la Vendée lui avoient fait subir ;

5° Accusé, *et avec preuves,* d'avoir forcé le nommé Siraudeau à lui remettre 545 livres pour valeur de bijoux, argenterie et argent monnoyé, qu'il prétendoit qu'il lui avoit enlevé, *mais sans l'avoir fait méchamment* ;

6° Accusé, mais sans preuves, d'avoir élargi plusieurs suspects en exigeant des sommes et cautionnemens pécuniaires ;

7° Accusé, *et avec preuves,* d'avoir exigé de plusieu.. personnes traduites devant lui, membre du Comité révolutionnaire, la remise d'une somme de 2 à 300 livres d'espèces métalliques en échange d'assignats, *mais sans l'avoir fait méchamment* ;

8° Accusé, mais sans preuves, de s'être arrogé, à Chollet et dans les environs, un pouvoir despotique et sans bornes au mépris des autorités constituées, L'ACQUITTE et le met en liberté [1]. ·

22. — Le Tribunal criminel a condamné Louis-Jacques *Lacroix*, ci-devant prêtre et ex-curé insermenté de Saint-Macaire, district de Cholet, pour n'avoir pas obéi à la loy du serment et à celle de la déportation, *à la peine de mort.*

Messidor 2 [2]. — Le Tribunal criminel condamne : 1° *Chabanel*, 65 ans, ci-devant prieur des Bénédictins de l'Esvière, d'Angers, prêtre réfractaire, *à la peine de mort* ; 2° Renée *Beron* ; Jeanne *Beron* ; Marie *Beron*, sœurs l'une de l'autre, accusées d'avoir recélé, nourry et blanchy ledit Chabanel pendant six mois dans un souterrain pratiqué dans la haye d'un pré joignant la closerie de l'Epinardière, commune de Daumeray, *à la peine de mort.*

12. — La Commission militaire d'Angers a condamné le nommé Pierre *Sanglier à la peine de mort.*

14. — La dite Commission a condamné le nommé Jean-Jacques *François à la peine de mort.*

---

de janvier 1790 à novembre 1791 ; il fut à cette époque remplacé par Urbain Hardy qui exerça ses fonctions treize mois environ, puis Saunier reprit son poste.

1. Un pareil jugement se passe de commentaires.

2. 20 juin 1794.

16. — Le Tribunal criminel jugeant les nommés Plot, membre du Comité révolutionnaire d'Angers; Chorville, Bauvillé, notables d'Angers; Thébault et Tenier, accusés de s'être présentés le 8 prairial, rue du Cornet, dans la maison habitée ci-devant par les filles Barin, émigrées, se disant envoyés par ordre du Comité révolutionnaire pour y faire des recherches de cache et pour apposer les scellés, et quelqu'uns d'eux d'avoir présenté des écrits, d'autres d'être revêtus d'écharpes; d'avoir fait venir un serrurier pour ouvrir plusieurs armoires et d'y avoir pris une pièce d'or de vingt-quatre livres, un éventail, deux boîtes à tabac garnies en or, deux parapluies roses ; acquitte Michel Bauvillé, condamne Charles Plot, Nicolas Chorville, Louis Thebault et Joseph Tenier à douze années de fer et à l'exposition [1].

Dit jour. — Ledit Tribunal condamne Joseph Touche, marchand, et Jacques Barault, charpentier des Gorges-Sableuses [2], convaincus de crimes de concussion et vols d'effets, faits avec violence, escalade de murs et ports d'armes à feu ou autres meurtrières, en trente années de fer, réduites à vingt-quatre, et à l'exposition aux regards du peuple, sur un échafaud, pendant six heures.

Thermidor 15 [3]. — Ledit Tribunal condamne René *Rondeau*, dit *Monte-à-l'assaut*, 20 ans ; Élie *Armaron*, meunier, 30 ans ; Jean *Cerié*, 18 ans; Jean *Robert*, 26 ans, convaincus d'avoir entré et volé à face ouverte dans des maisons habitées et d'y avoir commis et effectué des attaques à dessein de tuer, *à la peine de mort*; et Jacques Crespin, à 24 ans de fer, pour avoir commis les mêmes délits, mais sans participer aux attaques à dessein de tuer.

18. — Les soldats de Decaen [4] ont mis les chouans en déroute, commune de Lambert-la-Potherie [5], après leur avoir tué une vingtaine d'hommes.

Fructidor 7. — Le Tribunal criminel condamne *à la peine de mort* le nommé *Fardeau*, ci-devant vicaire de la commune de Briollay, prêtre réfractaire.

15. — Ledit Tribunal a condamné Louis Guillot, de la commune de Passavant, à quatre années de fer et à l'exposition pour avoir soustrait une vache faisant partie d'un convoi pris sur les brigands de la Vendée et une autre vache appartenant à la République.

16. — Ledit tribunal a condamné la veuve Viot, NOURRICE DES ENFANS NATURELS DE LA PATRIE [6], à quatre années de fer et à l'exposition, pour avoir exposé ou participé à l'exposition d'un enfant légitime.

---

1. Quel joli monde que ces fonctionnaires !
2. Nom révolutionnaire de la commune de Saint-Sulpice.
3. 2 juillet 1794.
4. Decaen, Charles, né à Caen le 13 avril 1769, mort à Ermont en 1832.
5. Saint-Lambert-de-la-Potherie, canton Nord-Ouest, et à 9 kilomètres d'Angers.
6. Il paraît qu'en République la morale fait comme la Bourse : elle baisse ! Cette qualification, « nourrice des enfants naturels de la patrie », n'est point imaginée par Benaben; elle figure telle dans le jugement. Le document ne dit pas si ces aimables citoyennes étaient considérées comme fonctionnaires publics. — On les voit d'ici dans l'exercice de leurs fonctions !..

AN III. — *Vendémiaire*, 9 [1]. — 600 gardes nationaux de Segré et des environs et des grenadiers réunis ont attaqué les chouans qu'ils ont mis en déroute entre le ci devant château de Ribou [2] et la commune de Genest [3]; ils en ont tué et blessé une grande quantité; le reste s'est sauvé dans le bois de Vern [4]; les républicains n'ont perdu qu'un grenadier réuni.

Dit jour. — Les représentans du peuple près l'armée des côtes de Cherbourg et de Brest ont pris un arrêté afin de mettre à découvert le pays occupé par les chouans, afin de permettre aux troupes de parcourir la campagne; les terrains sur le bord des grandes routes et chemins conduisant de commune en commune auront leurs haies et leurs arbres abattus et leurs fossés comblés, et ce avant un mois et dans la distance de 100 toises des chemins; dans les terrains entourés de haies, on fera des ouvertures de dix pieds aux quatre angles, et l'on remplira dans le même endroit et dans la même largeur les fossés qui le bordent. Ceux qui ne se soumettront pas à l'arrêté verront leurs biens acquis et confisqués au profit de la république.

10. — Le Département prend un arrêté relatif aux secours à accorder aux réfugiés.

17. — La Société populaire a fait demander aux officiers municipaux de faire enlever de sur la place du Ralliement l'instrument de supplice qui y étoit en permanence.

Dit jour. — Le Tribunal révolutionnaire [5] a condamné les nommés P.-A. *Chabrignac-Condé*, 65 ans, né à Dunkerque, ex-noble, ex-capitaine au régiment des carabiniers; E.-P. *Renard*, 53 ans, né à Paris, ex-notaire, juge de paix; F. *Drouin*, 42 ans, né à Richelieu, ex-procureur de la commune, marchand; P. *Boureau*, 41 ans, né à Saumur, ex-huissier, à la Connétablie, ex-commis du receveur du district, et tous quatre cultivateurs; H.-F. *Guillon-Duplessis*, 46 ans, né à Mazé, district de Beaujeu, ex-religieux; J. *Billard*, 62 ans, né à Signy-Librecy, département des Ardennes, brigadier de la gendarmerie nationale; A. *Guerrier*, 47 ans, né à Vicq-sur-Allier, ex-maire et curé, tous sept de Fontevraud, convaincus d'être auteurs ou complices d'une conspiration qui a existé contre le peuple en entretenant des intelligences avec les rebelles de la Vendée, en employant des manœuvres tendantes à favoriser et seconder les brigandages de ces rebelles et leurs complots liberticides, et au rétablissement de la royauté, et de l'avoir fait avec des intentions contre-révolutionnaires, *à la peine de mort*.

23. — Le Tribunal criminel condamne le nommé Jacques *Laigneau-Langellerie*, prêtre réfractaire, ci-devant aumônier des ci-devant Carmélites d'Angers, *à la peine de mort*.

---

1. 21 septembre 1793.
2. Château, commune de Gené. Il appartenait, avant la Révolution, à la famille Bossoreille, sur qui il fut saisi nationalement. — Il est redevenu sa propriété.
3. Canton du Lion-d'Angers.
4. Sur la commune de ce nom, canton du Lion-d'Angers.
5. De Paris.

Dit jour. — L'armée du général Delmas [1] a défait les brigands, tué Charette et environ 3,000 autres rebelles ; le reste est en fuite [2].

30. — La fête des victoires nationales a été célébrée avec enthousiasme et un concours immense de citoyens. Une musique d'amateurs a fait retentir l'air de concerts. Le représentant du peuple Bezard [3], les généraux Canclaux [4], Dupineau, Savary [5] et les autorités constituées assistaient à la fête. Au temple de la Raison [6], l'orgue a retenti et imité le bruit des camps. Le représentant, le général Canclaux, le citoyen Brevet, notaire et officier municipal, le citoyen Hourtelou, aussi officier municipal, et deux membres du Comité révolutionnaire ont prononcé chacun un discours ; la fête s'est terminée par la lecture de l'adresse de la Convention nationale aux Français.

Brumaire 18 [7]. — Les toues bastinguées des canonnières le *Caton* et *Ruiter* se sont emparé dans la bouerre d'Anjou [8] d'une embarcation où quatre-vingts brigands s'étoient retranchés ; la victoire est due au commandant des toues, le citoyen Sagory, qui s'est jetté à la nage pour couper l'amarre du bateau des brigands : aucun républicain n'a été tué ; les brigands ont perdu trois hommes.

26. — On a établi un camp à la roche d'Érigné [9], sous le commandement du général Bournet. Le représentant Bezard y est allé le matin ; il venoit d'en partir quand on a prévenu le général de l'apparition sur la commune de Saint-Melaine [10], dans la direction de Brissac, de la cavalerie et de l'infanterie brigande. Il a aussitôt envoyé deux patrouilles de gendarmes et deux cens hommes d'infanterie. Huit gendarmes ayant aperçu des cavaliers brigands, les ont chargés. Deux ont quitté leurs chevaux et se sont sauvé à travers les hayes ; mais les gendarmes s'étant trop avancés sont tombés dans une embuscade. Deux ont été blessés et un brigand a été tué ; les brigand se sont retiré dans les bois en voyant l'infanterie ; ils ont tué ou blessé plusieurs patriotes de la commune de Saint-Melaine.

Frimaire 9 [11]. — Le représentant Bezard, après avoir vu les postes de Rochefort [12], a visité les camps du Breuil [13] et de Beaulieu [14]. Avant d'arri-

---

1. Delmas, Antoine-Guillaume, né à Argental, en 1768, tué à la bataille de Leipzig, (31 octobre 1813).

2. Malgré cette nouvelle, Charette ne s'en portait pas plus mal.

3. Bezard, François-Simon, député de l'Oise à la Convention, vota la mort de Louis XVI. Sous l'Empire, il fut nommé conseiller à la Cour d'Amiens. Mort en exil, (1815).

4. Canclaux, Jean-Baptiste, né à Paris, en 1740, mort comte et Pair de France en 1817.

5. Né à Vitré en 1753. C'est l'auteur de la *Guerre des Vendéens et des Chouans.*

6. La cathédrale.

7. 8 novembre 1794.

8. Boire formée par la Loire, commune de la Varenne, canton de Chantoceaux.

9. Commune de Mûrs, canton des Ponts-de-Cé. — Un dessin en existe dans Méliand : *Vues pittoresques.* (Paris, 1822.)

10. Canton, et à 7 kilomètres des Ponts-de-Cé.

11. 29 novembre 1794.

12. Rochefort-sur-Loire, canton de Chalonnes.

13. Village, commune de Beaulieu.

14. Bourg, canton de Thouarcé.

ver à ce dernier, il rencontra le général Bournet et la cavalerie qui alloit en éclaireur. Un éclaireur de la Dordogne, qui avoit sept coups de fusil ·ans sa culotte, raconta tranquillement cela à Bezard, ne lui demandant pour toute récompense qu'une culotte neuve que le représentant lui a promise [1]. A l'approche des troupes d'Aubin-de-Luigné [2], les brigand fuirent de l'autre côté du Layon [3], abandonnant une grande quantité de vin, tout leur pillage et un drapeau blanc, qui fut mis en pièces et brûlé sous leurs yeux.

Bezard s'étant approché des brigands, ceux-ci le reconnaissant à son plumet lui crièrent: *Hé! foutu républicain, viens donc avec ton sacré représentant, passe donc, etc., etc.*,

11. — Les habitans de Brissac, Vauchrétien [4], Juigné [5], Saint-Jean-des-Mauvrets [6], ont tué environ une quinzaine de brigands dans la forêt de Brissac [7], parmi lesquels un chef, le nommé Rideau de Soulaine. Ce cruel roi de la forêt portoit un panache blanc et avoit outre un fusil comme la plupart des brigands [8], deux pistolets. Il a été surpris quand il alloit manger la soupe. *Si tu étois seul*, a-t-il dit à un petit républicain qui l'ajustoit, *comme je te ferois danser.*

15. — Le commandant du poste de Saint-Aubin a fait attaquer par quinze volontaires le moulin du Gâteau [9], qui servait de repaire aux brigands pour y moudre leurs farines. Les brigands ont été contraints de repasser la rivière. On a trouvé dans le moulin 45 boisseaux de blé, du lin, du fil. Cette attaque consterne les briguand, parce que c'est de ce moulin qui pouvoit alimenter de pain 3,000 hommes, qu'ils tiroient la plus grande partie de leurs farines.

30. — Dès huit heures du matin, les autorités ont escorté de la maison commune au temple de la Raison une centaine d'octogénaires qu'on avoit fait venir de différents endroits. Les deux bataillons d'enfans des deux écoles de l'Est et de l'Ouest se sont rangés de manière à former le contraste le plus frappant avec les vieillards. Le président et l'agent national du district ont pris la parole; après la lecture de la loi sur l'institution du livre de bienfaisance nationale, on a distribué des secours; puis le repré-

1. Quelle grandeur d'âme de la part du représentant et quel désintéressement du côté du grenadier ! — Ces choses-là ne se voient qu'en République.! — On ne dit pas si Bezard envoya la récompense promise.

2. Saint-Aubin-de-Luigné, canton de Chalonnes-sur-Loire.

3. Affluent de la Loire qui prend sa source dans les deux-Sèvres.

4. Canton de Thouarcé.

5. Juigné-~ur-Loire, canton des Ponts-de-Cé.

6. Canton des Ponts-de-Cé.

7. La forêt de Brissac n'est pas située sur la commune de ce nom, mais s'étend sur les communes voisines.

8. La rédaction de cette phrase laisse supposer que les Vendéens n'étaient pas tous armés de fusils.

9. Commune de Saint-Aubin-de-Luigné, appartenait avant la Révolution aux Darin de la Galissonnière. Il donne son nom à un petit ruisseau qui coule à ses pieds.

sentant Delaunay [1] a prononcé un discours. Il en a prononcé un autre le soir à la Société populaire, où les représentans se sont rendus.

Pluviôse, 2 [2]. — L'anniversaire de la mort de Capet a été célébré au temple de l'Être suprême [3] ; des chants patriotiques et une musique guerrière s'y sont fait entendre ; les représentans, les autorités, l'armée et la garde nationale s'y étoient rendus. Le représentant et l'agent national de la commune y ont prononcé un discours que le peuple a acclamé par les cris de *Vive la République ! vive la Convention !*

8. — Carpentier, qui étoit revenu à Doué, se porte sur Vihiers pour planter son camp au Coudray [4], d'où il sera à même de rayonner pour donner la chasse aux brigands qui se sont réfugiés dans leurs maisons.

Ventôse, 27 [5]. — Après trois jours de marche sous une pluie continuelle, les troupes républicaines sont arrivées près de Chalonnes, qui étoit au pouvoir des brigands, et dont les habitans s'étoient réfugiés dans l'île. Les charpentiers avoient à peine placé une ou deux planches pour reconstruire le pont coupé par les brigands que les soldats se sont élancés et mis l'armée de l'Allemand Stofflet en pleine déroute, si rapidement qu'elle a laissé la soupe toute chaude. Quand les rebelles ont été sur la hauteur qui domine la commune, ils ont crié comme des enragés : *Vive le Roi !*

Nos soldats ont trouvé un atelier de salpêtre, et le représentant Bezard a fait enlever cinquante cuviers de terre prête à la filtration.

Une partie des troupes doit marcher sur le Montglonne.

Charette ayant appris que l'Allemand Stofflet avoit maltraité et avoit même menacé de faire fusiller des hommes que les chefs vendéens lui avoient envoyés pour l'engager à la paix, marche sur lui avec son armée.

27. — Sur les deux heures de l'après-midi, au moment de la distribution du pain à nos troupes, l'armée de Stofflet, divisée en trois colonnes de 800 hommes chacune, a paru sur les hauteurs de Chalonnes. Notre division de droite a vigoureusement soutenu le choc, mais les autres moins fortement ; nos grenadiers ont tué beaucoup de monde aux rebelles. Nos soldats ayant été obligés de battre en retraite, les brigands, à l'aide des défilés et des vallons avoisinant Chalonnes, ont coupé la retraite à nos braves grenadiers qui se retranchent dans l'église et la maison neuve du citoyen Vial et font pleuvoir une grêle de balles. Les brigands leur demandent de se rendre et de crier *Vive le Roi. Non,* répondent-ils, *allez vous faire f... et vive la République !* Le général Boussard [6] met pied

---

1. Delaunay, Pierre, né à Angers en 1755, mort en 1815. Son frère avait été guillotiné à Paris avec Danton et Camille Desmoulins. Ils étaient tous deux députés à la Convention. Pierre Delaunay a laissé des papiers très importants qui sont devenus partie ma propriété, partie celle de M. Valery Parrot d'Angers.

2. 21 janvier 1795.

3. La cathédrale, qui portait en même temps les noms de *temple de la Raison* et de *temple de l'Être suprême.*

4. Le Coudray-Montbault.

5. 17 mars 1795.

6. Boussard, André-Joseph, né à Binch (Hainaut), le 13 novembre 1758, mort baron de l'Empire le 11 août 1813.

à terre et s'écrie : *Comment ! laisserons-nous nos braves grenadiers périr seuls !* puis il prend un soldat par le bras en disant : *Que ceux qui ont du courage me suivent !* Une centaine de grenadiers du bataillon ci-devant Aunis le suit, et, malgré le feu à bout portant des rebelles, parvient à rejoindre au pas les grenadiers du premier bataillon de Chartres et du quatrième de la charge, puis tous, à la bayonnette, chassent les brigands. Les républicains ont soixante-dix hommes tant tués que blessés; les brigands en ont davantage; ils étoient tellement pressés qu'ils n'ont pas pris la peine d'emporter leurs morts et les ont jettés à l'eau.

Germinal, 2[1]. — Les brigands s'étant emparé de Trémont, le général Banregard[2] envoya contre eux vingt cavaliers et soixante-dix hommes d'infanterie. Les rebelles les accueillirent par une décharge de coups de fusil et leur cavalerie s'avança contre la nôtre. Quelques coups de carabine et une charge mirent les brigands en déroute. Ils ont été poursuivis jusqu'aux bois des Jumeaux et ont abandonné des provisions et une trentaine de paires de sabots, dont les plus légers pèsent, dit-on, dix livres.

Dit jour. — Stofflet, ayant placé au milieu de ses troupes une belle pièce de quatre, est venu attaquer le Montglonne sur trois points. Les chasseurs francs, les grenadiers, l'adjudant-général Haudeville[3] en tête, ont chargé et se sont emparé du canon. Plusieurs brigands se sont noyés en passant l'Èvo[4]. Les troupes ont fait des prisonniers, dont un chef. Un déserteur des Ponts-de-Cé, hussard du onzième, nommé *La Jeunesse*, a été tué par un de ses camarades. Nos troupes n'ont eu qu'un homme tué et sept blessés.

13. — Des gens ayant empêché à la comédie, à la fin du spectacle, que l'on chantât le *Réveil du peuple*, d'autres décidèrent de le chanter au prochain spectacle; la municipalité prit des mesures et on le chanta sans suites fâcheuses.

Dit jour. — Plusieurs individus, membres du premier Comité révolutionnaire de notre ville, viennent d'être mis en état d'arrestation.

Floréal, 2[5]. — Un mandat d'arrêt a été pris contre Thierry, Hudoux[6],

---

1. 22 mars 1795.

2. Beauregard, Charles-Victor, né à Metz le 16 octobre 1764, tué en Espagne, en 1810.

3. Haudeville, Jean-Baptiste, né à Leyr, (Meurthe), en 1771, mort manufacturier à Angers, en 1811.

4. L'Èvre, rivière, née sur l'arrondissement de Cholet, et qui se jette dans la Loire après avoir décrit, à travers tout le pays Choletais, de nombreux et pittoresques méandres qui lui forment un cours total de près de 92 kilomètres.

5. 21 avril 1795.

6. Hudoux n'avait guère que vingt ans quand survint la Révolution. Son jeune âge ne l'empêcha pas de devenir membre de la Commission militaire de Nantes et du Comité révolutionnaire d'Angers. Il se distingua dans ces fonctions par une férocité inouïe. Il habitait rue Cordelle et exerçait le métier de marchand d'estampes. Quand, après la Terreur, il sortait dans les rues, les enfants se sauvaient de peur en criant : « *C'est celui-là qui envoyait les gens à la guillotine !* » Quelquefois ils se groupaient en bande, au sortir de l'école de la cour des Cordeliers, et venaient, devant sa boutique, l'injurier et lui jeter des pierres. Chaque décadi, Hudoux réunissait, à l'abri de tout regard, dans un appartement retiré, les survivants de l'an-

Martin Luçon, Boussac, René Goslin [1], imprimeur, membre du Comité révolutionnaire; Charles Davril, vitrier; Michel René Gillot, gendarme; Alexandre Jullon, dit Lindor, homme de couleur, tambour-major, et Vaillant, ouvrier de Goslin-Hudoux, Martin-Lusson, Boussac et Davril sont en fuite, mais leur signalement a été envoyé partout.

Prairial, 8 [2]. — L'armée du brigand Stofflet a envahi à l'improviste le bourg de Nueil; à l'approche des rebelles, la plupart des patriotes ne songèrent qu'à prendre la fuite; mais le maire, entouré d'une douzaine de braves, se retire dans le clocher de la ci-devant église, d'où ils fusillent les brigands; ceux-ci, ne pouvant triompher de l'indomptable courage des patriotes mettent le feu au clocher; rien ne peut abattre la valeur des républicains, qui se battent au milieu des flammes comme ils le faisoient auparavant; les greniers de l'église leur offrent un abri sûr, d'où ils tirent à leur aise sur les brigands sans que ceux-ci puissent les déloger. L'allemand Stofflet met alors le bourg au pillage, puis il se retire après avoir incendié toutes les maisons; les brigands ont laissé une trentaine des leurs sur le champ de bataille, et aucun patriote n'a été atteint.

11. — La population de Doué a célébré dignement la mort de son brave maire Pilet [3], mort d'une blessure qu'il avoit reçu au coude en défendant l'église de Nueil contre les brigands. Les autorités constituées assistoient en corps à ses funérailles; une couronne civique étoit placée sur le cercueil que portoient quatre de ses camarades; le président de l'administration a prononcé un discours analogue.

Dit jour. — Comme on craint que la foire [4] ne soit une occasion de produire des troubles, des patrouilles seront faites pendant la foire, et elles arrêteront ceux qui essayeroient de troubler l'ordre ou insulteroient les citoyens. Les chefs de poste ne laisseront entrer en ville que ceux qui auront la cocarde tricolore; les autres seront arrêtés.

Messidor, 8 [5]. — Des colonnes républicaines partent d'Angers pour parcourir les communes des districts d'Angers et de Segré, où se trouvent des chouans.

12. — Les colonnes parties d'Angers le 8 y sont rentrées dans la nuit du 11 au 12. Elles ont eu plusieurs affaires avec les brigands à qui elles ont tué une trentaine d'hommes. Les rebelles en fuyant ont abandonné des armes et des vêtemens.

Fructidor, 11 [6]. — Dans la nuit du 10 au 11, des individus barbouillés

cien Comité révolutionnaire, et tous, coiffés du bonnet rouge, se livraient à l'orgie, pendant que sa femme et sa fille, contraintes par lui, faisaient le guet. Hudoux avait été l'intime ami de Carrier. (Renseignements fournis par M. Léon Cosnier.)

1. Imprimeur à Angers, avait fait les campagnes de la Vendée, puis rempli les fonctions de secrétaire du district.

2. 27 mai 1795.

3. Pillet ne fut jamais maire de Doué, mais bien de Nueil.

4. Il ne s'agit ici que d'une simple foire mensuelle, et non pas d'une des deux grandes foires annuelles.

5. 26 juin 1795.

6. 28 août 1795.

do suio ont enfoncé les portes de la maison des Tranchandières [1], habitée par la citoyenne veuve Poulain et ses domestiques, y ont enfoncé les meubles, commis toutes sortes de sauvageries, brûlé les pieds de la ci-toyenne Poulain, se sont emparé d'une liasse d'assignats royaux ; d'une autre républicains ; d'une montre en or à fleurs, une autre montre en or à personnages sur le boitier ; des boucles d'oreille en or ; deux alliances, sur l'une était gravé J. Aubry, Poulin Saintré, sur l'autre le nom do Poulin de Caintré et Fauchon ; une croix d'émail d'un côté, et de l'autre à diamant montés en argent, ayant dans l'intérieur un morceau de bois de Vraie Croix, vingt et quelques mouchoirs de mousseline.

AN IV. — *Ventôse, 2* [2]. — Le conseil militaire, assemblé par l'ordre de l'adjudant-général Flavigny, chef de l'état-major, a condamné Louis Mabile de la *Pommelière,* âgé de 31 ans, natif d'Angers, convaincu d'émi-gration et chef des rebelles, *à la peine de mort.*

6. — Ledit conseil a condamné : Nicolas *Stofflet,* 44 ans, natif de Lunéville, département de la Meurthe, convaincu d'être chef des rebelles de la Vendée ; Charles *Lichtenhein,* natif de Prado, en Prusse, ancien officier au service de l'Empereur, un des officiers de Stofflet ; Joseph-Philippe *Desvarannes,* natif d'Ancenis, ancien commis à ce district, officier de Stofflet ; Joseph *Moreau,* 20 ans, né à Chanteloup, département de Maine-et-Loire, brigand ; Pierre *Pinot,* 21 ans, né à Chollet, brigand.

11. — Le tribunal criminel condamne Martin *Guinet,* né à Paris, chouan, *à la peine de mort.*

29. — Ledit tribunal condamne Jean-Antoine *Chiflier,* 20 ans, né à Bonnevau, département du Doubs, *à la peine de mort.*

Germinal, 17 [3]. — Ledit tribunal condamne Joséphine Lepoudré, 40 ans, faubourg Lazare [4], accusée d'avoir soustrait une partie du mobilier, notamment de l'argenterie, dans la maison de campagne de Nouzillé, ap-partenant au sieur Tremblier Chauvigny [5], prêtre, ex-chanoine réfractaire, déporté, où elle étoit domestique.

Thermidor, 20 [6]. — Ledit tribunal, considérant qu'il n'est pas constant que Louis-Marie du Hardas d'Auttoville, âgé de 19 ans, ait pris une part active à des révoltes depuis la pacification, l'acquitte et le met en liberté.

22. — Ont été exécutés : Pierre *Thourault,* Joseph *Chaudouineau,* Jacques *Jousbert* et René *Assier,* condamnés *à la peine de mort.*

AN V. — *Frimaire, 17* [7]. — Ledit tribunal condamne Jacques *Perdriau,* tailleur d'habits, commune de Saint-Lambert-du-Lattay, pour avoir tué, canton du Pont-Barré, commune de Beaulieu, un volontaire au 2ᵉ ba-taillon de Paris, nommé Jean Sigot, *à la peine de mort,* et à être conduit

---

1. Petit domaine, canton Nord-Ouest d'Angers.
2. 20 février 1796.
3. 6 avril 1796.
4. Saint-Lazare.
5. V. ci-après, pièce XVIII.
6. 7 août 1796.
7. 7 décembre 1796.

préalablement sur la place publique d'Angers, revêtu d'une chemise rouge.

Pluviôse, 17[1]. — Ledit tribunal condamne François *Renault*, laboureur chouan, natif de la commune de Cordemais, département de la Loire-Inférieure, coupable d'avoir tué Jean Jouaffre, vicaire constitutionnel de Malleville, *à la peine de mort.*

19. — Ledit tribunal condamne Joseph Besnard, 33 ans, journalier, né et domicilié à Baugé, convaincu d'avoir abattu l'arbre de la liberté, en trois mois d'emprisonnement et à une amende du double du dédommagement dû pour la replantation d'un arbre de la liberté.

Messidor, 16[2]. — Ledit tribunal condamne : Ambroise *Desbré*, 23 ans ; Michel *Cerelais*, 34 ans ; Pierre *Hubert*, 25 ans ; Mathurin *Ogereau*, 21 ans ; tous quatre tisserans, convaincus d'avoir, depuis la pacification [3], homicidé, près le village de la Bordelière, commune de la Tourlandry, avec préméditation, le citoyen Yvon, voiturier des Gardes, *à la peine de mort.*

Fructidor, 20[4]. — Ledit tribunal cond:mne : Pierre *Besson*, dit *Prosperi*, et Louis *Edin*, dit *la Clef des Cœurs*, chouans, *à la peine de mort*[5].

AN IX. — *Brumaire, 15*[6]. — Le tribunal criminel acquitte et met en liberté René Favreau, demeurant rue Baudrière, convaincu d'avoir, rue Nicolas[7], répété à haute voix et avec affectation : *A bas la République, m...,*[8] *pour la République, il nous faut un Roi, vive le Roi*, mais non méchamment, et sans avoir l'intention de provoquer la dissolution de la République et le rétablissement de la Royauté.

17. — Exécution de Pierre *Besson*, 23 ans, charpentier en bateaux, né à Étriché, demeurant à Juvardeil, *condamné à mort* par le tribunal criminel.

Dit jour — Exécution, à 11 heures du matin, de Jacques *Rapin*, meunier, 41 ans, né à Montreuil-sur-Mayne, demeurant commune de Gemmes[9], près Segré, *condamné à mort* par le tribunal criminel.

Prairial, 6[10]. — Le tribunal criminel spécial a condamné *à la peine de mort* : Jacques *Leleuille*, Pierre *Lemoine*, Jean *Paulmier* et Jean *Lamprière*, de la commune de Doué.

12[11]. — Exécution d'Antoinette Legrand, 24 ans, née et demeurant com-

---

1. 5 février 1797.
2. 4 juillet 1797.
3. Ces mots : *depuis la pacification*, indiquent clairement qu'il s'agit de chouans.
4. 6 septembre 1797.
5. Les condamnés appelèrent de cet arrêt au tribunal de Cassation, qui annula le jugement et les renvoya devant le tribunal criminel de la Mayenne. Besson y fut à nouveau condamné à mort, mais Edin vit sa peine remplacée par celle des travaux forcés à temps. (Papiers de Benaben.)
6. 5 novembre 1800.
7. Saint-Nicolas.
8. Je mutile le texte !
9. Sainte-Gemmes-d'Andigné.
10. 25 mai 1801.
11. 4 octobre 1801.

mune de Lourosse, veuve de Jean *Ayeris*, boucher, condamnée à mort par
le tribunal criminel.

AN X. — *Vendémiaire, 13*[1]. — Le tribunal criminel a décidé qu'un
inconnu se disant *Louis Laroche*, ou *Monsieur le Duc*, ou *la Tour*, ou
de *Beauveau*[2], prévenu de crime d'embauchage, et paroissant avoir l'esprit aliéné et avoir le langage d'un maniaque[3], seroit transféré de la Rossignolerie[4] à l'hospice civil pour y recevoir les traitemens qu'exige son
état.

Ventôse, 17[5]. — Ledit tribunal condamne par contumax Jacques *Gaudin* et *Faureau à la peine de mort.*

Messidor, 21[6]. — Ledit tribunal condamne à six mois d'emprisonnement la femme Goudebille, marchande, faubourg Lazare, 50 ans, pour
avoir reproché au citoyen Esnault *d'être républicain* et dit que *tous
ceux qui l'étoient ainsi que ceux qui avoient acquis des domaines
nationaux étoient tous des voleurs et des f...gueux; qu'eux, Er-
nault et sa femme avoient acheté une maison appartenant à
l'Eglise, mais qu'ils la rendroient bientôt aux propriétaires,* ainsi
que *Gruget*[7] *étoit rentré dans son église à la Trinité*[8].

AN XI. — *Vendémiaire, 14*[9]. — Ledit tribunal condamne à six mois
d'emprisonnement François Rouillard, maçon, 58 ans, demeurant à Angers,
cour l'Aubrière, pour avoir dit au Plessis-Grammoire, du citoyen
Drouault[10] *qu'il étoit un coquin, un voleur d'église, de troupeau,
d'âmes et de cure, qu'avant un mois il le feroit mettre lui-même
dans les prisons, qu'il donneroit une pinte de son sang pour qu'il
fût tué, et qu'il le fusilleroit bien lui-même;* d'avoir en outre dit du
citoyen Rivault à la veuve Saulnier, sa mère, *qu'il avoit volé la maison
de la congrégation des missionnaires ou petits pères d'Angers*[11], et

---

1. 4 octobre 1801.
2. Fils du fameux marquis de Beauveau, qui voulut l'assassiner et le poursuivit de ses cri-
minelles vengeances jusqu'au jour où il le crut mort, tandis qu'on avait enterré à sa place
quelques bûches dans un cercueil. La vie de cet infortuné, qui mourut sans pouvoir même obtenir de porter son nom, est un vrai roman d'aventures, tel que nos romanciers, même les
plus inventifs, n'en ont point écrit. (V. M. l'abbé Deniau, dans son *Histoire de la Vendée*,
M Port, *Dictionnaire de Maine-et-Loire*, au mot *Beauveau*.)
3. Il singeait la folie pour échapper à la mort, et il y réussit.
4. Ancien collège des Frères des Écoles chrétiennes, aujourd'hui le Lycée, et qui alors servait de prison.
5. 7 mars 1802.
6. 9 juillet 1802.
7. C'est le vénérable curé de la Trinité, auteur des *Cahiers*, tant de fois cités par tous
ceux qui ont eu à parler de la Révolution en Anjou. Caché dans une maison de la place du
Ralliement, il donnait, par une lucarne, l'absolution aux victimes qui montaient à l'échafaud.
Il est mort en 1840, âgé de 89 ans.
8. Paroisse d'Angers, sur la rive droite de la Maine.
9. 5 octobre 1802.
10. Je ne sais si ce prêtre était l'intrus de l'endroit. Cette paroisse avait eu pour curé constitutionnel le vicaire Briant de Saint-Silvain, qui renonça à toute fonction ecclésiastique le
5 février 1794.
11. Les Lazaristes, établis à Angers depuis 1674, avaient leur couvent rue Valdemaine.

lui ajouta : *mais ne t'inquiette pas, il les rendra et je les lui ferai rendre.*

II

MÉLANGES.

I

Les administrateurs du département de Maine-et-Loire au citoyen Bena-ben leur commissaire près l'armée qui poursuit les rebelles de la Vendée.

Nous avions de vives inquiétudes sur la cause de ton silence. L'aventure de la voiture [1] nous faisoit craindre quelque tour de la part de Muller ; mais heureusement nous recevons ces deux lettres qui nous tranquillisent.

Nous ne sommes pas étonnés de l'entrée des brigands au Mans. Tant que les généraux n'iront pas plus grand train et ne prendront que des mesures partielles pour les arrêter, ils iront loin et la promenade qu'on se plaît à faire parce qu'elle est lucrative durera longtems.

Continue toujours à nous donner des nouvelles de ce qui se passera et le plus fréquemment que tu pourras.

II

Les officiers municipaux de la commune de Doué aux administrateurs du département de Maine-et-Loire.

Doué, le 26 frimaire l'an 3 [2] de la République françoise une et indivisible.

Républicains,

Dès que nous avons eu reçu votre arrêté qui porte que le département de Maine-et-Loire offrira à la Convention un vaisseau qui sera nommé le Vengeur, nous nous sommes empressés de le publier sur nos places et à la Société populaire. Il a été reçu de tous nos concitoyens avec l'enthousiasme qui caractérise de vrais républicains et qui brûlent d'envie de contribuer à la destruction de la marine anglaise, dont nous regardons la nation comme notre ennemie la plus lâche et la plus perfide.

Les dons réunis de la commune et de la Société populaire forment une somme de seize cent quarante-neuf livres, qui a été versée dans la caisse du citoyen Delage, receveur du district de Saumur, dont il nous a donné un reçu.

Salut et fraternité.

Une impasse de cette rue porte encore le nom d'impasse des *Petits-Pères*. L'ancien couvent a été démoli en 1860.

1. V. ci-dessus, *Correspondance politique*, lettre XXVII, et *Correspondance privée*, lettre VI.

2. 16 décembre 1794.

III

Les administrateurs du district de Châteauneuf aux administrateurs du département de Maine-et-Loire.

Châteauneuf, 30 nivôse an 3 [1] de la République française une et indivisible.

Citoyens,

S'il nous a été douloureux de vous participer tant de fois que nos malheureuses contrées étaient le théâtre de meurtres, incendies, pillages et viols commis par des hordes cannibales, il nous est aujourd'hui infiniment agréable de vous annoncer qu'une partie de ces monstres vient de recevoir le juste châtiment de tant d'horreurs.

L'adjudant-général Soupe, informé que ces scélérats s'étaient portés hier sur la commune de Sourdres [2], y avaient fait chanter une messe, s'y étaient livrés à la débauche [3], et se disposaient à exercer de nouveaux brigandages, a, pour les prévenir, marché toute la nuit avec les trois cens hommes d'arme qu'il a amenés d'Angers, auxquels s'est joint la compagnie de carabiniers qui, la veille, avoit été attaquée par ces scélérats ; instruits ensuite qu'ils se rendoient dans la commune de Saint-Laurent [4], il les y a suivis ; rendu près le ci-devant château de Noirieux [5] et la Jaquesse, il a reconnu l'armée des brigands qui occupoit ces maisons, laquelle s'est aussitôt retirée dans une futaie voisine et a fait feu sur l'avant-garde des nôtres ; invités par l'adjudant Soupe à profiter de l'amnistie en se conformant au décret de la Convention, ils ont répondu par des cris horribles, *vive le roi !* et par des coups de fusil. Alors le combat s'est engagé et a duré plus d'une heure.

Grand nombre de ces tygres ont mordu la neige ; beaucoup ont été blessés et le reste a pris une fuite très précipitée. Aussitôt, nos braves défenseurs les ont poursuivis très loin, en ont encore tué quelques-uns, et ont arrêté le nommé Beaudouin [6], ci-devant vicaire à Avrillé, lequel étoit

1. 10 janvier 1705.

2. Canton de Châteauneuf.

3. Cette débauche, à l'issue d'une messe, aurait besoin d'être expliquée. Je crains fort qu'il ne s'agisse d'un simple déjeûner.

4. Saint-Laurent-des-Mortiers, canton de Bierné, (Mayenne).

5. Château, commune de Briollay.

6. Ce prêtre courageux allait, au milieu des balles, prodiguer aux blessés les secours de son saint ministère. Un jour qu'il confessait un soldat républicain, un autre soldat se précipita sur lui et allait le sabrer sans pitié, quand un officier détourna le coup et empêcha qu'on n'inquiétât l'abbé Beaudouin. Il était muni « d'hosties, d'huile et d'autres signes de superstition et de fanatisme, » dit la lettre des administrateurs ; cela signifie qu'il prodiguait encore aux blessés, en dépit de tout danger, les secours de la religion. Que vient faire ici ce pistolet, jeté POUR FAVORISER SA FUITE ? Depuis quand donne-t-on aux gens l'absolution le pistolet au poing. Et à qui espère-t-on faire croire que l'on jette une pareille arme POUR FAVORISER UNE FUITE ? Calomnie, calomnie ! — M. Port n'a pas mentionné cette accusation. C'est étonnant !

muni d'hosties, d'huile et d'autres signes de supersistion et de fanatisme. Ce scélérat a été vu avec un pistolet à la main, dont il s'est débarrassé pour favoriser sa fuite. Amené ici et interrogé, il est convenu avoir dit la messe hier à Scurdres. C'est lui qui exhortoit et confessoit les malheureuses victimes égorgées par ses compagnons de crime.

Dans ce combat, nous n'avons eu qu'un volontaire tué et cinq blessés ; ils sont dans notre hospice militaire, où ils seront traités en amis et en frères. On assure que les ennemis étoient au nombre de sept à huit cents, et qu'il y en a eu près de quatre-vingts de tués, sans compter les blessés. Il leur a été pris trois chevaux, dont deux très beaux ; on va les envoyer au dépôt d'Angers, pour y faire le service de la République.

Si l'adjudant-général Soupe se loue de la bravoure et de la discipline des volontaires qu'il commandait, ces braves militaires, non moins justes, rendent aussi hommage à la valeur, aux talents et à l'expérience de cet officier.

Salut et fraternité.

IV

Le représentant du peuple Bézard à Guillemé, adjudant-général à Angers.

A Saumur, le 13 germinal l'an troisième [1] de la République.

Je te fais passer, mon cher Guillemé, copies collationnées de deux lettres que je reçois à l'instant ; je t'invite à les communiquer aux autorités constituées d'Angers ; elles sont assez importantes pour exciter leur intérêt.

J'écris de la manière la plus pressante à mes collègues, pour engager le général en chef à faire passer à Angers deux bons bataillons. J'espère qu'il s'en occupera avec d'autant plus de raison, que le général Lebley me marque que peut-être sous quinze jours il aura des troupes.

BÉZARD.

Je n'ai pas le temps de t'envoyer les copies collationnées qui sont annoncées dans la lettre de Morisson [2] et Dormier [3], mais Stofflet demande une entrevue et dit qu'il a envoyé des commissaires à Rennes.

---

1. 2 avril 1795.

2. Né en 1740 ; député de la Vendée à l'Assemblée législative et à la Convention ; vota l'exil du Roi. Il fut envoyé en Vendée pour y proclamer l'amnistie et y pacifier le pays. — Mort conseiller à la cour de Bourges, en 1816.

3. Né à Dampierre-sur-Salon, député suppléant de la Haute-Saône à l'Assemblée législative, député du même département à la Convention, y vota la mort du Roi. — Mort à Dijon en 1807.

V

Les représentans du peuple à la suite de l'armée de l'Ouest à leur collègue Bezard.

Cholet, le 12 germinal [1].

Nous sommes arrivés ici hier soir, cher collègue, à sept heures, avec l'avant-garde de la colonne de Bonnaire, qui est restée à Maulevrier [2].

Nous n'avons rencontré nulle part l'ennemi qui fuyoit, n'ayant pu parvenir à faire le rassemblement qu'il s'étoit proposé.

Vous trouverez ci-joint copie de la lettre que nous avons reçue à deux heures du matin; et de la réponse que nous avons concertée avec le général Canclaux. Nous faisons part de ce qui s'est passé à nos collègues, à Nantes, Rennes, Saumur et au comité de Salut public.

Nous vous invitons à vous rendre près de nous pour que nous concertions les mesures ultérieures à prendre.

DORNIER, MORISSON.

VI

Le général divisionnaire Caffin [3] au représentant Bezard.

Quartier général de Chemillé [4], le 12 germinal.

Citoyen,

Je suis arrivé hier au soir à Chemillé sur les huit heures. En passant à Lambert [5], quelques brigands restés embusqués dans les maisons nous ont tiré quelques coups de fusil, et n'ont blessé personne.

Une lieue plus loin, nous entendons un feu assez bien soutenu ; j'ai pressé ma marche ; une lieue plus loin, j'ai rencontré un convoi qu'ils avoient attaqué ; ils m'ont tué un gendarme et blessé deux autres fort dangereusement. A mon arrivée, les brigands ont pris la fuite, et tout est arrivé à sa destination.

On n'a trouvé aucune résistance à Chemillé, la troupe y est entrée dans le meilleur ordre, et nous sommes bivouaqués un quart de lieue au-des-

---

1. 1er avril 1795.
2. Canton, et à 11 kilomètres et demi de Cholet.
3. Caffin Jean-Baptiste, né à Doué en 1751. Après avoir fait un congé, il revint au pays, et s'y livra au commerce. Sa qualité d'ancien soldat lui valut d'être nommé commandant de la garde nationale de Doué. Il devint rapidement adjudant-général, général de brigade, puis, général de division, (an IV). Contraint par blessures de reprendre sa retraite, il fut nommé maire de Doué et en remplit les fonctions jusqu'à la Restauration, où il fut révoqué.
4. Chef-lieu de canton, arrondissement et à 22 kilomètres et demi de Cholet.
5. Saint-Lambert-du-Lattay, canton de Thouarcé.

sus de la ville. On ne peut savoir où ils peuvent être assemblés. Nos patrouilles vont jusqu'aux Gardes, Trementines [1] et Jallais [2]; on ne rencontre personne, si ce n'est quelques hommes épars.

Tous ont abandonné leurs domiciles; je crois les femmes cachées dans les genêts. Je vais tâcher de les faire rentrer chez elles; je les protègerai. J'attends ici de nouveaux ordres.

CAFFIN.

Quelques femmes sont déjà rentrées ce matin.

VII

Le général divisionnaire Caffin au général en chef Canclaux.

Saint-Pierre-de-Chemillé [3], 21 germinal [4].

Je m'empresse, citoyen général, de te faire part d'un succès qu'a eu hier le troisième bataillon de l'Isle-et-Vilaine. Il fut attaqué vers midi en escortant un convoi de Saint-Lambert ici; il s'est battu avec courage, a repoussé l'ennemi et a rapporté un superbe drapeau, en taffetas rouge et blanc; un côté est enrichi d'étoiles en or et d'un écusson représentant saint Jean-Baptiste avec cette légende: *Ecce agnus Dei qui tollit peccata mundi.* L'autre est parsemé de fleurs de lys, également en or, et d'un écusson qui représente quelques armes; le bâton est surmonté d'un bonnet appartenant à celui qui le portait et qui a été tué.

Le rassemblement qui se faisait dans cette partie, et qui rendait tous les jours les royalistes plus audacieux et à craindre pour le passage de nos convois, m'a décidé à le dissiper; j'ai en conséquence fait partir la nuit dernière différentes colonnes qui se sont portées sur divers points; celle qui a été dirigée sur Neuvil [5] n'a trouvé en arrivant qu'un faible poste qui a été mis en fuite. Le commandant a fait aussitôt entrer la troupe par toutes les issues; on a trouvé l'église ornée d'un Saint-Sacrement [6], calice; tout est resté à sa place, tant dans l'église que dans les maisons où l'on est entré.

Une colonne forte de neuf cents hommes a dû passer près la Sorinière [7],

1. Bourg, canton et à 10 kilomètres de Cholet.
2. Bourg, canton et à 11 kilomètres de Beaupreau.
3. Quartier de Chemillé. C'est la partie la plus ancienne de la ville, qui tire son nom du vocable de l'église paroissiale.
4. 10 avril 1795.
5. Bourg, canton et à 12 kilomètres de Chemillé.
6. Ostensoir.
7. Château, commune de Chemillé, propriété, depuis le XVII° siècle, de la famille du Verdier qui, dès lors, prit le nom de du Verdier de la Sorinière, plus communément de la Sorinière.

qu'elle a laissée à sa droite, à la Bréaunière [1], la Tinaudière [2], Saint-Ambroise [3], et, de là, au Plessis-Florentin [4].

Une troisième de 800 hommes, a pris la route de Saint-Lambert jusqu'à la hauteur de Chanzeaux ; ces deux colonnes avaient l'ordre d'attaquer, l'une par devant, l'autre par derrière, ce village, si l'ennemi y était, et, de là, se rendre au Pont-Barré pour y escorter un convoi de pain assez considérable qui m'avait été annoncé.

Je ne sais point encore le résultat de ces dispositions, mais j'en augure favorablement, vu que, ce matin, à cinq heures, il a été terminé par le bruit des tambours qui battaient la charge ; depuis ce moment on a rien entendu ; il est dix heures, je n'ai point reçu d'ordonnance ; ils sont sans doute au Pont-Barré [5]. Je vous en communiquerai le rapport... Le voici :

Les deux colonnes, après avoir dans leur marche rassuré les habitans et semé la confiance et la sécurité, se sont rencontrées à Chanzeau, lieu fatal signalé depuis quelques jours par le meurtre de plus de 30 volontaires en route, par l'attaque d'un convoi qui a été pillé, dont les chevaux ont été tués. Les brigands qui y étaient retranchés, ne pouvant tenir contre l'impétuosité des troupes, se sont réfugiés dans le clocher, d'où ils ont commencé un feu redoutable. Déjà deux officiers du quatorzième bataillon de la formation d'Orléans, un grenadier et trois volontaires étaient tombés sous leurs coups, plusieurs autres étaient blessés ; les troupes ont demandé à monter à l'assaut, il a été ordonné ; les volontaires courent chantant des airs guerriers ; à leur tête sont les citoyens Islin, sergent du onzième bataillon de la Haute-Saône, et Duhaut, sergent des grenadiers du deuxième bataillon du même département. Ils criaient aux brigands de se rendre, ils le promettent, et cependant le premier reçoit un coup de sabre sur la tête ; le second pénètre et enlève de dessus une fenêtre un calice et une patène percés de deux balles : malgré l'enlèvement de ce palladium, les brigands recommencent leur résistance et leur feu ; ils ne cessent qu'alors qu'ils voient porter de la paille et du feu pour incendier leur retraite : il en sort des hommes, des femmes, que les volontaires reçoivent dans leurs bras, qu'ils secourent ; ceux qui sont blessés, même parmi les brigands, sont portés à l'ambulance ; on les soigne avec intérêt. Mais, dans cette action vive et qui a duré cinq heures, on n'a pu empêcher qu'il ne pérît treize à quatorze personnes, dont un prêtre, ci-devant vicaire à Concour-

---

1. Très vieux bourg, commune de Chemillé.

2. Hameau, commune de Gonnord.

3. Hameau, commune de Chanzeaux.

4. Hameau, commune de Chanzeaux. Il y existait avant la Révolution un château entouré de douves, qui ont survécu à sa ruine et en indiquent la grandeur. Près de là, des caves, aujourd'hui pleines d'eau, servaient d'entrée à de longs souterrains que des éboulements successifs ont en partie obstrués.

5. Village, commune de Beaulieu. Le 18 septembre 1793, les Vendéens y attaquaient les Républicains et les mettaient en pleine déroute. M. P.-L. Béchet a publié sous le titre : Les Fiancés du Pont-Barré, un très intéressant roman, dont les scènes sont contemporaines de cet événement.

son [1], victimes de la fumée de la paille incendiée et de la difficulté de s'échapper du clocher.

Les prisonniers ont été amenés à Chemillé. Les femmes, les vieillards ont été envoyés aussitôt chez eux par un représentant du peuple qui s'y est trouvé, et qui leur a donné des secours et assurance de protection, de paix et de tranquillité.

Chalons et Soyer, ces chefs qui ne savent qu'assassiner, se sont évadés de Chanzeaux au moment où nos troupes y sont entrées.

Dire qu'elles ont montré valeur, audace, discipline, serait atténuer ce récit. Les faits parlent et font l'éloge le plus vrai, le plus convenable à des républicains.

Elles ont déjà continué leur marche pour aller au Pont-Barré, au-devant d'un convoi qui, selon toute apparence, après ces deux leçons de suite, aura été respecté.

Salut et fraternité.

CAFFIN.

VIII

Les officiers municipaux de la commune d'Ingrande aux administrateurs du district d'Angers.

Du 3 thermidor an 3ᵉ de la République française.

Les craintes dont nous vous avons fait part se sont malheureusement réalisées. Les chouans en nombre considérable se sont portés hier, sur les six heures du soir, sur tous les points de la place d'Ingrande. Après une légère résistance, ses postes étant trop faibles pour tenir, ils sont entrés de tous côtés dans la place ; la troupe, après avoir perdu environ 50 hommes, tant tués que blessés, a fait retraite, une partie sur les postes de Montjean [3], l'autre sur le Citoyen. Le mal n'a pas été aussi considérable que les faux bruits, qui ne manqueront pas de se répandre, pourront vous le présenter. Les chouans se sont emparés de tous les chevaux qu'ils ont pu trouver.

Nous sommes à bord du Citoyen. Nous n'avons que des louanges à donner aux braves équipages des deux chaloupes canonnières stationnées à Ingrande. C'est à leur activité, à leur bravoure qu'une partie des habitans et de la garnison doivent leur salut.

1. L'abbé Blanvillain.
2. 21 juillet 1795.
3. Canton et à 13 kilomètres de Saint-Florent-le-Vieil.

IX

Les administrateurs du district de Châteauneuf,
Aux administrateurs du département de Maine-et-Loire.

Du 4 thermidor 4.

Cette nuit, l'avant-poste de la Verouillière 2, commune de Châteauneuf, a été attaqué. Des patrouilles nombreuses, envoyées au secours de ce poste, ont dissipé les chouans.

X

PRISE DE SEGRÉ 3.

Jusqu'au 2 thermidor 4, les chouans du district de Segré ont manifesté des intentions de se soumettre à la pacification du premier floréal ; mais la modération qu'ils ont affectée n'était qu'un nouveau piège pour mieux surprendre les républicains qui ont été victimés *(sic)* par ces cannibales, avec autant de barbarie que de perfidie.

Le 3 termidor, sur les sept heures du matin, ces scélérats, au nombre de plus de deux à trois mille, se sont précipités sur la ville de Segré, qui n'était défendue que par environ 150 hommes. Cette faible garnison, ralliée à l'extrémité de la ville, sur la route du Lion 5, a été attaquée par 400 chouans embusqués qui les y attendaient, tandis qu'une cinquantaine de cavaliers, avec le restant de leurs forces, chargeaient la garnison. Nous avons perdu environ cent défenseurs de la patrie, tant dans l'embuscade que dans l'attaque ; 38 soldats ont été déshabillés et égorgés de sang-froid six heures après le combat. Tous les habitans pris les armes à la main ont subi le même sort. Les caisses militaire et publique ont été pillées et les papiers du district spoliés en partie par ces scélérats qui y ont tout brisé.

Au milieu de tant de désastres, 27 soldats s'enfermèrent dans la caserne de Haute-Bize 6, et, après avoir opposé à cette horde de brigands la résistance la plus courageuse, firent leur retraite sur le Lion, avec perte d'un seul homme. Les patriotes en fuite et cachés s'attendoient à chaque instant à devenir victimes de la recherche des brigands, lorsqu'une colonne républicaine arriva à Segré et mit fin à leurs angoisses. La colonne, après avoir protégé l'enlèvement des papiers de l'administration, effectua sa

1. 22 juillet 1795.
2. Château, commune de Châteauneuf.
3. Je copie cette note, telle que je la trouve. Est-ce un extrait de lettre ? Est-ce un résumé des faits, rédigé par Benabe ? Rien ne l'indique.
4. 20 juillet 1795.
5. Le Lion d'Angers, chef-lieu de canton, arrondissement de Segré.
6. Magnifique domaine, dans la ville même de Segré, aujourd'hui la propriété de M. de la Borde.

retraite au Lion d'Angers, et une partie rentra à Angers avec les patriotes de Segré; on ne peut donner trop d'éloges à la prévoyance du général Bonnaud[1], qui, par cette marche prudente, a sauvé la vie aux patriotes de Segré.

XI

Dans la nuit du 7 termidor[2], les troupes stationnées à Châteauneuf et cantonnemens voisins ont fait un mouvement entre la Sarthe et la Maine. Elles ont rencontré à Contigné[3] environ 130 brigands, dont trois ont été tués; le reste a pris la fuite. A Cherré[4], on a pris un cheval et tué un brigand.

La colonne est rentrée à Châteauneuf à trois heures et demie.

XII

Le Conseil d'administration de la garde nationale d'Angers, aux citoyens administrateurs du département de Maine-et-Loire.

Angers, ce 1er fructidor, l'an 3e[5] de la République.

Citoyens,

Les vingt-quatre tambours de la garde-nationale d'Angers éprouvent en ce moment divers besoins : dix sont sans caisse, et tous sans uniforme. L'article 50 de la loi du 28 prerial leur en proscrit un particulier, et l'article 16, section 3e de la loi du 20 septembre 1791 (v. s.), porte que les administrations de département détermineront avec économie la dépense des rassemblemens et exercices de la garde-nationale. Nous vous invitons donc avec d'autant plus d'insistance à pourvoir à ces objets de dépense, que les tambours refusent le service.

Les commissaires du Conseil d'administration de la garde nationale d'Angers,

BENABEN[6], VIOT[7] fils, chef du 2e bataillon, BROUARD[8], président, R. REGNEAU, secrétaire, MESLET, chef du 1er bataillon.

1. Bonnaud, Jacques, né à Bras-de-Saint-Maximin en 1751, mort à Bonne en 1797.
2. 25 juillet 1795.
3. Canton et à 6 kilomètres de Châteauneuf.
4. Canton et à 7 kilomètres de Châteauneuf.
5. 18 août 1795.
6. Je n'ai pu savoir en quelle qualité, Benaben a rédigé et signé cette lettre.
7. Viot, Michel, fils d'un orfèvre, fut successivement capitaine des volontaires de la garde nationale, directeur du dépôt d'artillerie, adjudant-général de la garde nationale. « Sa grande fortune lui donnait entrée partout. Il était en quelque façon le meneur de la ville entière. » (Bibl. d'Angers, Ms. 1009.) — Mort en 1822.
8. Brouard, Joseph, procureur des eaux et forêts, fut, dès l'organisation de la garde nationale, élu capitaine et, plus tard, colonel. — Mort en 1826.

XIII

Châteauneuf, le 15 prairial, l'an 4 [1] de la République française.

Les administrateurs de la municipalité de Châteauneuf,

Aux administrateurs du département de Maine-et-Loire.

Citoyens,

Je m'empresse de vous mander que, depuis deux jours, environ 130 jeunes gens des communes voisines de celle de Châteauneuf, à la tête des quels étaient les nommés *Joli-Cœur* [2] et *Danse-en-l'Ombre* [3], leurs chefs, ont rendu leurs armes à l'état-major de la demi-brigade des Deux-Sèvres, cantonnée à Châteauneuf. Aujourd'hui le nommé Tourenlour, dit *Bonchamp* [4], a écrit à cet état-major que demain ou après-demain il viendrait avec ses compagnons de fortune remettre aussi les armes ; et enfin que le nommé Gaullier, dit *Grand-Pierre* [5], rassemble à Daon [6] tous les hommes égarés qui sont sous ses ordres, pour aller faire le dépôt de leurs armes à Châteaugonthier.

Tout semble nous annoncer que, sous peu, notre malheureux pays, depuis si-longtems victime de toutes les passions, va enfin jouir de la tranquillité et de la sûreté.

Les armes remises consistent en excellents fusils de calibre et de chasse, de quelques carabines, pistolets et sabres.

Je vous ferai passer, sous peu, les noms de ces nouveaux convertis, à qui il a été donné des passe-ports ou des laissez-passer, à la municipalité de ce canton.

Salut et fraternité,

FAUCHON, président.

XIV

Du quartier-général à Angers, 20 prairial de l'an 4 [7].

Le général de brigade Bailliot aux habitans de la commune de Gené.

Ce n'est pas sans peine ni sans étonnement que j'ai appris, citoyens, que vos jeunes gens, après avoir rendu leurs armes et s'être enfin soumis aux lois de la République, osent encore porter tous les signes de la rébellion et prélever les revenus des domaines nationaux. Je sais même que ces jeunes gens ont poussé leur impudent délire jusqu'à vouloir forcer

---

1. 3 juin 1796.
2. Guinoiseau, de Contigné, l'ami de *Monsieur Jacques*.
3. Capitaine des paroisses de Brissarthe et Châteauneuf.
4. Capitaine de la paroisse de Daumeray.
5. Gaullier, Marin-Pierre, fils d'un notaire de Morannes, né en 1766 et l'un des plus célèbres capitaines du Haut-Anjou. Louis XVIII le fit noble et chevalier de Saint-Louis.
6. Canton de Bierné, (Mayenne).
7. 8 juin 1796.

des défenseurs de la République à fouler aux pieds le signe chéri des républicains, *la cocarde tricolore*. De pareils crimes, citoyens, ne resteront point impunis; j'emploierai avec énergie tous les moyens qui me sont confiés pour maintenir la paix dans notre pays, pour faire respecter les lois républicaines, enfin pour vous rendre tous au bonheur et à la tranquillité. Une colonne républicaine de 150 hommes se rend parmi vous; elle y restera jusqu'à nouvel ordre et sera logée et alimentée à vos propres dépens. Quand j'aurai acquis la certitude que tout est rentré dans l'ordre naturel, que tous vos concitoyens s'occupent de leurs travaux champêtres, alors ce sera avec bien de la satisfaction que je retirerai les troupes de votre sein, ou que j'ordonnerai que les vivres leur soient envoyés des magasins de la République.

Je vous l'ai déjà dit cent fois, je vous le répète encore, citoyens; *de votre entière soumission aux lois de la République dépendent votre bonheur et votre tranquillité.*

Salut et fraternité,
BAILLOT.

XV

Paris, 22 prairial [1].

Aux administrateurs du département de Maine-et-Loire.

Citoyens,

Je me hâte de vous transmettre les nouvelles suivantes, que vous pouvez ajouter à la victoire remportée par le général Kléber.

Du Directoire.

Un courrier extraordinaire nous apporte la nouvelle d'une victoire signalée, remportée par l'aile gauche de l'armée de Sambre et Meuse, à Alterkenken. Nous avons pris 3,000 hommes, 12 pièces de canon, 4 drapeaux; l'armée victorieuse continue sa marche.

Nouvelle victoire de l'armée d'Italie, à Borghetto, sur le Mincio. Le quartier-général de Beaulieu a été pris avec environ 2,000 hommes et des provisions immenses. Nos troupes ont fait des prodiges de valeur.

Le traité de paix avec le roi de Sardaigne ratifié.

Salut et fraternité,
SAVARY, député du département de Maine-et-Loire.

XVI

LISTE DE DÉTENUS MORTS DANS LES PRISONS D'ANGERS [2].

Castellan, fils, de Nantes, 19 ans, Prison nationale, 1793.
Charles *Boisfoucault* [3], 73 ans, Prison nationale, 1793.

---

1. 10 juin 1793.

2. Cette liste, très incomplète, ne renferme pas la dixième partie des individus morts dans les prisons d'Angers.

3. Castellan et Boisfoucault faisaient partie du convoi des 132 Nantais, envoyés à Paris par le Comité révolutionnaire de Nantes, et qui séjournèrent quelque temps à Angers.

Jeanne *Chevalier*, fille, 21 ans, morte maison de Justice, le 17 fructidor an VII.

Françoise *Hervé*, fille, 50 ans, morte aux Pénitentes [1], le 7 brumaire an X.

Marie-Françoise *Petithomme*, fille de confiance, 80 ans, morte maison des Pénitentes, le 21 messidor an VII.

Germain *Pouyet*, 60 ans, né au Mans, mort à la Rossignolerie, le 1er thermidor an IV.

Benoist *Moreau*, 50 ans, sabotier, né à Remy-la-Varenne [2], mort Prison nationale, le 1er floréal an IV.

Couvole, Pierre, chanoine, diocèse du Mans, 12 septembre 1792.

Giffard, curé d'Andrezé.

Morton, curé constitutionnel de Saint-Silvin, 12 ventôse an II.

Sébastien *Rogeron*, curé de Saint-Saturnin, le 18 thermidor an II.

Gouppil, curé de Saint-Evroult.

Femme *Boutillier*.

Henriette *Dorothée*, ex-religieuse, 28 fructidor an II.

Marie *Jahan*, ex-religieuse.

Madeleine *Jaquet*, fille, 20 fructidor an II.

Modeste de la *Morandière*.

Mathurin *Motais*, 20 fructidor an II.

Trimoreau, prêtre, 20 brumaire an III.

Julienne *Gobé*, religieuse.

Françoise *Gautronneau*, religieuse.

Françoise *Ledrolle*, né à Sœurdre, 3e sans-culottide an II.

Il y a eu beaucoup d'autres personnes à perdre la vie dans les prisons, mais il est difficile de connoître leurs noms ; on pourroit aussi difficilement avoir ceux des détenus d'Angers envoyés dans d'autres prisons et qui y ont perdu la vie. Je sais qu'il y en a eu beaucoup. La liste que je donnai à Vial a été reconnue par lui pour être celle de prisonniers ; il croit que Hudoux les aura fait fusiller sans jugement ; l'un des membres de la Commission *disoit que s'il falloit noter tous ceux qui méritoient la mort, on n'en finiroit pas, et que ce n'étoit pas les écritures qu'il falloit allonger, mais la tête qu'il falloit rogner.*

Liste donnée à Vial :

Le Comité se tient près Saint-Maurice.

Angers, le 7e jour de la 2e décade du 2e mois de l'an 2e [3] de la République une et indivisible.

Les membres composant le comité de surveillance et révolutionnaire établi à Angers par les représentans du peuple.

---

1. Ancien couvent fondé à Angers, en 1612, pour recueillir les femmes de mauvaise vie, et installé dans la maison de la *Voûte*, remarquable logis du XVe siècle qui existe encore sur le boulevard Descazeaux. On avait, à la Révolution, transformé le couvent en prison pour les femmes.

2. Saint-Remy-la-Varenne.

3. 17 novembre 1793.

Le Comité a reçu de quatorze hommes de la force armée de Beaulieu, parmi lesquels sont un lieutenant, un sergent et trois caporaux, vingt-trois prisonniers venant de Beaulieu et Saint-Lambert.

J. MAUSSION.   MELLET.

OBRUMIER PÈRE.   NAIGEON.

CORDIER, secrétaire.

SAINT-LAMBERT.

Veuve Desvaux.... 47	Veuve Scillier..... 60	Suzanne Scillier.... 31
Marie Dameny 24	Françoise Dameny. 23	Jacquine Guillioteau 42
Louise Cœur de Roy 34	René Gaudin...... 30	Marguerite Gaudin. 28

BEAULIEU.

Veuve Martin..... 60	Victoire Fardeau .. 42	Marie Bodot....... 60
Marie Fardeau..... 45	Perrine Fardeau... 25	René Desvignes ... 52
Rose Fardeau 44	Anne Huet........ 58	Jeanne Pinneaux .. 66

CHANZEAUX.

Perrine Forest 32

Anne Forest....... 30

XVII

DÉTENUS EXÉCUTÉS A DOUÉ OU MORTS DANS LES PRISONS DE CETTE VILLE[1].

Jean *Albert*, de Joué.

Jacques *Augereau*.

Pierre *Augereau*.

Banchereau, de Latourlandry.

Pierre *Besson*, de Coré.

Marin *Bottère*, dit la Mourousière, dans la prison.

François *Bourreau*, de Chanzeaux.

Boussin.

Femme *Brault*, de Latourlandry.

Mathurin *Brault*.

Bremont, du Voide, fusillé.

Femme *Bremont*, fusillé.

Fille *Bremont*, fusillé.

Raphaël *Cassin*, de Vihiers.

Cassin, de la Tourlandry.

Veuve *Chabosseau*.

Veuve *Chaillou*.

Jacques *Charrier*.

Veuve *Charrier*.

François *Chemineau*.

Chouteau, laboureur, fusillé.

Cochet, chantre de la Trinité, dans la prison.

Femme de *Concise*.

Pierre *Drilleux*, de Chalonnes-sur-Loire.

Dubignon, guillotiné.

Alexis *Esnault*, du Lion-d'Angers.

Perrine *Frappereau*.

Maurille *Gelusseau*, de Cholet, dans la prison.

---

[1]. Même observation que pour la *Liste de détenus morts dans les prisons* d'Angers.

Femme *Giraudeau*, de Maulevrier.

Michel *Choloux*, maire du Voide, fusillé le 6 nivôse an II.

Pierre *Grolleau*, de Saint-Hilaire-du-Bois.

Rose *Guérin*.

Jean *Harcau*, des Ponts-de-Cé.

François *Lucas*, de la Jumellière.

Jean *Menard*, de Miré.

Merienne, de Maulevrier, fusillé.

Morin, de Cossé.

Louis *Onillon*, de Montjean.

Operon, juge de paix de Durtal, dans la prison.

Michel *Martin*, dans la prison.

Louis *Parent*, de Chalonnes.

Paumier, ancien conseiller à l'élection, dans la prison.

André-Édouard *Pissonnet de Bellefonds Lancrau*, 23 frimaire an II.

Pierre *Prieur*, de Daumeray.

René *Proust*, de la Tessoualle.

Georges *Proutière*, d'Angers.

Pierre *Renault*, de Saint-Paul-du-Bois.

Renou, vitrier, dans les prisons.

René *Renou*, de la Plaine.

Jean *Roulleau*, de Thouars.

Femme de *Vaugirand*.

XVIII

LISTE DE MESSIEURS LES ECCLÉSIASTIQUES QUI ONT PERDU LA VIE PENDANT LES ÉVÉNEMENS DE LA RÉVOLUTION

Agrafel, François, récollet de Saumur [1], mort sur les pontons de Nantes.

Allard, Jean-Marie [2], curé de Bagneux, guillotiné à Saumur, le 25 décembre 1793.

Allard, Mathurin [3], curé de Beausse, 1700.

Aubert, Jean [4], curé de Montguillon, noyé à Montjean, le 20 novembre 1793.

D'Autichamp, François [5], d'Angers, chanoine de Notre-Dame de Paris, guillotiné à Paris, le 23 juillet 1704.

1. Il était aussi aumônier du château de cette ville et fut interné, pour refus de serment, au Séminaire d'Angers, transformé en prison, le 17 juin 1792, d'où il ne sortit que pour être déporté. Il ne fut pas embarqué et mourut sur la fameuse galiote hollandaise qui servait de prison aux prêtres destinés à la déportation. Le P. Agrafel était né à Sarlat vers 1728.

2. Né à Craon en 1730, prieur-curé de Bagneux depuis 1767, prêta le serment constitutionnel, qu'il rétracta lors du passage des Vendéens à Saumur. Arrêté, il fut envoyé à Paris et condamné à mort par le tribunal révolutionnaire. J'ai déjà, ci-dessus, rectifié l'erreur de Benaben, qui le fait mourir à Saumur.

3. Prieur-curé de Briolay en 1770, permuta en 1773 avec le prieur-curé de Beausse, prêta serment et resta dans la paroisse jusqu'en 1793. Je ne sais comment il mourut.

4. Aubert, Jean, né à Angers, curé de Montguillon depuis 1774, refusa le serment et fut remplacé, le 2 mai 1701, par l'intrus Laroche, vicaire de Saint-Sauveur-de-Flée. Il fut interné, pour refus de serment, au Séminaire d'Angers, le 17 juin 1792. On sait qu'il n'est pas prouvé qu'une noyade ait eu lieu à Montjean. Quelques-uns prétendent qu'elle fut simplement commandée, mais non exécutée. Les victimes auraient été conduites jusqu'à Nantes, et Carrier se serait chargé de la besogne.

5. De Beaumont d'Autichamp, Charles-Antoine-François, né à Angers le 30 mai 1730, chanoine de Notre-Dame de Paris en 1750, vicaire général de Toulouse, se distingua par son

Auvray de Coquerel, Auguste, vicaire de Juigné-sur-Loire, guillotiné le 7 avril 1794 [1].

Bachelier [2], cordelier, de Grez-en-Bouère, mort à l'affaire de Savenay.

Bacher, Louis, ancien vicaire de Saint-Jacques, guillotiné à Angers, le 3 novembre 1793 [3].

Barbin, Jean, vicaire de Saint-Laurent-des-Autels, condamné à mort par la Commission militaire de Saint-Malo, le 1er janvier 1794.

Baril [4], curé de la Meignanne, assassiné le 17 octobre 1794.

Barrat, Louis [5], chanoine, guillotiné à Angers, le 11 janvier 1794.

Barrat, Jacques [6], curé de Soulaire, mort en Espagne.

Bélard, Laurent [7], curé de Notre-Dame-de-Chalonnes, guillotiné à Angers, le 2 janvier 1794.

Baudry [8], chapelain de Notre-Dame de Nantilly de Saumur, noyé à Nantes, le 10 décembre 1793.

Beaudouin, Alexandre [9], carme minoré, de Chalin, condamné à mort par la Commission militaire de Craon le 24 juillet 1794.

---

ardeur à combattre la Révolution ; il fit contre les événements du jour de spirituelles chansons, que les salons de Paris répétèrent à l'envi ; son nom figure dans la protestation du Chapitre de Notre-Dame contre les décrets de l'Assemblée constituante. Il fut arrêté à Paris, qu'il n'avait pas voulu quitter.

1. Il fut arrêté à la Bazouge-de-Chemeré, près Laval, et conduit dans cette ville, où la Commission militaire le condamna à mort.

2. Le P. Bachelier était interné à la prison de *Patience*, à Laval. Quand, à l'approche des Vendéens, on dirigea les détenus sur Rambouillet, le P. Bachelier se cacha dans un grenier et ne fut pas découvert. Il se joignit aux Vendéens, suivit l'armée et périt dans le désastre de Savenay.

3. Le 8 novembre, d'après Dom Chamard.

4. Jean-Baptiste Baril, curé de la Meignanne depuis 1768, avait prêté serment. Les chouans s'étaient emparés du bourg, le 17 octobre 1794, le massacrèrent, ainsi qu'une autre personne, et se retirèrent après avoir abattu les deux arbres de la Liberté.

5. Barat, Louis-Pierre, né à la Chapelle-Saint-Florent vers 1728, docteur en théologie de l'Université d'Angers, chanoine de l'église Saint-Martin de cette ville et official du Chapitre, fut directeur de l'Académie d'Angers. Il avait refusé le serment et se vit, pour cette cause, interné au Séminaire, d'où la prise de la ville par les Vendéens le fit sortir. Il fut arrêté aux environs d'Angers et conduit au tribunal révolutionnaire. (Pour détails, V. Dom Chamard, cit.)

6. Frère du précédent, curé de Soulaire depuis 1772, refusa le serment et fut, pour cette cause, enfermé au Séminaire le 17 juin 1792, d'où on le retira, le 12 septembre 1792, pour le conduire à Nantes. Il fut embarqué sur la *Didon* et débarqué à Santander, en Espagne. Il résidait à Oviédo.

7. Curé de Chalonnes depuis 1779, refusa le serment et ne quitta pas Chalonnes où, en pleine Terreur, il exerçait encore son ministère. Découvert, il fut arrêté et conduit au tribunal révolutionnaire d'Angers.

8. Baudry aîné, que l'on appelait ainsi pour le distinguer de son frère, également chapelain de Nantilly, refusa le serment, fut enfermé au Séminaire le 17 juin 1792 et compris dans le convoi de cinquante-huit prêtres angevins envoyés à Nantes pour y être embarqués, et que Carrier fit noyer dans la nuit du 9 au 10 décembre 1793.

9. Né à Congrier. Il avait, en 1793, ouvert une école à Chalain. Les Patriotes, qui le traquaient de tous côtés, eurent l'idée d'emprisonner son père et sa mère, disant qu'ils les relâcheraient le jour où le fils serait arrêté. Le jeune religieux se livra aussitôt.

Begeard, Jean, d'Anjou, condamné à mort par la Commission militaire de Mayenne le 24 décembre 1703 [1].

Belier, René [2], vicaire du Pin en Mauges, condamné à mort par la Commission militaire le 1er décembre 1793.

Bellamy, François [3], ancien curé de Forges, noyé à Montjean le 29 novembre 1793.

Berard, Etienne [4], curé de Jumelles, noyé à Montjean le 29 novembre 1793.

Berée, Jean-Baptiste [5], prieur de Juigné-sur-Maine, noyé à Montjean le 29 novembre 1793.

Bertry [6], curé de Louvaines, noyé à Nantes le 10 décembre 1793.

Besnier, Urbain [7], curé de Saint-Maurille-de-Chalonnes, mort à l'affaire du Mans le 12 décembre 1793.

Beurrier [8], curé de Saint-Pierre-de-Durtal, noyé à Nantes le 10 décembre 1793.

Blanvillain, Pierre [9], vicaire de la Jumellière, condamné à mort par la Commission militaire de Saint-Malo le 10 janvier 1794.

Blanvillain [10], vicaire de Concourson, brûlé à Chanzeaux le 9 avril 1795.

Borien, tué dans les rues d'Angers, lors de la révolte des perreyeurs, en 1790 [11].

1. Begeard, Jean-Ambroise, né au Filet vers 1766.

2. Il avait suivi l'armée vendéenne, fut pris à la déroute du Mans et envoyé à Angers.

3. Né à Saumur, successivement professeur de philosophie au séminaire d'Angers, vicaire de Cizay, plus tard de Nantilly, curé de Forges de 1757 à 1784.

4. Bérard, Jean-Baptiste-Etienne, curé de Jumelles depuis 1774, avait refusé le serment.

5. Bérée, Jean-Baptiste-Augustin, curé, et non prieur, de Juigné-sur-Maine depuis 1765, avait refusé le serment.

6. Bertrie, Louis-René, curé de Louvaines depuis 1773, insermenté, compris dans la noyade des 58 prêtres angevins.

7. Né à Cheviré-le-Rouge, d'abord vicaire à la Poitevinière, curé de Saint-Maurille de Chalonnes en 1778, refusa le serment.

8. Lebeurier, Raymond-Denis, curé de Saint-Pierre de Durtal depuis 1765, refusa le serment ; mis en réclusion comme ne pouvant être déporté à cause de son âge, il fut compris dans le convoi des 58 prêtres angevins envoyés à Nantes, et partagea leur sort.

9. Dom Chamard le donne comme fusillé à Sainte-Gemmes. L'abbé Blanvillain était en grande vénération dans toute la Vendée angevine. Une fille du pays, nommée Barbe Grenouilleau, qui fit une chanson de vingt couplets en l'honneur des prêtres fidèles, lui consacra le suivant :

> Monsieur Blanvillain, fidèle
> A la voix du Seigneur,
> Fait connaître son zèle
> Par ses cris, par ses pleurs.
> Ah! s'il pouvait réduire
> Les méchants inhumains,
> Il souffrirait martyre
> Pour sauver les chrétiens.

10. C'est ce prêtre qui périt à l'attaque du clocher de Chanzeaux. (V. ci-dessus *Mélanges*, pièce VII.)

11. Il fut tué rue David, en se jetant, pour sauver son père, entre celui-ci et un carrier qui l'ajustait.

Bouchet [1], aumônier des Carmélites d'Angers, mort sur les pontons de Nantes.

Boulleau, assassiné à Andard par les chouans, en 1796.

Boulnoy, chanoine de la cathédrale d'Angers, mort sur les pontons de Nantes [2].

Boumard, curé de Sainte-Croix d'Angers, noyé à Nantes le 10 décembre 1793 [3].

Bourjuge, René [4], vicaire de Saint-Léonard, près d'Angers, guillotiné à Angers le 5 janvier 1794.

Boussard, Gaspart [5], mort déporté à Saint-Ander en 1794.

Boutmy, Charles [6], curé d'Ambillou, mort déporté en 1792.

Bouvier, Yves [7], ancien vicaire de Brain, fusillé près d'Ancenis le 14 mars 1794.

Bréhérec, Pierre-François, condamné à mort par la Commission militaire de Quiberon le 30 juillet 1795 [8].

Bretault, Pierre [9], curé de la Pouëze, mort à la Guiane le 4 novembre 1798.

Bretonnière, Charles, vicaire de Dissé [10], guillotiné le 1er novembre 1793.

Briant [11], prêtre, guillotiné à Angers le 2 janvier 1794.

Briant, Yves [12], curé de Saint-Jean-de-Montfaucon, mort en Espagne.

Briard, Gilles [13], chapelain d'Ardennes [14], mort en Espagne.

Britte, mort sur les pontons de Nantes [15].

---

1. Ancien curé de Sainte-Gemmes d'Andigné, puis aumônier des Carmélites d'Angers, mort dans l'entrepont de la galiote hollandaise. (V. Dom Chamard, cit.)

2. Dans l'entrepont de la galiote hollandaise.

3. Il faisait partie du convoi des 58 prêtres angevins.

4. Il était né vers 1760.

5. Curé de Brion depuis 1788, déporté pour refus de serment, mort à Malaga en 1794, et non à Santander.

6. Curé d'Ambillou depuis 1757.

7. Né au bourg d'Iré le 6 juillet 1719, d'abord vicaire de Brain, puis recteur de Maumusson, au diocèse de Nantes. (V. la très intéressante notice que lui a consacrée Dom Chamard, cit.)

8. Il s'était réfugié en Angleterre et revint en France avec l'évêque de Dol, dont il partagea le supplice.

9. Né à Alençon en 1742. Benaben se trompe, et Dom Piolin commet la même erreur en lui donnant le titre de curé de la Pouëze. Le curé de la Pouëze se nommait Veillon. (V. ci-dessous.) Il ne peut non plus s'agir d'un curé constitutionnel, car on connaît les deux qui administrèrent la paroisse : ils se nommaient Aubry et Roger. Guillon le donne comme curé de la Pouère (?)

10. Dissé-sous-le-Lude.

11. Je n'ai pu savoir, — faute d'indication de prénom, — quelles fonctions il remplissait dans le diocèse. Guillon dit simplement qu'il était octogénaire.

12. Né à Vertou, curé de Saint-Jean-de-Montfaucon depuis 1781.

13. Embarqué pour refus de serment sur la *Didon* et débarqué à Santander. Il résidait à Burgos, où il mourut.

14. Château, commune de Corzé.

15. Dans la galiote hollandaise. Il ne m'est autrement connu que par la mention de Benaben et l'article de Guillon, lequel ne renferme aucune indication.

Brousard, Pierre [1], curé d'Echemiré, mort en Espagne.

Bruneau, mort sur les pontons de Nantes [2].

Buhigné, Louis [3], de Châteaugonthier, chartreux, mort sur les pontons d'Aix.

Cailliot [4], curé de Chantocé.

Chabanel, François [5], prieur de l'Evière, condamné à mort par la Commission militaire d'Angers le 11 juillet 1704.

Chabiran [6], vicaire des Cerqueux-sous-Passavant, fusillé par les troupes de la République dans la forêt de Maulévrier.

Chambault [7], curé de Saint-Jouin de Châtillon-sur-Sèvre, condamné à mort par la Commission militaire d'Angers le 17 novembre 1793.

Champeaux, Paul, bénédictin de Cholet, noyé à Nantes en 1793 [8].

Chanterel [9], curé de Sainte-Foix, près Craon, condamné à mort par la Commission militaire de Rennes le 23 décembre 1793.

Chapeau, curé de Sainte-Colombe, mort sur les pontons de Nantes [10].

Charbonnier [11], prieur d'Aviré, noyé à Nantes le 10 décembre 1793.

Chartier, Louis [12], vicaire de Seurdre, guillotiné à Angers le 22 mars 1794.

Chauveau, Jean [13], curé de Saint-Jacques de Montfaucon, assassiné en 1794.

---

1. Brunsard, Pierre, curé d'Echemiré depuis 1752. Déporté pour refus de serment, il résidait à Possio, où il mourut.

2. Enfermé au Séminaire pour refus de serment, il fut envoyé à Nantes pour être déporté et mourut dans la gallote hollandaise au commencement d'avril 1794.

3. Benaben a rayé ce nom. — Buhigné, Louis-René, né à Châteaugonthier, religieux de la Chartreuse du Parc.

4. D'abord vicaire, puis curé de Chantocé en 1765, refusa le serment et, pour échapper aux recherches, se cacha aux Incurables de Baugé, où il mourut en 1794.

5. Prieur claustral de l'Evière, monastère bénédictin d'Angers, refusa le serment. Interné au Séminaire, il en fut délivré par les Vendéens et se retira commune de Daumeray, où il vécut caché dans un souterrain pratiqué sous une haie, à la closerie de l'Epinardière. Découvert, il fut conduit à Angers et condamné à mort en même temps que les trois filles Beron, qui lui avaient donné l'hospitalité.

6. 7. Je n'ai pu trouver aucun renseignement sur ces ecclésiastiques.

8. Il était du nombre des prêtres internés sur le navire *La Gloire* et qui périrent dans une noyade. (V. Lallier, *Noyades de Nantes*.)

9. Chanterel, Germain, refusa le serment. Arrêté sur le territoire de sa paroisse, il fut conduit à Rennes et traduit devant la Commission militaire.

10. Chapeau, Michel, enfermé au Séminaire pour refus de serment et de là envoyé à Nantes, où il mourut détenu sur la gallote hollandaise.

11. Cherbonnier de la Guesnerie, prieur-curé d'Aviré depuis 1770. Il faisait partie du convoi des 58 prêtres angevins envoyés à Nantes.

12. Né vers 1761. Réfractaire au serment, il resta sur la paroisse de Seurdre, continuant, en dépit de tout danger, ses fonctions sacrées. Arrêté en décembre 1793, il fut conduit à Angers et condamné à mort. En marchant au supplice, il chantait des hymnes et des psaumes. Parvenu au pied de l'échafaud, il donna l'absolution à ses compagnons de martyre; puis, se prosternant, il reçut à son tour celle d'un prêtre caché dans une maison voisine. Il ne se releva qu'au moment de se livrer au bourreau.

13. Curé de Saint-Jacques de Montfaucon depuis 1758. Il fut assassiné une nuit, au Pont-de-Moine, et son corps jeté à l'eau. (C. Port, *Dictionnaire de Maine-et-Loire*, t. II, p. 703.)

Chauveau, Pierre, curé constitutionnel de Chanteussé, assassiné[1] le 4 août 1794.

De Chauvigné[2], chanoine de la cathédrale d'Angers, noyé à Nantes le 10 décembre 1793.

Chesneau, Charles[3], curé de Montreuil, guillotiné à Angers le 31 décembre 1793.

Chesneau[4], prêtre de Chinon, guillotiné à Angers le 1er Janvier 1794.

Chevreau[5], curé de Saint-Just-sur-Dives, mort en 1798.

Chollet, Antoine[6], chanoine, mort à la Guiane le 9 décembre 1798.

Clavreul[7], curé de Saint-Etienne de Pressigné, noyé à Nantes le 10 décembre 1793.

Clavreul[8], curé de la Trinité d'Angers, noyé à Nantes le 10 décembre 1793.

Clément, René, vicaire de Brell[9], condamné à mort par le tribunal criminel de Rennes le 5 avril 1794.

De Clinchamp Saint-André, moine de Saint-Aubin[10], mort à Paris, en 1793.

Cochet, chantre de la Trinité, mort dans les prisons de Doué[11].

Connain[12], curé de Notre-Dame de Montfaucon, mort à l'affaire du Mans.

Coulonnier, Etienne[13], curé du May, mort déporté en 1795.

Courtaud[14], abbé de Chaloché, mort en 1791.

---

1. Par les chouans, dit M. Port.

2. Docteur en théologie. Il faisait partie du convoi des 58 prêtres angevins envoyés à Nantes.

3. Chesneau, Nicolas-Charles, curé de Montreuil-Belfrey depuis 1759, et non 1770, comme le dit l'abbé Gruget, refusa le serment. Il fut arrêté sur la commune du Louroux et conduit à Angers pour être jugé par le tribunal révolutionnaire.

4. Ce nom ne fait pas double emploi avec le précédent.

5. Curé de Saint-Just-sur-Dives depuis 1778, prêta serment et acheta sa cure vendue nationalement. Mort d'un accident de cheval.

6. Né à Angers vers 1753, prieur des chanoines réguliers de l'abbaye de Mélinais.

7. Né vers 1724, enfermé pour refus de serment au Séminaire, en fut délivré par les Vendéens. S'étant rendu lui-même à la Rossignolerie, comme l'enjoignait à tous les prêtres un arrêté du département, il fut compris dans le convoi des 58 prêtres angevins envoyés à Nantes.

8. Né vers 1722 et frère du précédent.

9. Bien que réfractaire au serment, il était demeuré sur sa paroisse. Arrêté au commencement de 1794, il fut conduit à Rennes pour y être traduit devant le tribunal criminel.

10. Il avait depuis longtemps quitté cette abbaye et remplissait, au commencement de la Révolution, les fonctions de prieur au monastère de Saint-André, à Clisson. Refusa le serment et, son couvent fermé, se retira à Beaumont-sur-Sarthe. Etant allé à Paris en 1792, il fut arrêté et traduit devant le tribunal révolutionnaire, qui le condamna à mort le 20 avril 1793.

11. Il y mourut de misère.

12. Avait été soldat avant d'entrer dans les ordres. Curé de Notre-Dame de Montfaucon depuis 1765, refusa le serment et plus tard suivit l'armée vendéenne.

13. Curé du May depuis 1776, refusa le serment et fut, peu de temps après, dénoncé à l'accusateur public comme prêchant contre la Constitution. Copie de la lettre de dénonciatio existe dans les papiers de Benaben.

14. Courtaud, Charles-Joseph, abbé du monastère cistercien de Chaloché depuis 1759.

Courvole, Pierre, chanoine du diocèse du Mans, mort dans les prisons d'Angers le 12 septembre 1792.

Crasnier, Jean-Nicolas [1], curé constitutionnel de Brain-sur-Longuenée.

Dagonneau [2], curé de Saint-André de Châteauneuf, noyé à Nantes le 10 décembre 1793.

Darondeau [3], principal de Beaupreau, mort à l'affaire du Mans.

Davi, Jacques [4], curé de Forges, près Doué, guillotiné à Angers le 5 janvier 1794.

Daviau, Pierre [5], de Joué, noyé à Nantes le 10 décembre 1793.

David [6], de Châteaugonthier, tué par une colonne républicaine à Quelaine, près Châteaugonthier.

Delaage [7], curé de Champteussé, noyé à Nantes le 10 décembre 1793.

Delahaie [8], Jacques, curé de Saint-Paul-du-Bois, assassiné par les chouans le 31 décembre 1793.

Delaulne, Louis-François [9], vicaire de Tiercé, guillotiné à Paris le 23 juillet 1794.

Desplaces [10], fusillé.

Doguereau [11], prieur-curé de Saint-Aignan, guillotiné à Angers le 11 nivôse an II.

Doisy [12], vicaire d'Andrezé, fusillé.

Duchesnay, Martin [13], curé de Saumur, fusillé.

---

1. Ancien vicaire de Saint-Clément-de-la-Place, curé de Brain-sur-Longuenée depuis 1772, prêta le serment. La date et les circonstances de sa mort me sont inconnues.

2. Dagonneau, Louis, curé de Saint-André de Châteauneuf depuis 1763. Interné au Séminaire pour refus de serment, il fut compris dans le convoi des 58 prêtres angevins envoyés à Nantes.

3. Darondeau, René, principal du collège de Beaupreau depuis 1759. Il avait suivi l'armée vendéenne et périt dans la déroute du Mans. (V. pour détails : *Histoire du collège de Beaupreau*, par l'abbé Bernier.)

4. David, Jacques, curé, depuis 1778, de Sorges, près des Ponts-de-Cé, et non de Forges, près Doué, comme l'écrit Benaben et comme l'a dit Guillon.

5. Curé de Joué depuis 1780. Enfermé au Séminaire pour refus de serment, il fut compris dans le convoi des 58 prêtres angevins envoyés à Nantes.

6. Né à Châteaugonthier, refusa le serment et put continuer jusqu'en 1798, sans être découvert, l'exercice de son ministère. Mais un jour, se trouvant à Quelaine, il fut dénoncé à une colonne mobile par un déserteur de l'armée catholique. Les soldats, guidés par ce traître, s'emparèrent de l'abbé David et le massacrèrent.

7. Delaage, Roger-François, curé de Champteussé depuis 1781. Enfermé au Séminaire pour refus de serment, il fut compris dans le convoi des 58 prêtres angevins envoyés à Nantes.

8. Delahaie, Jacques-Joseph-Mathias, curé de Saint-Paul-du-Bois depuis 1771, prêta serment. Surpris par les Vendéens, il fut passé par les armes, ainsi que plusieurs habitants du bourg, connus pour leurs opinions révolutionnaires.

9. Il avait prêté serment, mais se rétracta peu de temps après. (V. D. Chamard, cit.)

10. Desplaces, Urbain-Yves, ancien vicaire de Morannes, puis aumônier de la garde nationale de cette ville, fut tué, dit M. Port, dans un duel au fusil (?).

11. Doguereau, Pierre-Raoul, prieur-curé de Saint-Aignan d'Angers, guillotiné le 31 décembre 1793. « Ce jour-là, dit l'abbé Gruget dans ses *Cahiers*, le bourreau ramassa la tête de M. le prieur de Saint-Aignan et la montra à la populace. »

12. Je n'ai trouvé aucun renseignement sur cet ecclésiastique.

13. Martin-Duchesnay, curé de Notre-Dame de Nantilly de Saumur depuis 1789, prêta ser-

Duhamel, prêtre régulier [1], noyé à Nantes le 10 décembre 1793.

Duhé [2], vicaire à Jumelle, guillotiné à Laval, le 25 février 1794.

Dujarrier, Jean-Baptiste [3], vicaire de Gennes, près Châteaugonthier, mort déporté.

Duliou, André [4], curé de Saint-Fort, près Châteaugonthier, guillotiné à Laval le 21 janvier 1794.

Dumoulin, Henri [5], curé de Beaulieu, mort déporté.

Dupont, ex-provincial des Augustins [6], noyé.

Durand, Jean-Charles, prêtre d'Apremont, guillotiné à Angers le 27 brumaire an II [7].

Durand, René [8], curé de Saint-André de la Marche.

Edling [9], aumônier, condamné à mort par la Commission militaire d'Angers le 18 frimaire an II.

Emery, Jean [10], de Châteaugonthier, ancien curé de Courcelles, mort déporté.

Eon, François, curé d'Ingrandes [11], mort déporté en 1793.

Fardeau, François [12], vicaire de Briollay, guillotiné à Angers le 24 août 1794.

Faullrier, Olivier [13], curé de Combrée, noyé en 1793.

Ferron, Louis [14], curé de Niaflle, mort dans les prisons de Rambouillet le 14 décembre 1793.

De la Forestrie [15], chanoine, mort dans les prisons d'Angers en 1792.

Forget, René [16], curé de la Chapelle-sur-Oudon, noyé à Nantes le 10 décembre 1793.

---

ment, puis se rétracta. Arrêté et dirigé sur Paris, il fut, ainsi que d'autres prisonniers, fusillé en sortant de Blois.

1. Il était Génovéfain. Faisait partie du convoi des 58 prêtres angevins envoyés à Nantes.

2. Duhé, Thomas-Dominique, né à Blou, refusa le serment et suivit l'armée vendéenne.

3. Né à Évreux, mort en Espagne.

4. Né à Saint-Laurent-des-Mortiers en 1727.

5. Curé de Beaulieu depuis 1772, déporté en Espagne pour refus de serment. Le lieu de sa mort m'est inconnu.

6. Je n'ai pu trouver aucun renseignement sur ce religieux.

7. V. ci-dessus : *Journal de Benaben.*

8. Durand, René-François, d'abord vicaire, puis curé de Saint-André de la Marche en 1783. Je n'ai pu trouver ni la date ni le lieu de son décès.

9. Il était de Candé. On ne sait rien de plus sur lui.

10. Né à Châteaugonthier vers 1722, refusa le serment et fut déporté en Espagne, où il mourut.

11. Il s'agit ici d'Ingrandes, diocèse de Nantes. Benaben aura cru qu'il s'agissait d'Ingrandes, diocèse d'Angers. Il avait été embarqué sur la *Didon* et débarqué à Santander.

12. Né vers 1761, commune de Soucelles. Il fut arrêté dans un souterrain qui lui servait de retraite.

13 Faullrier, Olivier-Jacques, curé de Combré de 1760 à 1734, chanoine de Saint-Pierre d'Angers. On croit qu'il fut noyé à la Baumette, près Angers.

14. Ferron, André ou Louis, né à Niaflle le 6 mai 1726.

15. Arrêté mourant, il fut transporté en prison sur un fauteuil et expira en arrivant. Dom Chamard l'appelle de la Forestière.

16. Curé de la Chapelle-sur-Oudon depuis 1780. Enfermé au Séminaire pour refus de serment, il fut compris dans le convoi des 58 prêtres angevins envoyés à Nantes.

Fouassier, Jean-Baptiste[1], curé d'Andigné, mort déporté en Espagne
en 1793.

Gagnard, curé de Marigné[2], mort sur les pontons de Nantes.

Gagnerie, chapelain de Notre-Dame de Nantilly de Saumur[3], noyé à
Nantes le 10 décembre 1793.

Galais, Jacques[4], de Longué, sulpicien de Paris, tué aux Carmes le 2
septembre 1792.

Gallard, vicaire de Chanteloup, mort à l'affaire du Mans[5].

Galpin, Jacques[6], curé de Melay, mort en l'an IX.

Ganault, chanoine de la cathédrale d'Angers, mort sur les pontons de
Nantes[7].

Ganault, Jean-Baptiste[8], prêtre, de la Tessoualle, mort en 1793.

Gasté, Pierre, frère récollet[9], puni de mort à Angers le 21 janvier 1794.

Gateau, Etienne[10], chapelain de Doué, mort en Espagne.

Gaudin, Pierre[11], vicaire d'Echemiré, mort en 1799 à la Guiane.

Gault de la Grange[12], curé de Daumeray, noyé à Nantes le 10 décembre 1793.

Gauron, Louis[13], vicaire de Mazé, condamné à mort à Angers le 28
mars 1794.

Gausseron[14], chanoine de la Trinité, noyé.

Genest, René[15], curé de Trelazé.

1. D'abord vicaire, puis curé d'Andigné depuis 1783, refusa le serment et fut déporté à
Santander.

2. Il n'y eut jamais de curé de ce nom à Marigné. Il s'agit ici de Marigny, diocèse d'Autun.
V. Guillon, cit.

3. Il fut compris dans le convoi des 58 prêtres angevins envoyés à Nantes.

4. Galais, Jacques-Gabriel, né à Longué le 17 avril 1751, entra au séminaire à 16 ans ; ses
études terminées, il se fit recevoir chez les sulpiciens, professa la théologie au séminaire d'Avi-
gnon, puis fut successivement économe et supérieur des robertins de Paris.

5. Il suivait l'armée vendéenne.

6. Ancien vicaire de Saint-Maurille des Ponts-de-Cé, curé de Melay depuis 1753, refusa le
serment et parvint pendant toute la Terreur à continuer, caché dans le pays, l'exercice de son
ministère. Il mourut de mort naturelle.

7. Dans la galiote hollandaise, en 1794.

8. Né à la Tessoualle, vicaire à Saint-Malo, refusa le serment et vint se cacher en Anjou.
Découvert, il fut arrêté et conduit à Noirmoutiers, où la Commission militaire le fit fusiller.

9. Du couvent de Nantes. Arrêté sur la commune du Plessis-Grammoire, où il exerçait un
petit commerce, il fut traduit devant le tribunal révolutionnaire d'Angers et condamné à
mort.

10. Déporté, pour refus de serment, à Santander où il mourut.

11. Gaudin, Pierre, né en 1756, vicaire de Chemiré et non d'Échemiré, se cacha pendant
la Terreur. Arrêté lors de la reprise de la persécution, en fructidor, il fut embarqué à
Rochefort sur la frégate la *Bayonnaise*, à destination de Cayenne. Mort dans le désert de
Synnamari des suites de l'épidémie qui sévissait si cruellement parmi les déportés.

12. Gault de la Grange, Michel, curé de Daumeray de 1741 à 1790, compris dans le convoi
des 58 prêtres angevins envoyés à Nantes.

13. Avait prêté le serment et le rétracta, ce qui amena son arrestation. Il fut condamné à
mort comme « traître à la patrie ».

14. Je n'ai pu me procurer aucun renseignement sur cet ecclésiastique.

15. Chanoine régulier, curé de Trelazé depuis 1753, prêta serment le 23 janvier 1791 et,
tourmenté de remords, se noya dit-on six jours après.

Genouillac, Jean-Marie [1], chartreux, condamné à mort par la Commission militaire de Saint-Malo le 10 janvier 1794.

Giffard, René [2], curé d'Andrezé, mort dans les prisons d'Angers.

Gilberge, Claude [3], curé de Châtelain, guillotiné à Châteaugonthier le 9 août 1794.

Gilly, chanoine de la cathédrale d'Angers, mort sur les pontons de Nantes [4].

Girardot, Alexandre-Denis [5], prieur-curé de la Rouaudière, condamné à mort par la Commission militaire de Craon le 17 mars 1796.

Girart, François [6], curé de Neuillé, guillotiné à Angers le 4 avril 1794.

Girart, René [7], curé de Fontaine-Guérin, noyé à Montjean le 29 novembre 1793.

Giraud, André [8], 11 floréal an IV.

Glatier, Jean [9], vicaire de Précigné, guillotiné à Tours le 24 mars 1798.

Gouppil [10], curé de Saint-Evroult, mort en prison à Angers.

Granjean, mort sur les pontons de Nantes [11].

Grasseau, prieur-curé de Beauveau [12], mort le 29 décembre 1792 [13].

Guérin, Pierre [14], de Torfou, sulpicien de Paris, mort le 2 septembre 1792.

Guerrier, Alexandre [15], curé de Fontevraud, guillotiné à Paris le 8 octobre 1794.

1. Retiré à Angers, lors de la suppression des ordres religieux, il quitta cette ville pour échapper à la Terreur, qui la désolait, et se réfugia dans les Côtes-du-Nord, puis dans l'Ille-et-Vilaine où il fut arrêté.

2. D'abord vicaire à Saint-Maurille de Chalonnes, puis curé d'Andrezé en 1778. Il lé[g]ga, en mourant, une somme de 7500 livres aux pauvres d'Andrezé ; mais l'administration con[fis]qua les biens de l'abbé Giffard et ne tint aucun compte de son testament.

3. Né à Bécon le 6 avril 1720. (V. détails dans Dom Chamard, cit.)

4. Dans la galiote hollandaise, vers le commencement d'avril 1794.

5. Chanoine de Sainte-Geneviève, né à Cumières, (Marne), vers 1743, prieur-curé de Ronaudière, près Craon, depuis 1783. Il fut arrêté par des gardes nationaux le 16 mars 176[...]

6. Girart, François-Jean, curé de Neuillé depuis 1784, avait prêté serment.

7. Curé de Fontaine-Guérin depuis 1751.

8. Je n'ai pu trouver aucun renseignement sur cet ecclésiastique.

9. Refusa le serment et s'expatria. Rentré en France, il fut arrêté lors de la reprise de la persécution, en fructidor, et envoyé à Tours, où il fut condamné à mort comme émigré rentré.

10. Une relation de M. du Reau, publiée par M. de Soland (*Bulletin historique et monumental de l'Anjou*, 1855, p. 115-120), le mentionne comme étant mort à Doué. M. du Reau était son compagnon de captivité, et se trouvait conséquemment sûr des circonstances de sa mort.

11. Dans la galiote hollandaise, vers le commencement d'avril 1794.

12. Depuis 1779.

13. De mort naturelle.

14. Guérin, Pierre-Michel, né à Torfou le 8 mars 1759, entré au séminaire le 13 novembre 1779. Ses études terminées, il se fit recevoir chez les Sulpiciens, qui l'envoyèrent professer au séminaire de Nantes. Contraint par les événements d'abandonner son poste, il s'était retiré à Issy, près Paris, où il fut arrêté.

15. Né à Vicq-sur-Allier, curé de Fontevraud depuis 1785. C'était un gaillard digne de bien peu d'estime et qui, « par dégoût », dit-il, le 7 frimaire an II, « abdique solennellement toutes fonctions de ministre » et cherche une femme pour « filer le charme de ses vieux jours ». Il était maire de Fontevraud depuis le 31 janvier 1790. (C. Port, cit.)

Guillois, Jean-Joseph [1], mort dans les prisons de Laval en 1793.

Guillon du Plessis, Hilaire-François [2], religieux de Fontevraud, guillotiné à Paris le 8 octobre 1794.

Guillot de Folleville [3], faux évêque d'Agra, guillotiné à Angers le 16 nivôse an II.

Guitter, Laurent [4], curé de Rigné, mort déporté en Espagne le 2 mai 1793.

Guilton, vicaire de Saint-Pierre de Cholet, mort à l'affaire du Mans [5].

Hautreux, René [6], curé de Meigné-le-Vicomte, noyé à Montjean le 29 novembre 1793.

Hermenot, Pierre [7], curé de Sainte-Foix, guillotiné à Angers le 1er janvier 1794.

Higgins [8], chanoine de Saint-Just de Châteaugonthier, mort déporté.

Hilaire [9], curé de Tancoigné, fusillé.

Hilaire [10], prêtre du diocèse de Luçon, guillotiné à Angers le 20 décembre 1793.

Houssin, François [11], curé de Notre-Dame des Brouzils [12], guillotiné à Angers le 1er janvier 1794.

Huault de la Bernarderie, Charles [13], curé de Craon, guillotiné à Angers le 26 janvier 1794.

Huchedé, François [14], chapelain.

Joubert [15], récollet, mort sur les pontons de Nantes.

De Laage [16], Pierre, abbé de Bellefontaine, mort à l'étranger en 1793.

---

1. Né à Fromentières en 1726, bénéficier en cette même paroisse. Interné, pour refus de serment, dans la prison de Patience, à Laval, le 5 janvier 1793, il y mourut le 18 avril suivant.

2. Né à Mazé en 1753. Arrêté comme membre d'un comité royaliste, il fut envoyé à Paris et traduit devant le tribunal révolutionnaire.

3. Ancien curé de Dol, qui avait réussi à tromper la confiance des chefs vendéens en se faisant passer pour évêque d'Agra. Il fut arrêté aux environs d'Ancenis.

4. Déporté en Espagne pour refus de serment, il résidait à Santander, où il mourut.

5. Il suivait l'armée vendéenne.

6. Curé de Meigné-le-Vicomte depuis 1775, refusa le serment et fut remplacé par son vicaire, Morisseau.

7. Aumônier de l'Hôtel-Dieu d'Angers, puis, en 1762, curé de Sainte-Foy, (commune de Saint-Lambert-du-Lattay), paroisse aujourd'hui supprimée, refusa le serment. Il fut arrêté à Angers.

8. Higzin, Michel-François, fut déporté en Angleterre pour refus de serment.

9. Hilaire, Joseph, né à la Tour-Landry, curé de Tancoigné depuis 1781, refusa le serment et se cacha dans le pays. Le 30 décembre 1793, des soldats républicains, l'ayant rencontré au milieu des champs, le massacrèrent.

10. Frère du précédent.

11. Né à Châteaugonthier.

12. Diocèse de Luçon, alors diocèse de Nantes.

13. Huault de la Bernarderie, Charles-Marie-Joseph, curé de Craon, refusa le serment et vint se cacher aux environs d'Angers, où il fut arrêté, après l'échec de l'armée vendéenne.

14. Né à Azé en 1723, chapelain de Maisoncelles, diocèse de Laval.

15. Je n'ai pu trouver aucun renseignement sur ce religieux.

16. De Laage, Léonard-Pierre, abbé de Bellefontaine depuis 1754.

Lacoudre, Louis [1], vicaire d'Andigné, guillotiné à Angers le 5 janvier 1794.

Lacroix, Louis [2], curé de Saint-Macaire, condamné à mort par la Commission militaire d'Angers le 10 juin 1794.

Lahaye-Montbault [3], chanoine de la cathédrale d'Angers, noyé à Nantes le 10 décembre 1793.

Laigneau-Langellerie [4], Jacques, aumônier des Carmélites d'Angers, guillotiné à Angers le 13 octobre 1794.

Langevin, Michel [5], curé de Briollay, guillotiné à Angers le 30 octobre 1793.

Laumaillé [6], gardien des Récollets de la Baumette, noyé à Nantes le 10 décembre 1793.

Lebeurier, Denis [7].

Lebigot, Pierre [8], vicaire de Chavagnes, mort à Orense.

Lecamus [9], curé de Champigné, noyé à Nantes le 10 décembre 1793.

Lecroissier, Maximin [10], mort déporté en Espagne en 1798.

Ledoyen, Jacques [11], vicaire de Contigné, guillotiné à Angers le 5 janvier 1794.

Lefebvre [12], mort dans les prisons de Dijon en 1793.

Lefebvre [13], mort sur les pontons de Nantes.

Lefebvre [14], curé de Saint-Denis-d'Anjou, mort à Saint-Sébastien, en Espagne.

Lefranc, Martin [15], vicaire, mort à Compostelle le 10 mai 1794.

---

1. Né vers 1761.

2. Delacroix, Louis, curé de Saint-Macaire-en-Mauges depuis 1785, refusa le serment, suivit l'armée vendéenne sur la rive droite de la Loire et se réfugia à Nantes. Arrêté à Ingrandes, il fut conduit à Angers et traduit devant la Commission militaire, qui le condamna à mort. M. Port, voulant faire de l'esprit aux dépens de ce prêtre, dit qu'on trouva sur lui « une lettre écrite par la Sainte Vierge. »

3. De la Haye-Montbault, doyen d'âge du chapitre de la cathédrale d'Angers.

4. Il fut arrêté à Angers, près le faubourg Bressigny, revenant, — déguisé en paysan et un aiguillon à la main, — d'administrer les sacrements à Mᵐᵉ de la Besnardière.

5. Langevin, Jean-Michel, curé de Briollay depuis 1774, refusa le serment et fut remplacé par son vicaire, Janin.

6. Laumaillé, Julien, — que tous les auteurs appellent à tort Dumaillé, — en religion P. Anaclet, né à Rennes, définiteur de son ordre, refusa le serment et fut compris dans le convoi des 58 prêtres angevins envoyés à Nantes.

7. Je n'ai pu trouver aucun renseignement sur cet ecclésiastique.

8. Embarqué pour refus de serment, sur le *Français*, et déporté à la Corogne, en Espagne.

9. Curé de Champigné depuis 1762. Interné au Séminaire pour refus de serment, il fut compris dans le convoi des 58 prêtres angevins envoyés à Nantes.

10. Je ne sais pourquoi Benaben comprend dans sa liste cet ecclésiastique, qui appartenait au diocèse de Vannes, où il était recteur à Saint-Paterne. Il mourut en 1798, à Potès.

11. Ledoyen, Jacques-Charles-Mathieu. Il fut arrêté après le siège d'Angers.

12. Je n'ai pu trouver aucun renseignement sur cet ecclésiastique.

13. Dans la galiote hollandaise.

14. Interné aux Cordeliers de Laval pour refus de serment, il fut de là déporté à Saint-Sébastien, où il mourut.

15. Lefranc, Pierre, vicaire de Chalonnes-sur-Loire, déporté en Espagne pour refus de serment et mort à l'hôpital de Compostelle le 10 mai 1794.

Legault, chapelain de la cathédrale d'Angers, noyé à Nantes le 10 décembre 1793[1].

Legault, René[2], vicaire du Plessis-Grammoire, guillotiné à Angers le 1er janvier 1794.

Legault, Jean-Baptiste[3], prêtre, guillotiné à Angers le 1er Janvier 1794.

Legrand, René[4], curé de Villiers-Charlemagne, mort dans les prisons de Laval en 1793.

Lejeune, directeur au séminaire d'Angers, noyé à Nantes le 10 décembre 1793[5].

Lelièvre, tué à Andard par les chouans, en 1796[6].

Lemasson, Jean-René[7], curé de Saint-Martin-Villenglose, mort en prison à Laval le 23 septembre 1793.

Lemonnier, Julien, chapelain de Corzé[8], guillotiné au Mans le 7 janvier 1794.

Lemonnier, René-Aubin, de Saint-Michel-du-Bois, noyé à Nantes en 1793[9].

Léon, Mathurin[10], chartreux, guillotiné à Vannes le 27 juillet 1794.

Léroy, René[11], de Chalonnes-sur-Loire, frère convers, mort en mer en 1794.

Leroyer de Chantepie, Bernard[12], prieur curé, mort déporté en 1799.

Letourneau, Jean-Baptiste[13], d'Angers, Grand-Carme dans le diocèse de Poitiers, mort en mer le 10 septembre 1794.

---

1. Il faisait partie du convoi des 58 prêtres angevins envoyés à Nantes.

2. Legault, René-Mathieu-Augustin, refusa le serment et continua en secret l'exercice de son ministère. Arrêté, il fut conduit à Angers et traduit devant la Commission militaire.

3. Frère du précédent. Il n'était que diacre au moment de la Révolution et se rendit à Rome, au péril de sa vie, pour y recevoir l'ordination, puis revint sur la paroisse du Plessis-Grammoire partager les travaux de son frère. Arrêté en même temps que lui, il partagea son sort. Les deux frères marchèrent au supplice en psalmodiant des prières. Arrivés au pied de l'échafaud, ils s'embrassèrent avant d'en monter les degrés.

4. Né à Préaux en 1721, interné dans la prison de Patience à Laval, pour refus de serment le 1er mars 1793, il y mourut le 12 novembre suivant.

5. Il faisait partie du convoi des 58 prêtres angevins envoyés à Nantes.

6. Le 17 mai 1796, 11 chouans, s'étant emparés du bourg d'Andard, envahirent la cure et y tuèrent les deux assesseurs, — Boulleau et Lelièvre, — de l'intrus Rangeard, alors absent.

7. Né à Azé en 1719, interné, pour refus de serment, dans la prison de Patience, à Laval, le 14 octobre 1792, où il mourut le 23 septembre 1793.

8. Refusa le serment, se cacha pour échapper à la déportation, puis suivit l'armée vendéenne, et fut fait prisonnier à la déroute du Mans.

9. Je n'ai pu trouver aucun renseignement sur cet ecclésiastique.

10. Il s'était d'abord retiré à Bazouges, puis à Vannes, pour échapper aux recherches des patriotes de Châteaugonthier. C'est là qu'il fut arrêté.

11. Né à Chalonnes-sur-Loire, frère convers du couvent cistercien réformé de Sept-Fonds, diocèse d'Autun, revint à Chalonnes après la fermeture de son monastère. Arrêté, il fut condamné à la déportation et embarqué sur le navire les *Deux-Associés*, où il mourut de misère.

12. Je n'ai pu trouver aucun renseignement sur cet ecclésiastique.

13. Letourneau, Jean-Baptiste-Pierre, né à Angers en 1752, Grand-Carme de Vivonne, diocèse de Poitiers, prêta le serment de liberté-égalité. Arrêté en 1793, il fut condamné à la déportation et embarqué sur les *Deux-Associés* où il mourut de misère.

Letreste de Kerbernard, trésorier de la cathédrale d'Angers, noyé à Nantes le 10 décembre 1793 [1].

Luzeau, Henri [2], sulpicien, tué aux Carmes le 2 septembre 1792.

Macé [3], prieur de Saint-Florent de Saumur, tué aux Carmes le 2 septembre 1792.

Magelle, François, vicaire à Ambillou, mort déporté à Burgos en 1794 [4].

Mahier, Louis [5], curé de Saint-Jean de Châteaugonthier, mort en prison à Évron.

Maillard, François [6], vicaire à Tigné, mort déporté en Espagne en 1795.

De la Maillardière [7], chanoine de la cathédrale d'Angers, noyé à Nantes le 10 décembre 1793.

De Maillé, François [8], guillotiné à Paris le 23 juillet 1794.

Malterre [9], curé de Notre-Dame de Chemillé, noyé à Nantes le 10 décembre 1792.

Marchais [10], curé de la Chapelle-du-Genêt.

Margarit, curé de Saint-Quentin-les-Beaurepaire [11], noyé en 1793 [12].

Martin, Jean-Marie, curé de Pouancé [13], guillotiné à Poitiers le 18 mars 1794.

Menard, Claude, curé de Bournesseau, au diocèse de Poitiers, guillotiné à Angers le 1er décembre 1793 [14].

---

1. Il faisait partie du convoi des 55 prêtres angevins envoyés à Nantes.
2. Né à Luzé vers 1760. L'un des directeurs du séminaire d'Angers.
3. Prieur claustral de l'abbaye bénédictine de Saint-Florent-lès-Saumur. Je n'ai pu trouver aucun renseignement sur ce religieux.
4. Embarqué pour refus de serment sur la *Didon* et débarqué à Santander le 17 octobre 1792.
5. Mahier, Jean-Louis, né à Châteaugonthier en 1730, refusa le serment. Enfermé à Laval, dans la prison de Patience, le 9 février 1793, il fut transféré à Rambouillet le 22 octobre, puis à Évron où il mourut.
6. Embarqué pour refus de serment sur la *Didon* et débarqué à Santander le 17 octobre 1792.
7. Hulin de la Maillardière. Faisait partie du convoi des 58 prêtres angevins envoyés à Nantes.
8. De Maillé, François-René-Alexandre, né à Vernantes, refusa le serment et se cacha dans le Saumurois. Arrêté, il fut conduit à Paris et traduit devant le tribunal révolutionnaire qui le condamna à mort.
9. Maltère, curé de Notre-Dame de Chemillé depuis 1780. M. Port prétend qu'il fut condamné à la déportation par arrêté du 16 pluviôse an VI (!). Guillon dit, comme Benaben, qu'il fut noyé à Nantes le 10 décembre 1793.
10. Marchais, Yves-Michel, d'abord vicaire, puis curé de la Chapelle-du-Genêt en 1763, directeur de la Société des prêtres de Beaupreau, refusa le serment et se cacha dans la paroisse. Il mourut dans une maison du bourg vers 1797 et «fut inhumé sans prêtre, mais avec l'assistance de toute la paroisse, qui récitait à haute voix le chapelet». (C. Port.)
11. Depuis 1775. Il fut cousu dans un sac avec une religieuse et jeté à la Loire.
12. À Montjean ou à Nantes.
13. Je n'ai trouvé aucun curé de Pouancé qui portât ce nom. Le dernier curé s'appelait Bertrand. Dom Chamard commet la même erreur que Benaben.
14. Guillon dit qu'il fut condamné à mort par la Commission militaire des Ponts-de-Cé.

Menard[1], cordelier, fusillé à Angers le 16 décembre 1793.

Menard, Louis[2], curé de Saint-Léonard de Chemillé, mort en Espagne en 1796.

Metayer[3], récollet de Saumur, noyé à Nantes le 10 décembre 1793.

Millet, René[4], vicaire à Saint-Remy de Châteaugonthier, mort en prison à Rambouillet le 1er août 1794.

Mondeau, Sébastien[5], de la Flèche, desservant à Cuon, guillotiné à Paris le 25 janvier 1794.

Moreau[6], curé du Pé, noyé à Nantes le 10 décembre 1793.

Moreau, Joseph, vicaire à Saint-Laurent-de-la-Plaine, guillotiné à Angers le 18 avril 1794 [7].

Moriceau [8], prêtre de Ruillé, mort en Angleterre.

Morin, Antoine [9], guillotiné à Angers le 5 mars 1794.

Morinière, Etienne [10], curé du Couboureau, guillotiné à Angers le 5 janvier 1794.

Morton [11], curé constitutionnel de Saint-Silvin, mort en prison à Angers le 1er mars 1794.

Moyelle, François [12], vicaire à Ambillou, mort en Espagne en 1794.

D'Orléans, Godfroy [13], guillotiné à Angers le 20 décembre 1793.

Ouvrard, Jean [14], fusillé à Saint-Florent en 1793.

Panay, Antoine [15], curé de Saint-Augustin-des-Bois, assassiné en 1794.

---

1. Je n'ai trouvé aucun renseignement sur ce religieux.

2. Curé de Saint-Léonard de Chemillé depuis 1775, déporté en 1792 pour refus de serment.

3. Dom Chamard le donne comme gardien des capucins de Saumur. Il faisait partie du convoi des 58 prêtres angevins envoyés à Nantes.

4. Millet, René-Barthélemy, né à Châteaugonthier le 23 septembre 1722.

5. Né à la Flèche en 1729. Arrêté dans les environs de Saumur où il se cachait, il fut conduit à Paris et déféré au tribunal révolutionnaire, qui le condamna à mort. Dom Chamard l'appelle Maudet.

6. Curé de Notre-Dame du-Pé, près de Précigné. Faisait partie du convoi des 58 prêtres angevins envoyés à Nantes.

7. Il avait été arrêté au commencement de mars 1794. (V. dans Dom Chamard, cit., les détails de sa mort.)

8. Vicaire de Ruillé, en Anjou, déporté à Jersey en 1792.

9. Morin, Antoine-Luc, curé de Freigné depuis 1771. Dom Chamard le donne comme fusillé aux Ponts-de-Cé le 6 mars.

10. Morinière, Joseph-Etienne, desservant du Couboureau, près Tiffauges. Il fut arrêté après le siège d'Angers.

11. Il était atteint de folie quand il mourut.

12. Moyelle, François ou René, refusa le serment, fut embarqué à Nantes le 21 septembre 1792 et déporté en Espagne.

13. Prêtre du diocèse de Poitiers. Arrêté à Thouars où il résidait, il fut conduit à Saumur et traduit devant la Commission militaire.

14. Simple diacre au moment de la Révolution, se cachait sur la paroisse de Saint-Florent. Des patriotes du lieu, l'ayant découvert, le fusillèrent. (V. dans Dom Chamard, cit. les détails de sa mort.)

15. Panay de Champotier, Antoine, né dans le Bourbonnais, d'abord vicaire à Villemoisant, puis curé de Saint-Augustin-des-Bois en 1781, prêta le serment, acquit nationalement son presbytère, se maria en 1793 avec une jeune ouvrière et renonça à toute fonction ecclésias-

Paptau [1], récollet de Saumur, mort sur les pontons de Nantes.

Pasquier, Mathurin, acolyte de Segré [2], guillotiné à Angers le 10 juillet 1794.

Pasquier, René, curé de Saint-Sauveur de Segré [3], mort dans les prisons de Nantes [4] en 1794.

Pastourelle, Pierre [5], curé de Saint-Hilaire près Saumur, guillotiné à Paris le 28 octobre 1793.

Pavallier [6], curé de Saint-Michel-du-Tertre, noyé à Nantes le 10 décembre 1793.

Péan [7], ancien vicaire d'Aviré, assassiné.

Pelletier, François, curé de Sceaux [8], guillotiné à Angers le 5 janvier 1794.

Pelletier, Joseph [9], chanoine de Saint-Just de Châteaugonthier, mort dans les prisons de Laval le 17 mai 1793.

Pelletier, Hugues [10], évêque constitutionnel de Maine-et-Loire, mort en 1795.

Perronneau, Jean [11], prieur-curé d'Artanne, guillotiné à Angers le 20 décembre 1793.

Petiteau, Pierre, vicaire à Aubernay [12], guillotiné à Angers le 12 janvier 1794.

---

tique le 6 frimaire an II. Les chouans le fusillèrent le 26 mai 1794, sur la lisière de la forêt de Bécon. (C. Port.)

1. En religion P. Maximilien, né à Angers, entré dans l'ordre des Récollets vers 1750. Arrêté pour refus de serment et condamné à la déportation, il fut conduit à Nantes et mourut de misère dans la galiote hollandaise.

2. Guillon le donne comme prêtre de la paroisse de Sainte-Gemmes-d'Andigné.

3. Depuis 1774.

4. Dans la galiote hollandaise.

5. Pastourel de Florensac, Pierre-Hippolyte, né en 1750, curé de Saint-Hilaire-Saint-Florent depuis 1776, prêta le serment, qu'il rétracta lors de l'arrivée des Vendéens à Saumur. Resté sur sa paroisse après le départ de l'armée catholique, il fut arrêté, conduit à Paris et traduit devant le tribunal révolutionnaire, qui le condamna à mort le 28 octobre 1793, et non 1794, comme le dit M. Port.

6. Ancien curé de Saint-Michel-du-Tertre, à Angers. Faisait partie du convoi des 58 prêtres angevins envoyés à Nantes.

7. Péan, René-Charles, vicaire d'Aviré, prêta serment, fut élu curé constitutionnel de la paroisse, puis maire de la commune. Il fut assassiné par les chouans, dans un champ près de Louvaines.

8. Depuis 1786.

9. Né à Châteaugonthier. Il fut enfermé pour refus de serment dans la prison de Patience, à Laval, le 14 octobre 1792.

10. Né à Angers en 1729, chanoine régulier de Sainte-Geneviève, curé de Sacé dans le Maine, puis prieur-curé de Beaufort, prêta serment et fut élu évêque constitutionnel de Maine-et-Loire. Il mourut le 5 avril 1795, dans un hôtel de la rue des Jacobins que je crois être celui qu'occupent actuellement les Frères des Écoles chrétiennes.

11. Perronneau, Jean-Joseph, d'abord vicaire à Saint-Médard de Thouars, puis prieur-curé d'Artannes en 1783, maire de la commune en 1790, refusa le serment et se retira aux Verchers. Dénoncé, il fut arrêté et conduit à Saumur, où on le fusilla. Benaben fait erreur en le donnant comme guillotiné à Angers.

12. Arrêté après le siège d'Angers.

Picherit, Pierre, aumônier de l'Hôtel-Dieu d'Angers [1], condamné à mort par la Commission militaire des Ponts-de-Cé le 1er décembre 1793.

Pinel, Antoine-Jacques [2], du diocèse de Nantes, condamné à mort par la Commission militaire des Ponts-de-Cé le 1er décembre 1793.

Pinot, Noël [3], curé du Louroux, guillotiné à Angers le 15 février 1794.

Plaichard du Tertre [4], vicaire à Gennes, mort en Angleterre.

Ploquin, Jacques, de la Daguenière [5], économe du séminaire Saint-Sulpice de Paris, guillotiné à Paris le 25 février 1794.

Poireau, ex-chapelain de la Possonnière, mort en 1793 [6].

Poirier, vicaire de Saint-Martin de Beaupreau [7], assassiné à Saint-Florent-le-Vieil.

Poitvin, François [8], curé de la Renaudière.

Pottier, Jean, vicaire de Bierné, assassiné [9].

Poulain de la Guerche, Germain [10], grand vicaire d'Angers, noyé à Nantes en 1793.

Pouliguain [11], chapelain de la cathédrale d'Angers, mort sur les pontons de Nantes [12].

Prudhomme, Joseph, religieux de la Trappe, condamné à mort par la Commission militaire d'Angers le 18 avril 1794 [13].

Quenean [14], curé d'Alonnes, tué aux Carmes le 2 septembre 1792.

Rangeard [15], curé d'Andard, mort le 31 mars 1797.

---

1. Refusa le serment et se retira sur la paroisse de Chanzeaux où il fut arrêté après le siège d'Angers. Il monta sur l'échafaud en chantant le *Te Deum*.

2. Je n'ai trouvé aucun renseignement sur cet ecclésiastique.

3. Né à Angers, d'abord aumônier des Incurables, puis curé du Louroux-Béconnais en 1788 (v. sur cet ecclésiastique la très intéressante brochure de M. le marquis de Ségur : *Une victime de la Constitution civile du clergé* (Paris, Bray et Retaux).

4. Il avait été ordonné prêtre en 1700, et fut déporté en Angleterre pour refus de serment.

5. Né à la Daguenière vers 1740.

6. Je n'ai pu trouver aucun renseignement sur cet ecclésiastique.

7. Refusa le serment et se cacha sur sa paroisse. Arrêté au moment où il sortait de sa retraite, il fut conduit à la municipalité. A toutes les questions qu'on lui posa, il répondit avec calme : « Je suis prêtre catholique, et jamais je ne trahirai ma foi. » Alors on se jeta sur lui, on lui arracha les ongles, et on lui coupa les mains, les bras, les jambes et enfin la tête.

8. Poitvin, François-René, d'abord vicaire de Neuvy, puis curé de la Renaudière depuis 1777, refusa le serment, suivit l'armée vendéenne et mourut pendant la campagne.

9. Il fut massacré près de Laval par les domestiques d'un meunier qui lui avait donné asile.

10. Chanoine et grand chantre de la cathédrale d'Angers. Il faisait partie du convoi des 63 prêtres angevins envoyés à Nantes.

11. L'un des trois chapelains prébendés de la cathédrale d'Angers.

12. Dans la galiote hollandaise.

13. Il fut arrêté à Vezins, son lieu natal, où il s'était retiré après la fermeture de son monastère. Dom Chamard place sa mort au 28 mars.

14. Curé d'Allonnes depuis 1789.

15. Rangeard, Jacques, né à Angers en 1723, successivement précepteur, secrétaire du Chapitre de Saint-Maurice d'Angers, élu en 1752 de l'Académie d'Angers, où il se distingua par des vers peu dignes d'un prêtre, prieur-curé de Saint-Aignan d'Angers, archiprêtre d'Angers et curé d'Andard, député à la Constituante, prêta serment en même temps que l'abbé Gré-

Renault[1], curé de Bocé, assassiné paroisse du Gué-Deniau le 2 janvier 1794.

Reneaume[2], curé de Dampierre, fusillé à Blois en 1793.

Renier, Louis[3], vicaire de la Trinité d'Angers, tué par les chouans en 1795.

Renou, François[4], cordelier des Anges, mort dans les prisons de Rambouillet le 7 août 1794.

Repin, Guillaume[5], curé de Martigné-Briant, guillotiné à Angers le 2 janvier 1794.

Riban[6], curé de Saint-Lambert-du-Lattay, noyé à Nantes.

Robin[7], curé de Saint-Pierre d'Angers, noyé.

Robin, vicaire de Saint-Pierre-des-Echaubrognes, assassiné[8] le 11 août 1795.

Rogeron, Sébastien[9], curé de Saint-Saturnin, mort en prison à Angers.

Rousseau, Joseph[10], curé de Cossé-le-Vivien, mort en prison à Chartres en 1793.

goire, déposa ses lettres de prêtrise en 1793 et reprit cependant en l'an IV l'exercice du culte. Il mourut de mort naturelle en 1797. La réputation qu'il a laissée est celle d'un savant mais d'un mauvais prêtre. Ses inappréciables manuscrits (V. le Catalogue de la Bibliothèque d'Angers, par M. Albert Lemarchand), en même temps, mais encore plus peut-être que ses ouvrages imprimés, témoignent de sa haute intelligence et de sa vaste érudition et font par cela même, juger avec plus de sévérité ses inqualifiables faiblesses, moins excusables chez lui que chez bien d'autres.

1. Curé constitutionnel de Bocé. Il fut assassiné, — je n'ai pu retrouver par qui, — au Petit-Gué, paroisse du Gué-Deniau.

2. Reneaume, Jacques, curé de Dampierre depuis 1753.

3. Renier, Mathieu-Louis, vicaire de la Trinité d'Angers, élu, en 1792, curé constitutionnel du Louroux, où il périt trois ans plus tard, assassiné par les chouans.

4. Né à Azé en 1711, refusa le serment et fut enfermé dans la prison de l'atience, à Laval, le 11 octobre 1792; il y resta jusqu'au 22 octobre de l'année suivante, époque à laquelle il fu transféré dans celle de Rambouillet, où il mourut.

5. Né à Thouarcé vers 1710, curé de Martigné-Briant depuis 1749, refusa le serment et se cacha chez une nièce, Mme Devaux, de Saint-Lambert-du-Lattay. Dénoncé, il se réfugia à Angers, et fut un jour arrêté dans le voisinage des carrières de Saint-Lezin.

6. Ribay et non Riban, curé de Saint-Lambert-du-Lattay de 1774 à 1788, époque à laquelle il donna sa démission. Suivit l'armée vendéenne, fut fait prisonnier à la déroute du Mans, et envoyé à Nantes où il périt dans une noyade.

7. Robin Claude, né en 1714, à Saint-Florent, dans une maison qui existe encore. C'était bien le plus fier original qui se pût voir, interrompant ses sermons pour, du haut de la chaire, crier à sa cuisinière le menu du dîner. En somme un bon vivant, joyeux drille, malin comme une chouette, la terreur de tous les chanoines angevins, et dont le fameux Besnard, (*Souvenirs d'un Nonagénaire*), raconte maintes anecdotes drôlatiques. Ses manières débraillées ne sont guère à vrai dire celles qui conviennent à un prêtre; mais sa mort racheta toutes ces drôleries, lesquelles d'ailleurs ne le poussèrent jamais à mal, et ne l'empêchaient pas de mieux valoir que certains engoncés jansénistes, vrai gibier d'enfer à mine de saint.

8. Près de la Papillaye, dit le ms. 642 de la Bibliothèque d'Angers. Il avait refusé le serment.

9. Curé de Saint-Saturnin depuis 1749, avait renoncé à toute fonction ecclésiastique le 18 mars 1791, ce qui ne l'empêcha pas d'être incarcéré quelques jours après dans les prisons d'Angers, où il mourut le 5 août de la même année.

10. Né à Cossé-le-Vivien en 1716, refusa le serment et fut enfermé dans la prison de Patience, à Laval, le 11 octobre 1792, et de là, le 22 octobre de l'année suivante, dans celle de Rambouillet, où il mourut.

Rousseau [1], curé de Trémentines, assassiné par une colonne républicaine.

Roussel [2], curé de Saint-Maurille d'Angers, noyé à Nantes le 10 décembre 1793.

Roy [3], curé, fusillé au Marillais.

Royné, André, curé de Congrier, noyé [4] en 1793.

Saint-Gilles [5], chapelain de la cathédrale d'Angers, noyé à Nantes le 10 décembre 1793.

Saint-Sprée [6], mort sur les pontons de Nantes.

Saulou, Louis [7], chapelain de Miré, mort déporté en Espagne.

Sorin [8], curé de Cernusson, mort à l'affaire du Mans.

Sourice [9], prieur-curé du Petit-Montrevault [10], mort en mer.

Suchet [11], curé de Saint-Michel-de-la-Palud d'Angers, noyé à Nantes le 10 décembre 1793.

Tessier, René [12], vicaire à la Trinité d'Angers, guillotiné à Angers le 16 nivôse an II.

Thomas [13], aumônier de l'hôpital de Châteaugonthier, guillotiné à Laval le 21 janvier 1794.

Thubert, René [14], curé constitutionnel de Melay, fusillé en 1794.

Tortreau, Alexis [15], curé de Challans, guillotiné le 27 brumaire an II.

Tremblier de Chauvigné [16], chanoine de la cathédrale d'Angers, noyé.

Trillot, Pierre [17], 8 fructidor an IV.

1. Curé de Trémentines depuis 1784, refusa le serment.

2. Curé de Saint-Maurille d'Angers, et doyen des curés de la ville. Faisait partie du convoi des 58 prêtres angevins envoyés à Nantes.

3. Je n'ai pu trouver aucun renseignement sur cet ecclésiastique.

4. A la Baumette, près Angers, croit-on.

5. Chapelain prébendé de la cathédrale d'Angers. Faisait partie du convoi des 58 prêtres angevins envoyés à Nantes.

6. Dans la galiote hollandaise, au commencement d'avril 1794.

7. Saulou, Michel-Louis, déporté en Espagne pour refus de serment, résidait à Oviédo où il mourut.

8. Né au Longeron, curé de Cernusson depuis 1786, mort dans la déroute du Mans.

9. Prieur-curé du Petit-Montrevault depuis 1781.

10. Paroisse d'Angers.

11. Il faisait partie du convoi des 58 prêtres angevins envoyés à Nantes.

12. Né à Angers en 1765 ; refusa le serment et passa en Vendée où il se cacha. On le vit plus tard reparaître, au péril de sa vie, au milieu des prisonniers vendéens, les exhortant au moment du supplice. Les soldats de l'escorte l'insultaient et le rudoyaient ; finalement ils l'arrêtèrent.

13. L'un des *Quatorze martyrs de Laval*.

14. Thubert, René-Hippolyte-Louis, de Chemillé, curé constitutionnel de Melay, où il fut accueilli par le plus beau concert de huées et d'injures qu'intrus ait jamais ouï.

15. A Angers.

16. Né vers 1730. Faisait partie du convoi des 58 prêtres angevins envoyés à Nantes.

17. Curé d'Angrie depuis 1767, prêta serment et conserva sa cure jusqu'en 1796, époque à laquelle il fut remplacé par Gouin-Terrandière. Il vint alors habiter Angers où il mourut, — dans une maison du faubourg Saint-Michel, je crois.

Trimoreau [1], mort dans les prisons d'Angers le 29 brumaire an III.

Triquerie [2], chapelain des religieuses du Buron de Châteaugonthier, guillotiné à Laval le 21 janvier 1794.

Trottier, Jean [3], curé de Beaupreau.

Trouessard [4], curé constitutionnel de Fontaine-Milon, assassiné.

Veillon [5], curé de la Pouëze.

Verdier de la Sorinière [6], curé de Chaudefoud, guillotiné à Paris le 23 juillet 1794.

Vergne, Dominique [7], curé constitutionnel de Beaufort, mort à la Guiane.

Victorin [8], prêtre régulier, noyé à Nantes le 10 décembre 1793.

De Villemert [9], curé constitutionnel de la Chaussaire.

Vilnau [10], chanoine, guillotiné à Angers le 30 frimaire an II.

Note sur le *Rapport de Benaben*.

M. Chardon, comme je l'ai dit ci-dessus, a irréfutablement démontré que la partie du *Rapport* traitant de la prise du Mans était bien et ne pouvait être que l'œuvre de Benaben. La lettre VIIe de la *Correspondance privée* prouve en outre que ce passage a été, comme tout le reste du *Rapport*, rédigé d'après les lettres écrites à l'époque où les faits se sont passés. J'ajouterai que j'ai retrouvé dans les papiers de Benaben les

---

1. D'abord maître de latin à la Psalette de la cathédrale, puis vicaire à Faye.

2. L'un des *Quatorze martyrs de Laval*. (V. dans Dom Chamard et Dom Piolin, cit., les détails de sa mort.)

3. D'abord vicaire à la Chapelle-du-Genêt, ensuite à Rochefort-sur-Loire, puis curé de Beaupreau en 1789, refusa le serment, suivit l'armée vendéenne et mourut dans ses rangs après le passage de la Loire.

4. Curé constitutionnel et membre du Conseil général de la commune de Fontaine-Milon, fut massacré par les Vendéens.

5. Veillon, Jean, né en 1723, curé de la Pouëze depuis 1771, mort de mort naturelle le 9 octobre 1792.

6. Du Verdier de la Sorinière, Jean, curé de Chaudefonds depuis 1772, refusa le serment.

7. Vergne, Dominique-Marie, né à Beaufort en 1757, vicaire en cette ville, prêta serment et fut élu curé constitutionnel de la paroisse en remplacement de Hugues Pelletier. (V. ce nom, ci-dessus.) Dès 1794, il rétracta son serment, et fut pour ce fait, sous l'an VI, condamné à la déportation et transporté à la Guyane, où il mourut de la peste le 15 novembre 1798.

8. Victorin est son nom de religieux. Dom Chamard ne l'appelle pas autrement que « le P. Victorin. » Je n'ai pu trouver aucun renseignement à son sujet, sinon qu'il fut compris dans le convoi des 58 prêtres angevins envoyés à Nantes.

9. Richard, Claude, dit de Villemert, né en 1731, d'abord vicaire à Saint-Philbert-de-Grand-Lieu, puis curé de la Chaussaire en 1758, mort de mort naturelle le 14 novembre 1792.

10. Je n'ai pu me procurer aucun renseignement sur cet ecclésiastique, que je crois étranger au diocèse.

dernières épreuves de l'ouvrage et que toutes les pages en sont corrigées de la main même de l'ex-commissaire civil.

On voit maintenant quelles... erreurs avait commises M. Port ! La haute impartialité de l'éminent archiviste et sa gracieuse aménité de caractère, — bien connue de tout le monde savant, — lui feront accueillir avec plaisir ces petites rectifications qui n'ont été inspirées que par l'amour de la vérité et le désir de voir à l'avenir M. Port ne plus oublier de lire dans un manuscrit tout ce qui peut contrarier ses idées et surtout ne plus citer, — quelque utilité qu'il y puisse trouver, — le contraire de ce qu'il y a d'écrit.

Angers — Imp. Lachèse et Dolbeau, place du Commerce, 8

TABLE DES MATIÈRES

Vincent Forest et Émile Grimaud, place du Commerce, 4.

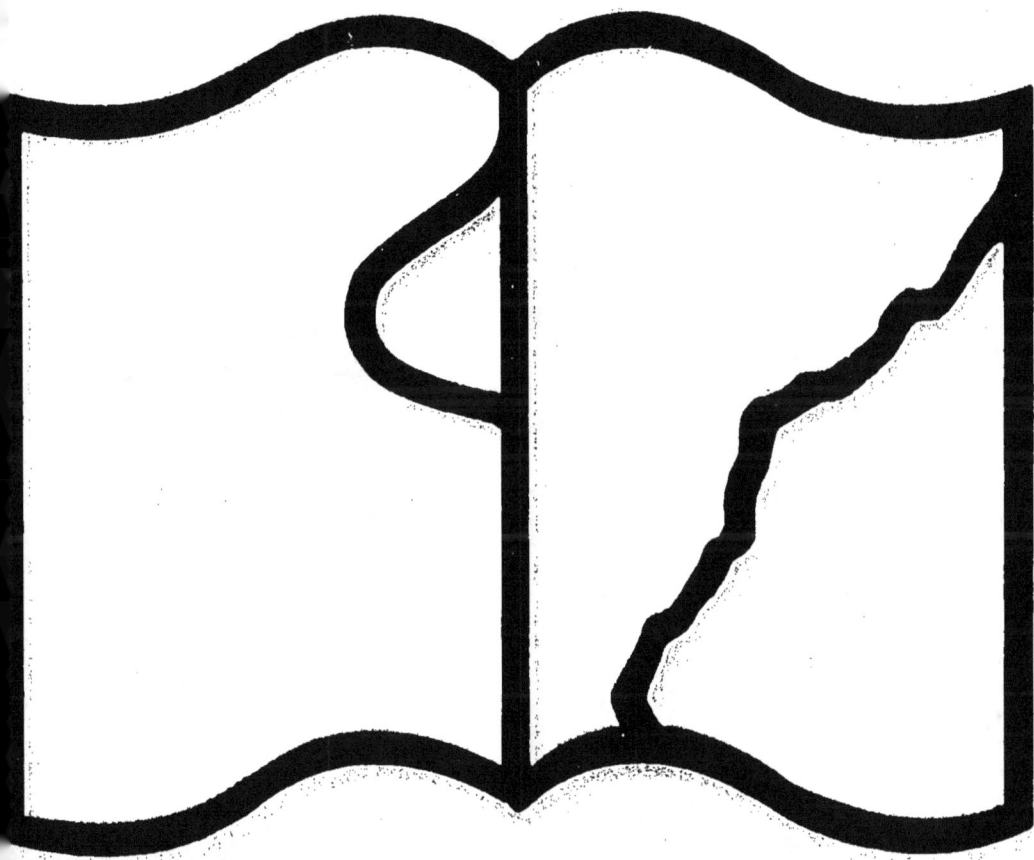

Texte détérioré — reliure défectueuse

NF Z 43-120-11

Contraste insuffisant

NF Z 43-120-14

www.ingramcontent.com/pod-product-compliance
Lightning Source LLC
Chambersburg PA
CBHW072043090426

42733CB00032B/2142